La Grèce

berceau de l'Antiquité

Les Grandes Civilisations

La Grèce

berceau de l'Antiquité

Sélection
READER'S DIGEST

Les Grandes Civilisations est une création de Sélection du Reader's Digest

La Grèce, *berceau de l'Antiquité*
appartient à la collection Les Grandes Civilisations

Nous remercions tous ceux qui ont contribué à la préparation et à la réalisation de cet ouvrage.

Réalisation éditoriale
ML Éditions, Paris
sous la direction de Michel LANGROGNET

Responsable éditoriale : Agnès MATHIEU

Conseillers de la rédaction et textes
Françoise FRONTISI-DUCROUX
François LISSARRAGUE

Maquette
Véronique ZONCA

Iconographie
Valérie DELCHAMBRE

Graphisme
Colman COHEN

Illustration
Jean-François PÉNEAU

Révision du texte de F. Chamoux
Dominique TRÉZINY

ÉQUIPE DE SÉLECTION DU READER'S DIGEST

Équipe éditoriale
Rémy COTON-PÉLAGIE
(responsable des collections illustrées)
Camille DUVIGNEAU et Thomas VON JOEST
(responsables du projet)
Jean-Marie MONOD (révision)

Direction artistique
Dominique CHARLIAT

Couverture
Didier PAVOIS

Lecture-correction
Béatrice LE SQUER, Emmanuelle DUNOYER

Responsable de l'iconographie
Danielle BURNICHON

Fabrication
Nathalie FABRYCZNY, Yves DE TERNAY,
Marie-Pierre DE CLINCHAMP

Prépresse
Damien NOIROT

Nous remercions également pour leur collaboration :
Christiane Keukens-Poirier, Isabelle Lévy, Claire Passignat-Gleize (correction).

Couverture. Photo de fond : décret de 330-329 av. J.-C. (Paix d'Alexandre) ; art hellénistique.
Premier plan : masque funéraire (XVIe siècle av. J.-C.) en feuilles d'or.

PREMIÈRE ÉDITION
deuxième tirage

ISBN 2-7098-1319-X

SOMMAIRE

LA CIVILISATION GRECQUE, VERSION CONDENSÉE DE
LA CIVILISATION GRECQUE À L'ÉPOQUE ARCHAÏQUE ET CLASSIQUE,
DE FRANÇOIS CHAMOUX

PROCESSION EN L'HONNEUR D'ATHÉNA
(frise du Parthénon, vers 440)
Le peuple athénien avance en procession pour accomplir un grand sacrifice en l'honneur de la déesse. Ici, des porteurs d'hydries sont chargés d'apporter l'eau lustrale.

Avant-propos

Barbouiller de couleurs vives une statue de marbre blanc peut paraître sacrilège. C'est pourtant le travail auquel doit se livrer l'historien, à condition de mettre la bonne couleur au bon endroit. La Grèce ancienne nous apparaît souvent dans une proximité trompeuse. La culture occidentale n'a cessé d'y puiser, de s'en inspirer, d'en remodeler les œuvres, de les défigurer très légitimement. Et les études classiques, en nous familiarisant avec l'Antiquité, en figent aussi inévitablement l'image, qui demande à être constamment rafraîchie sous un regard rénové. Les profanes sont, somme toute, mieux placés pour percevoir les Grecs dans leur distance et leur étrangeté. Les temples et les statues étaient peints, l'épopée se chantait en public, la tragédie ressemblait plus à notre opéra qu'au théâtre de Racine, les autels dégoulinaient du sang des sacrifices et les fidèles honoraient leurs dieux en mangeant des tripes grillées et du pot-au-feu. Mais tout cela est-il si étrange ?

Le corps de cet ouvrage est le livre de l'éminent helléniste François Chamoux, *la Civilisation grecque à l'époque archaïque et classique*. Ce texte est complété par un panorama chronologique (p. 8 à 19), où sont présentés les temps forts de l'histoire grecque, de l'âge du bronze (3000 av. J.-C.) jusqu'à la période hellénistique (IIIe siècle avant notre ère). Cinq thèmes majeurs de la civilisation grecque (les femmes, les panthéons, le banquet, les mythes, le théâtre) font l'objet de doubles pages richement illustrées, ainsi que l'art, traité dans une belle séquence de dix pages.

La civilisation grecque fait l'objet de recherches constantes, à l'échelle internationale. La réflexion des hellénistes s'affine sans cesse, tant par l'étude des textes qu'à l'occasion de découvertes archéologiques plus ou moins spectaculaires. Ainsi, le regard porté par exemple sur la mythologie, la notion de démocratie, le rôle des femmes, la vie privée... évolue, se modifie, se précise chaque jour. Ce qui explique les doubles pages thématiques, les nombreux encadrés ponctuant le texte courant et les légendes des illustrations.

Le monde grec

Les cités grecques n'ont jamais connu l'unité avant les conquêtes d'Alexandre le Grand. Le monde grec, montagneux et découpé, est fait d'une mosaïque de petites régions, d'îles et de villes très diverses, tant en Grèce continentale que dans les colonies périphériques.

AU CENTRE DU « MONDE CONNU »
La Grèce se situe au cœur de l'espace méditerranéen, à la charnière du Proche-Orient ancien et du monde italique, d'où partira l'expansion romaine.

AUTOUR DE LA GRÈCE...

LES BABYLONIENS ET LES ASSYRIENS

La Mésopotamie – entre les fleuves Tigre et Euphrate – forme au IIe millénaire avant notre ère un vaste royaume babylonien marqué par la figure d'Hammourabi. Les institutions se développent, ainsi qu'une riche littérature en langue akkadienne, transcrite en écriture cunéiforme. Au début du Ier millénaire avant notre ère, un autre empire, avec Assour pour capitale, s'étend brièvement, avant d'être à son tour effacé par les conquêtes des Mèdes, alliés aux Babyloniens. En 539, Cyrus le Grand, qui a fondé l'Empire achéménide, s'empare de Babylone, réduisant à la dépendance les anciens royaumes mésopotamiens.

LES HITTITES

Au cœur du plateau anatolien, en Turquie, se déploie à partir du XVIIe siècle av. J.-C. la civilisation hittite, qui utilise une langue appartenant – comme le grec – à la famille indo-européenne. Les Hittites étendent progressivement leur domination et, au XIIIe siècle, atteignant la Syrie, ils affrontent les Égyptiens, menés par Ramsès II. Au Xe siècle av. J.-C., ils s'opposent en vain à l'expansion assyrienne, qui les anéantit.

LES PHÉNICIENS

Les anciens Grecs ont appelé Phéniciens les peuples sémites installés sur la côte syrienne. Homère les décrit comme des artisans et des navigateurs. Ils ont pour principales villes Sidon et Tyr. Les Grecs, en contact avec eux depuis le début du Ier millénaire, leur ont emprunté leur alphabet.

LES HÉBREUX

L'histoire du peuple hébreux est connue par la Bible, dont le point de vue religieux prévaut sur le caractère historique. Au XIIe siècle av. J.-C., Moïse ramène vers la Palestine les Hébreux, qui s'étaient déplacés en Égypte. Ils se sédentarisent et établissent leur capitale à Jérusalem, où règne David à la fin du XIe siècle. Le royaume d'Israël est détruit par les Assyriens (– 722) et celui de Juda par les Babyloniens (– 587).

LES ÉGYPTIENS

La fin du Nouvel Empire (XIIIe siècle av. J.-C.) est marquée par le règne de Ramsès II, qui achève les travaux de Karnak et de Louqsor; il arrête l'avancée des Hittites à Qadesh. Ce très long règne laisse l'Égypte affaiblie et bientôt dominée par l'Empire perse, puis conquise par Alexandre le Grand.

L'EXPANSION DE LA CIVILISATION GRECQUE AUTOUR DE LA MÉDITERRANÉE

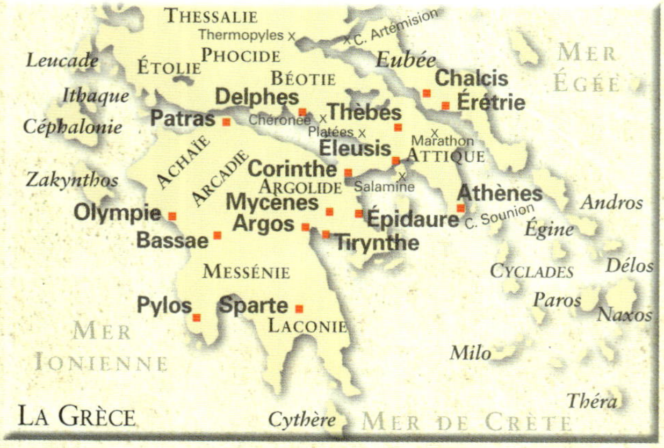

LA GRÈCE

L'ÂGE DU BRONZE

2100 av. J.-C.
Arrivée en Grèce de peuples parlant grec

1600-1100 av. J.-C.
Construction des palais minoens

1450 av. J.-C.
Écriture dite linéaire B

Pages 10-11

L'ÂGE DU FER

850 av. J.-C.
Grands sanctuaires (Delphes, Délos)

750-700 av. J.-C.
L'Iliade et l'Odyssée

728-700 av. J.-C.
Fondation de colonies en Occident

Pages 12-13

LA PÉRIODE ARCHAÏQUE

700-680 av. J.-C.
Invention de la monnaie

650-620 av. J.-C.
Codification des lois

490 av. J.-C.
Victoire de Marathon sur les Perses

Pages 14-15

3000 av. J.-C.
• **Bronze ancien**

1100 av. J.-C.
• **Époque protogéométrique**

La période classique

447-438 av. J.-C
Construction du Parthénon

443-429 av. J.-C.
Périclès stratège

431-404 av. J.-C.
Guerre du Péloponnèse

Pages 16-17

Alexandre le Grand et l'époque hellénistique

336 av. J.-C.
Alexandre III accède au trône de Macédoine

323-277 av. J.-C.
Guerre entre ses successeurs

Pages 18-19

La Grèce après Alexandre le Grand

- *317-307 av. J.-C. : Démétrios de Phalère gouverne Athènes.*
- *290 av. J.-C. : fondation de la bibliothèque d'Alexandrie.*
- *196 av. J.-C. : le consul romain Flaminius proclame la liberté des Grecs.*
- *168 av. J.-C. : défaite de Persée à Pydna. Fin du royaume de Macédoine.*
- *146 av. J.-C. : pillage de Corinthe par les Romains.*
- *133 av. J.-C. : Attale de Pergame lègue son royaume à Rome.*
- *64 av. J.-C. : Rome annexe la Syrie.*
- *31 av. J.-C. : Bataille d'Actium. Victoire d'Octave sur Antoine et Cléopâtre. Fin de l'époque hellénistique.*

…00 av. J.-C.
Période archaïque

490 av. J.-C.
- Début des guerres médiques
- 443 av. J.-C. Périclès stratège

338 av. J.-C.
- Philippe II de Macédoine vainc les Grecs
- 326 av. J.-C. Alexandre en Inde
- 323 av. J.-C. Mort d'Alexandre

277 av. J.-C.
- 264-146 av. J.-C. Guerres puniques (entre Rome et Carthage)
- 125 av. J.-C. Entrée des Romains en Gaule
- 44 av. J.-C. Assassinat de Jules César

0

GRECQUE

L'âge du bronze 3000-1100 av. J.-C.

Le monde grec connaît à l'âge du bronze deux grandes civilisations qui ont des traits culturels communs, mais qui diffèrent sur les plans géographique, chronologique et linguistique. Le monde minoen, centré sur la Crète, précède le monde mycénien, qui, lui, se développe sur le continent en Argolide, en Messénie, en Béotie et en Attique.

MYCÈNES (PHOTO DE FOND) *Perchée dans les montagnes qui dominent la plaine de l'Argolide, la puissante citadelle de Mycènes abrite un palais dont les ruines rappellent l'histoire dramatique des Atrides, l'assassinat du roi Agamemnon par son épouse Clytemnestre et la vengeance d'Oreste.*

LES ARMÉES ACHÉENNES, *dont Homère chantera plus tard les exploits, paraissent déjà évoquées sur ce grand cratère mycénien, qui montre un défilé pittoresque de six guerriers. Leur équipement est étonnamment proche de celui qui deviendra courant à l'époque archaïque.*

POUVOIR CENTRALISÉ EN CRÈTE *Restauré au début du* XXe *s. par l'archéologue anglais Arthur John Evans, le palais de Cnossos déploie sur 13 000 m² une architecture complexe, dans laquelle certains ont cru reconnaître le labyrinthe de Minos. Cet édifice monumental, avec appartements, salles de réception, bureaux et magasins de stockage, semble avoir centralisé l'administration de la Crète. En son centre, le trône est le signe d'un pouvoir royal et religieux.*

3000-2000 av. J.-C. Bronze ancien

2100 av. J.-C. Arrivée en Grèce de peuples parlant grec

2000-1600 av. J.-C. Bronze moyen

1900 av. J.-C. En Crète : premiers palais

1800 av. J.-C. Écriture dite linéaire A

DE MYSTÉRIEUSES DIVINITÉS MYCÉNIENNES *On interprète ce groupe en ivoire de deux femmes – et un enfant – comme un couple de divinités féminines, l'absence de documentation interdisant une identification plus précise. Les textes de tablettes en linéaire B mentionnent déjà les noms de divinités du panthéon grec, mais pas ceux de Déméter et de sa fille Perséphone (ou Coré), souvent proposés pour ce groupe.*

DES PIERRES GRAVÉES *Les mondes minoen et mycénien se caractérisent par une abondante production de pierres dures gravées. Cette glyptique est l'héritière des traditions orientales. Outre leur valeur esthétique, ces sceaux ont une fonction administrative : ils servent à authentifier la signature des documents comptables et officiels.*

UN EMPIRE MARITIME *L'éruption de l'île volcanique de Théra (Santorin), entre – 1600 et – 1500, a englouti la ville d'Akrotiri, exhumée depuis 1967. Cette Pompéi de l'âge du bronze contient de riches demeures urbaines décorées de peintures. La fresque ci-dessus, qui représente un départ d'expédition navale, suggère l'existence d'un empire maritime, qui aurait peut-être inspiré à Platon le mythe de l'Atlantide. D'autres documents attestent une expansion minoenne dans toute la Méditerranée et des échanges commerciaux depuis le Proche-Orient jusqu'à l'Italie du Sud.*

1600-1100 av. J.-C. Bronze récent

1600-1100 av. J.-C.	En Grèce : construction de palais	1450 av. J.-C.	Tombes à chambre circulaire *(tholos)* de Mycènes
1500 av. J.-C.	Éruption de Théra	1375 av. J.-C.	En Crète : destruction de Cnossos
1450 av. J.-C.	Écriture dite linéaire B	1200 av. J.-C.	Abandon du site de Pylos
		1125-1075 av. J.-C.	Abandon des sites mycéniens

L'âge du fer 1100-700 av. J.-C.

Dans l'imaginaire des Grecs, la guerre de Troie, qui implique l'ensemble des communautés grecques, constitue l'événement majeur de leur passé héroïque. L'archéologie a montré l'écart entre ce que chantent les poèmes homériques et la réalité historique de l'âge du fer. Après la rupture des âges dits « obscurs » réapparaissent, avec l'écriture, de nouvelles formes de vie religieuse, sociale et politique.

AUX ARMES !
La guerre semble au centre de l'organisation sociale et politique de cette période. Trouvée dans une tombe d'Argos, cette armure (casque et cuirasse) désigne le défunt comme un chef de guerre appartenant à une aristocratie locale.

UNE MYTHOLOGIE FABULEUSE
Exhumé en Eubée, ce petit centaure en terre cuite – exemple rare de la plastique géométrique – atteste l'existence d'une mythologie bien constituée, en parallèle avec des cultes héroïques, voués à de grands ancêtres.

TROIE (PHOTO DE FOND)
Découvert par l'Allemand Heinrich Schliemann, qui, l'Iliade *à la main, cherchait à retrouver l'« opulente Troie » de Priam, le site d'Hissarlik, en Turquie, a révélé les ruines de neuf villes superposées s'échelonnant du* IIIe *millénaire au* VIIIe *s. avant notre ère.*

1050-900 av. J.-C. Époque protogéométrique

900-700 av. J.-C. Époque géométrique
- 850 av. J.-C. Début des grands sanctuaires (Delphes, Délos)
- 800 av. J.-C. Débuts de l'alphabet
- 776 av. J.-C. Premiers Jeux à Olympie

Une architecture religieuse
Cette maquette en terre cuite d'un édifice à porche et à abside, trouvée dans un sanctuaire, correspond aux débuts d'une architecture religieuse. La colonnade précédant le bâtiment fait la jonction entre l'espace des hommes, à l'extérieur, et la demeure du dieu, abritant sa statue et les biens qui lui sont consacrés.

L'écriture alphabétique
Utilisant une formule fréquente dans les poèmes homériques, l'inscription gravée sur la cuisse de cette statuette de bronze est un indice de la diffusion de l'écriture alphabétique. Il s'agit de la dédicace d'un certain Manticlos à Phoibos Apollon. La structure du corps du dieu (torse triangulaire et cou allongé) est typique de l'art géométrique.

L'époque géométrique
Cette période, qui correspond aux premiers temps de l'âge du fer, doit son nom au décor de la poterie : bandes alternant zones claires et foncées, cercles, méandres et chevrons régulièrement répétés soulignent la structure des vases, qui atteignent parfois des dimensions monumentales.

750 av. J.-C. Regroupement de bourgades (synœcisme) autour d'Athènes
750-700 av. J.-C. Homère : *l'Iliade* et *l'Odyssée*
740 av. J.-C. Premières inscriptions en écriture alphabétique
740-720 av. J.-C. Sparte : première guerre de Messénie
728-700 av. J.-C. Fondation de colonies en Occident
v. 700 av. J.-C. Poèmes d'Hésiode *(la Théogonie, les Travaux et les Jours)*

La période archaïque 700-490 av. J.-C.

L'époque archaïque voit le développement des cités-États (polis). Dans les communautés regroupées en espaces urbains, les aristocraties doivent partager le pouvoir avec de nouvelles classes sociales. C'est l'émergence de la vie politique et de la notion de citoyenneté. Cette période d'expansion dans tout le monde méditerranéen connaît des crises politiques qui débouchent parfois sur l'instauration de tyrannies. Les cités se dotent de législations.

LA MONNAIE, SYMBOLE DE LA CITÉ *La naissance des cités-États s'accompagne de l'invention de la monnaie, au VIIe s. Comme la loi, la monnaie fait partie de ces abstractions qui définissent une cité, à un niveau qui dépasse les citoyens qui la composent et son territoire. Chaque cité frappe monnaie avec ses emblèmes propres, souvent la figure de sa divinité protectrice ou l'un de ses attributs : Dionysos à Naxos, Héra à Argos, chouette à Athènes, etc.*

LES LOIS DE GORTYNE (PHOTO DE FOND) *La cité de Gortyne, en Crète, est célèbre aujourd'hui pour la longue inscription découverte sur une muraille, qui retranscrit l'ensemble des lois dont elle s'était dotée à l'époque archaïque. L'écriture a permis la formalisation du droit et la référence à une loi fixe, et non plus issue d'un jugement arbitraire ou circonstanciel.*

LES ORACLES DE DELPHES *jouent un rôle déterminant dans l'histoire des cités, dont ils orientent souvent le mouvement de colonisation. Cette offrande monumentale de marbre, datant d'environ – 570, est destinée à être vue de loin parmi la multitude des dons qui affluent au sanctuaire d'Apollon.*

700-680 av. J.-C. Invention de la monnaie

700 av. J.-C.	Guerre entre Chalcis et Érétrie
680 av. J.-C.	Premières monnaies en Lydie

650-620 av. J.-C. Codification des lois

650-620 av. J.-C.	Sparte : deuxième guerre de Messénie
621-620 av. J.-C.	À Athènes, Dracon codifie les lois, qui seront désormais écrites

LA GLOIRE DES GUERRIERS *Cette cuirasse de bronze a été trouvée à Olympie, dans le sanctuaire panhellénique où se déroulent les plus importants des Jeux, fondés par Héraclès en l'honneur de Zeus. Cette offrande individuelle – probablement une arme de parade – est destinée à remercier Zeus tout en célébrant la gloire du guerrier donateur. Le décor gravé, représentant Apollon musicien et les Muses, crée le lien entre l'armure et le chant poétique, qui pérennise les exploits guerriers.*

LES FEMMES *Exclues de la vie politique, les femmes ont un rôle actif, parfois essentiel, dans les pratiques religieuses. À Athènes, la divinité protectrice de la cité, Athéna, recevait en offrande, dans son sanctuaire de l'Acropole, de belles statues de jeunes filles. Les inscriptions indiquent le nom des donatrices, mais ces images idéalisées ne sont pas des portraits.*

DES CITOYENS-SOLDATS *Contrairement à la majorité des images de combat, qui représentent un duel héroïque, on voit sur ce vase proto-corinthien s'affronter deux armées de citoyens-soldats marchant côte à côte, du même pas, solidaires, et se protégeant mutuellement de leurs boucliers ronds.*

595-508 av. J.-C. Les réformes

595-590 av. J.-C.	Première guerre sacrée pour le contrôle de Delphes
594 av. J.-C.	Solon, archonte à Athènes
561-527 av. J.-C.	Pisistrate, tyran à Athènes
508 av. J.-C.	La réforme de Clisthène fonde la démocratie athénienne

498-490 av. J.-C. Vers les guerres médiques

498-494 av. J.-C.	Révolte de l'Ionie contre les Perses
493 av. J.-C.	Thémistocle, archonte à Athènes
490 av. J.-C.	Première guerre médique
	Victoire de Marathon sur les Perses

La période classique 490-338 av. J.-C.

Le classicisme grec est souvent appelé siècle de Périclès, formule qui souligne la prééminence d'Athènes à cette époque. Après le conflit contre les Perses, qui unit pour un temps la majorité des Grecs, le Ve siècle voit se multiplier les conflits entre cités, en particulier entre Athènes et Sparte.

LES DEMEURES DES DIEUX *Le temple est pour nous la forme architecturale la plus représentative du paysage de la Grèce classique. Pour les Grecs, c'est la demeure du dieu. À Olympie, dans ce temple dorique qui fut à l'époque de sa construction (470-456 av. J.-C.) le plus grand de Grèce, Phidias, déjà célèbre pour son Athéna du Parthénon, édifia une statue colossale de Zeus, en or et en ivoire, qui fut proclamée l'une des Sept Merveilles du monde.*

RELIGION, POLITIQUE ET ESTHÉTIQUE *sont indissociables. Sur l'Acropole, le petit temple ionique dédié à Athéna Niké est décoré d'une série de figures féminines ailées, allégories de la Victoire* (niké). *Le monument célèbre sans doute la victoire de Platées (– 479), dernier épisode de la lutte contre l'envahisseur perse. À travers cette élégante figure, les Athéniens s'attribuent une fois de plus la plus grande part du succès, qu'ils mettent à l'actif de leur déesse protectrice.*

481-479 av. J.-C. Deuxième guerre médique
- 480 av. J.-C. Victoire de Salamine
- 479 av. J.-C. Victoire de Platées
- 478 av. J.-C. Ligue de Délos

469-460 av. J.-C. Troisième guerre de Messénie
- 461 av. J.-C. Réforme d'Éphialte aux dépens de l'aristocratie athénienne
- 449 av. J.-C. Paix de Callias entre Grecs et Perses

447-438 av. J.-C. Construction du Parthénon
- 446 av. J.-C. Paix Athènes-Sparte
- 443-429 av. J.-C. Périclès stratège

L'Acropole (photo de fond)
Bien des cités possèdent une acropole (ville haute) où sont installés les temples des dieux. Celle d'Athènes, couronnée par le Parthénon, est la plus célèbre. Les Perses l'avaient détruite, Périclès la fit reconstruire en utilisant l'argent des cités alliées qui constituaient la ligue de Délos.

Périclès *Issu d'une grande famille aristocratique, Périclès est le dirigeant le plus influent du parti démocrate. Réélu stratège (chef militaire) chaque année de – 443 à – 430, il joue un rôle politique et culturel déterminant : loi sur la citoyenneté, développement de l'empire athénien, déclenchement des hostilités contre Sparte et grands travaux de l'Acropole, avec Phidias pour maître d'œuvre.*

L'essor de la tragédie
Réorganisé à la fin du VIe s., le culte de Dionysos ménage une place considérable aux concours dramatiques. Dans ce contexte religieux, la tragédie connaît au Ve s., à Athènes, un essor exceptionnel et se répand dans l'ensemble du monde grec à partir du IVe s. Chaque cité tient à se doter d'un théâtre, marque indispensable de l'appartenance à la culture grecque. Le théâtre d'Épidaure – sanctuaire dédié au héros guérisseur Asclépios – est exemplaire par son ampleur et sa qualité architecturale.

Contre la barbarie
Les guerres médiques et la victoire grecque, dont Hérodote a laissé un récit détaillé, ont profondément marqué la conscience des Grecs, en particulier des Athéniens, qui s'attribuent un rôle décisif et y voient la répétition des épisodes glorieux de la guerre de Troie. Dans ce contexte, les Perses sont à leurs yeux un contre-modèle incarnant la barbarie et le despotisme oriental.

431-400 av. J.-C. Déclin d'Athènes
- 431-404 av. J.-C. Guerre du Péloponnèse
- 420 av. J.-C. Alcibiade stratège
- 404-403 av. J.-C. Tyrannie des Trente

400-338 av. J.-C. Déclin des cités
- 399 av. J.-C. Condamnation de Socrate
- 359 av. J.-C. Début du règne de Philippe II de Macédoine
- 352 av. J.-C. Philippe II de Macédoine soumet la Thessalie
- 338 av. J.-C. Guerre de Philippe contre Athènes et Thèbes

Alexandre le Grand et l'époque hellénistique

338-323 av. J.-C.

À partir du IVe siècle, la monarchie macédonienne profite de la division des Grecs pour intervenir militairement et imposer son pouvoir aux cités, qui perdent alors leur autonomie. L'époque dite hellénistique commence en – 336, lors de l'accession d'Alexandre au pouvoir. En quinze ans, avec ses compagnons, le conquérant se taille un empire qui va jusqu'en Afghanistan.

PHILIPPE II DE MACÉDOINE, *père d'Alexandre le Grand, appuie son autorité sur une puissante armée (la phalange) et de solides moyens financiers. L'alliance trop tardive des Grecs échoue à Chéronée, en – 338, malgré la résistance héroïque du Bataillon sacré thébain, un corps d'élite de 300 hoplites. Philippe avait perdu un œil en assiégeant la ville de Méthone, ce qui permet de l'identifier dans cette petite tête d'ivoire, trouvée en 1977 dans une tombe princière, à Vergina.*

DÉMOSTHÈNE, *orateur et homme politique athénien, incarne la résistance des démocrates aux ambitions macédoniennes. Ses discours enflammés contre Philippe (Philippiques) sont demeurés le modèle de l'éloquence patriotique. Érigée au IIIe s. sur l'Agora, cette statue rappelle aux Athéniens la grandeur de celui qui s'est donné la mort pour échapper à l'envahisseur.*

338-336 av. J.-C. Domination macédonienne

338 av. J.-C.	Philippe II de Macédoine triomphe des Grecs à Chéronée
337 av. J.-C.	Ligue de Corinthe dirigée par Philippe
336 av. J.-C.	Assassinat de Philippe Son fils, Alexandre, accède au trône

336-323 av. J.-C. Alexandre le Grand

335 av. J.-C.	Alexandre en Thrace Thèbes rasée par Alexandre
334-326 av. J.-C.	Conquête de l'Orient par Alexandre

Pella (photo de fond) *Résidence des rois de Macédoine, le palais de Pella s'organise autour de quatre grandes cours à péristyle et associe une partie résidentielle, des bâtiments administratifs, une palestre et un établissement de bains. Sur ce modèle, les palais, disparus depuis l'époque mycénienne, vont se multiplier dans les villes hellénistiques.*

La diffusion de la culture grecque *Avec les conquêtes d'Alexandre, la culture grecque se répand jusqu'en Inde. Les populations locales adaptent le classicisme grec à leur propre iconographie. Ainsi, dans la province du Gandhara, la statuaire mélange harmonieusement les deux styles, indianisant parfois les dieux grecs, et, inversement, produisant des bouddhas au sourire ionien.*

Alexandre divinisé *Consultant l'oracle de Zeus Amon, en Égypte, Alexandre avait été salué comme « fils du dieu ». Sur cette monnaie, le jeune souverain est doté de cornes de bélier qui lui donnent l'aspect du dieu égyptien Amon. L'effigie d'Alexandre – que de son vivant seuls le sculpteur Lysippe et le peintre Apelle étaient autorisés à reproduire – est largement diffusée après sa mort par la statuaire et surtout par les monnaies d'un certain nombre de cités, qui n'hésitent pas à le diviniser.*

La revanche *En – 333, la victoire d'Alexandre, en Perse, contre le roi Darius III ouvre à son armée la voie d'un nouvel empire. Cette mosaïque pompéienne, qui reproduit un modèle hellénistique, met en relief, face à l'énergie du jeune Alexandre, la panique du souverain oriental vaincu sur ses propres terres. C'est désormais l'Europe qui envahit l'Asie.*

333 av. J.-C.	Victoire d'Alexandre sur Darius III à Issos
331 av. J.-C.	Fondation d'Alexandrie
327-326 av. J.-C.	Alexandre en Inde

323 av. J.-C. Début de l'époque hellénistique

323 av. J.-C.	Mort d'Alexandre à Babylone
323-277 av. J.-C.	Guerre entre les successeurs d'Alexandre

CHAPITRE 1

La civilisation mycénienne

Une écriture qui change l'Histoire

L'année 1953 a vu se produire un événement dont les conséquences sont considérables pour l'histoire grecque : cette année-là, une écriture, dite linéaire B, qui était restée jusqu'alors mystérieuse, a été déchiffrée par les Britanniques Michael Ventris et John Chadwick, et les progrès faits depuis lors ont confirmé, comme les deux savants britanniques l'avaient reconnu dès le début, que la langue ainsi transcrite était du grec. Cette découverte est d'une importance capitale. On savait bien, en effet, que des peuples indo-européens, prédécesseurs des Grecs des temps héroïques et étroitement apparentés à eux, avaient pénétré dans la péninsule au cours du IIe millénaire avant notre ère. D'après Homère, on les nommait les Achéens, et on pensait reconnaître leur nom dans certains documents égyptiens ou hittites. Mais on restait persuadé qu'entre la floraison de la culture mycénienne, vers les XIVe-XIIIe siècles av. J.-C., et les débuts de la Grèce archaïque, au VIIIe siècle av. J.-C., la coupure était radicale. La période obscure qu'on appelle le Moyen Âge hellénique passait pour séparer deux mondes, le monde pré-hellénique du IIe millénaire, disparu au XIIe siècle dans les troubles consécutifs à l'invasion dorienne, et le monde grec proprement dit, qui commençait avec Homère.

TABLETTE EN LINÉAIRE B
(vers 1200 av. J.-C.)
L'incendie du palais de Pylos a préservé, en les cuisant, un millier de tablettes d'argile de ce type, qui contenaient les archives et la comptabilité d'une année.

En lisant pour la première fois les documents en linéaire B, Ventris et Chadwick ont démontré que les Mycéniens parlaient le grec, ce qui est l'essentiel à nos yeux, puisque l'appartenance à l'hellénisme se manifeste avant tout par la langue. Dès lors, il nous faut admettre que l'histoire et la civilisation grecques commencent non plus au VIIIe siècle, mais au moment où apparaissent les premiers textes déchiffrables, c'est-à-dire vers la fin du XVe siècle, sinon plus tôt encore.

Quel est donc ce linéaire B dont le déchiffrement entraîne de telles conséquences ? De 1900 à 1904, dans ses fouilles de Cnossos, sir Arthur Evans mettait au jour des tablettes d'argile qui portaient des signes d'écriture non alphabétiques. Un premier classement permit de distinguer deux systèmes assez voisins de symboles au dessin simplifié, qu'on baptisa linéaire A et linéaire B. Le nombre des documents de Cnossos en linéaire B atteint trois mille. En 1939, l'Américain Carl Blegen, qui explorait l'emplacement d'un palais mycénien à Pylos, en Messénie, découvrit un lot de six cents tablettes inscrites en linéaire B, auxquelles les fouilles reprises après la guerre devaient en ajouter d'autres : il y en a aujourd'hui un millier. Enfin, depuis 1950, l'archéologue anglais A.J.B. Wace et ses collaborateurs, en reprenant les recherches à Mycènes, ont retrouvé dans les ruines de maisons voisines de la forteresse une cinquantaine de nouveaux documents. Ce matériel d'études s'enrichit chaque année grâce à de continuelles découvertes.

Les savants avaient, dès le début, soigneusement comparé et classé ces documents, mais sans parvenir à les comprendre, car ils ne disposaient d'aucun document bilingue qui pût jouer le rôle que la pierre de Rosette joua pour Champollion, jusqu'à ce que le jeune architecte britannique Michael Ventris, parti de l'hypothèse que la langue écrite en linéaire B était du grec, eût établi, avec l'aide de son compatriote John Chadwick, un procédé cohérent de transcription. Dans un article paru en 1953, ils faisaient connaître les premiers résultats acquis. Depuis lors et malgré la mort accidentelle de Ventris survenue en 1956, le déchiffrement s'est poursuivi avec ardeur et ténacité, confirmant pour l'essentiel la découverte du jeune savant prématurément disparu.

BRACELET MYCÉNIEN
Ce bijou en or à l'élégant décor floral provient d'une des tombes royales situées à l'intérieur de l'enceinte de Mycènes.

Réserve faite pour quelques signes encore mystérieux et pour certaines transcriptions peu sûres, les progrès réalisés depuis 1953 ont été continus, et le principe du déchiffrement découvert par Ventris n'est plus discuté; d'ores et déjà, d'éminents linguistes s'attachent à définir à partir de ces textes les traits originaux de la philologie mycénienne.

Les tablettes mycéniennes n'ont encore livré ni textes littéraires, ni contrats, ni correspondances ou traités entre souverains. Jusqu'à présent, nous ne possédons que des pièces d'archives provenant des services d'intendance attachés aux palais de Cnossos, de Pylos ou de Mycènes. Nous y lisons des inventaires de biens, provisions, cheptel, objets mobiliers; des listes de fonctionnaires, d'ouvriers ou de soldats; des états de redevances au souverain ou d'offrandes aux divinités. Ainsi revit à nos yeux la première civilisation hellénique de l'Histoire. À la date où nous la saisissons grâce aux tablettes mycéniennes, elle était déjà installée dans le bassin de la mer Égée depuis plusieurs siècles. C'est au début du IIe millénaire avant notre ère, semble-t-il, que les premiers Hellènes se répandirent en Grèce propre, à partir des régions du Nord, Macédoine et Thessalie, où ils avaient pénétré auparavant. Ils s'y mêlèrent à une population déjà en place dont nous connaissons l'industrie depuis les temps néolithiques (jusque vers le milieu du IIIe millénaire), puis à l'époque dite du bronze ancien (de 2500 à 1900 environ). À ces anciens habitants les nouveaux venus imposèrent leur langue, une langue indo-européenne, qui devait devenir le grec mycénien. La civilisation dite du bronze moyen, qui s'étend de 1900 à 1600 environ, résulte de la fusion entre ces envahisseurs et les précédents occupants.

L'âge d'or mycénien

Dès le début du bronze récent (1600-1100 environ), les Hellènes du continent, qui, jusqu'alors, avaient surtout entretenu des relations avec le nord-est de la mer Égée et les Cyclades, prirent des contacts fréquents avec la Crète minoenne. À cette époque, la Crète était un État centralisé, avec une capitale, Cnossos, peuplée de plus de 50 000 habitants, où régnait un monarque riche et puissant, entouré d'une aristocratie aimant la vie de cour, les palais ornés de fresques, les villas confortables, les fêtes et les jeux. Grâce à une marine prospère, le commerce crétois florissait. Très vite, les Grecs subirent l'influence de ces voisins du Sud. Puis ils furent tentés d'aller voir de près le pays d'où leur venaient tant de richesses : ils débarquèrent dans la grande île vers 1450 et ruinèrent l'État minoen pour s'installer en sa place. C'est alors que, du milieu du XVe siècle jusqu'au XIIe siècle environ, la puissance des Grecs mycéniens régna sur le bassin de la mer Égée et diffusa sur une aire très étendue, de la Syrie et de l'Égypte jusqu'à l'Italie méridionale et à la Sicile, leurs produits manufacturés. La guerre de Troie, vers la fin du

TOMBEAU
DIT TRÉSOR D'ATRÉE
(vers 1250 av. J.-C.)
Située sous un tumulus, la chambre funéraire voûtée, en forme de ruche (tholos), *est précédée d'un couloir d'accès qui mène à une porte surmontée d'un énorme linteau monolithe.*

XIIIe siècle, est un des derniers épisodes de cette expansion, qui devait faire place au cours du XIIe siècle à une décadence profonde et durable.

C'est donc pendant cette période privilégiée, qui va de la fin du XVe à la fin du XIIIe siècle avant notre ère, que nous devons considérer la première civilisation grecque, alors à son apogée. Elle doit le nom de mycénienne, sous lequel elle est généralement connue, à l'importance du site de Mycènes, en Argolide, que l'Allemand Heinrich Schliemann explora en 1876. Le hardi fouilleur était mû par le désir de retrouver le tombeau d'Agamemnon. Si la Fortune ne lui réserva pas cette joie, elle lui procura bien davantage, puisque c'est toute la civilisation hellénique du IIe millénaire qui surgit du sol de Mycènes. Une nécropole royale, avec des stèles grossièrement décorées de sculptures, livrait les trésors de ses tombes à fosse, où les restes des occupants étaient accompagnés d'armes et de bijoux somptueux : diadèmes, colliers, bagues, bracelets, plaques d'or cousues sur les vêtements, ceintures et baudriers d'or, masques d'or sur le visage reproduisant les traits des disparus, coupes et vases en métal précieux, épées et dagues incrustées aux fourreaux ornés de boutons en or, toutes ces parures éclatantes sont aujourd'hui rassemblées dans la grande salle mycénienne du Musée national d'Athènes et attestent la splendeur de la dynastie grecque qui régna sur l'Argolide au XVIe siècle avant notre ère.

FORTIFICATIONS DE TIRYNTHE
(vers 1200 av. J.-C.)
La citadelle est entourée d'une puissante enceinte en gros appareil irrégulier dit cyclopéen. Dans la zone sud-est, des casemates ont été aménagées dans l'épaisseur du rempart.

Les successeurs de cette dynastie, au siècle suivant, se firent enterrer dans des tombeaux d'une forme toute différente, qui comptent parmi les plus extraordinaires créations de l'Antiquité. On les appelle *tholos*. Ce sont des chambres rondes creusées dans le sol et couvertes d'une coupole conique en encorbellement faite d'assises successives en gros blocs soigneusement appareillés. On y accède par une tranchée à ciel ouvert ou dromos, qui conduisait à une porte monumentale richement décorée. La plus remarquable de ces tombes, construite dans la seconde moitié du XIVe siècle, est celle qu'on nomme traditionnellement Trésor d'Atrée, au flanc d'une colline en face de l'acropole de Mycènes. Les dimensions considérables de l'espace intérieur (plus de 13 m de haut pour un diamètre de 14,50 m), les blocs prodigieux qui servent de linteau au-dessus de la porte (l'un d'eux pèse plus de 100 tonnes), enfin la qualité de l'appareil impressionnent toujours le visiteur.

Les mêmes qualités de construction se font admirer à quelque distance dans les fortifications de l'enceinte principale qui entoure l'acropole. La célèbre porte des Lions, avec les murs et le bastion qui la flanquent, date du milieu du XIVe siècle. Faite de blocs énormes, elle offre encore un aspect imposant. Dans la plaine de l'Argolide, à une quinzaine de kilomètres plus au sud, et à 2 kilomètres à peine de la mer, une petite butte isolée porte d'autres ruines cyclopéennes, celles du palais de Tirynthe. C'est là qu'on voit apparaître pour la première fois une forme architecturale à laquelle les Grecs devaient demeurer attachés : les propylées, c'est-à-dire une entrée monumentale où la porte ouverte dans un mur se trouve précédée de chaque côté du mur par un porche à colonnes. Ce type de bâtiment préfigure le plan du temple grec : la maison du roi deviendra la maison du dieu.

Parmi tous les palais mycéniens, le mieux conservé est celui de Pylos, en Messénie, non loin de la rade célèbre de Navarin. On l'attribue à la dynastie du sage Nestor, qu'Homère célèbre dans *l'Iliade*. La partie principale occupe un rectangle de 55 mètres sur 30 mètres, au centre duquel on retrouve le mégaron aux quatre colonnes avec foyer central, précédé de son antichambre et de son porche ouvrant sur une petite cour intérieure. Tout autour de cette enfilade principale s'ordonne un grand nombre de salles plus petites. C'est dans une pièce à gauche de l'entrée qu'on a découvert les archives en linéaire B qui ont rendu cette fouille illustre : les tablettes d'argile molle avaient été cuites dans l'incendie du palais et, par suite, miraculeusement préservées.

Affirmation d'une identité grecque

Dans ce palais de Pylos, un décor raffiné était prévu, comme à Tirynthe ou à Mycènes : sol revêtu de dalles de gypse, murs couverts de fresques qu'une étude attentive a permis de reconstituer assez sûrement. Certes, la technique de construction, avec la base des murs en maçonnerie et le reste en briques crues, les grandes lignes du plan, avec la multiplication des salles réparties autour d'une cour centrale, enfin les principaux motifs de décor sont fortement marqués par l'influence crétoise. Mais les palais mycéniens présentent pourtant des caractères propres, dont le mégaron est le plus remarquable. Cette grande salle centrale, avec son antichambre et son porche, est inconnue dans l'architecture minoenne. De même, en empruntant à la Crète la technique de la fresque, les Mycéniens s'en servaient à l'occasion pour peindre des sujets différents de ceux qui plaisaient aux Crétois. Dans leurs demeures princières comme dans leurs forteresses et dans leurs tombeaux monumentaux, les premiers Grecs marquaient ainsi fortement de leur apport original la culture qu'ils avaient reçue d'autrui.

ÉPINGLE EN OR
Trouvée dans une tombe de Mycènes, cette épingle délicatement ciselée et décorée d'une figure féminine témoigne du raffinement de l'artisanat au service des palais.

Il en fut de même dans le domaine de la céramique, qui est si important pour apprécier la diffusion et la chronologie de la civilisation mycénienne. On estime aujourd'hui que la poterie mycénienne mérite d'être étudiée en elle-même tant pour son abondance que pour son originalité. Le décor est posé au « vernis » noir ou roux sur un engobe de ton crème. Très souvent, l'essentiel de ce décor se réduit à des lignes horizontales plus ou moins épaisses, groupées aux bons endroits pour souligner la forme du vase. Pour les grands vases, les motifs sont stylisés de telle sorte que leur origine naturaliste est parfois difficile à reconnaître. Il y eut des centres de fabrication nombreux : en Argolide, à Rhodes, à Chypre, en Attique aussi, où déjà la finesse de l'argile et l'adresse des artisans indigènes donnent à la production locale une qualité particulière.

D'autres documents s'avèrent précieux pour étudier la civilisation mycénienne : ce sont les ivoires sculptés. Les inventaires en linéaire B mentionnent à plusieurs reprises des pièces de mobilier ornées de reliefs en ivoire représentant des hommes ou des animaux. Les fouilles ont rendu des plaques d'ivoire qui ont pu faire partie de tels ensembles : la tradition s'en est conservée dans le monde grec jusqu'à l'époque byzantine.

Tablettes en linéaire B, tombeaux, forteresses et palais, céramiques, ivoires enfin nous permettent d'esquisser un tableau, encore très provisoire, de la civilisation mycénienne. Ils nous montrent un peuple guerrier, fortement organisé en principautés indépendantes. Le prince, qui porte le titre homérique d'*anax*, réside dans sa riche et puissante demeure et contrôle, par l'intermédiaire de fonctionnaires spécialisés, l'ensemble des activités du groupe social dont il est le chef : il gère les domaines fonciers, donne du travail aux artisans, assure l'entretien des cultes. Les troupes dont il dispose sont bien munies d'armes de bronze : lance et épée, casque parfois décoré de dents de sanglier ou de plumets multicolores, cuirasse de cuir à lames de bronze. La cavalerie n'est pas encore connue, mais les chars à deux chevaux transportent l'élite de l'armée. Une flotte de guerre protège les navires marchands et permet de fructueuses razzias sur les terres étrangères. La piraterie, tenue pour noble, et le commerce mettent ces petits États en rapport avec le monde égéen tout entier. Un fort courant d'échanges se dessine en direction du monde oriental, par Rhodes et Chypre, où des colonies mycéniennes s'installent d'une façon durable. La côte syrienne, la Palestine et l'Égypte accueillent les produits grecs. Plus loin encore, le commerce mycénien atteint la Sicile, les îles Lipari, Ischia et Tarente. C'est ainsi qu'une première expansion hellénique couvre déjà, aux XIVe et XIIIe siècles, tout le bassin oriental de la Méditerranée et commence même à se faire sentir jusqu'aux portes de l'Occident.

CASQUE MYCÉNIEN
(XVIe s. av. J.-C.)
Ce casque de cuir, plaqué de dents de sanglier, a été reconstitué à partir d'éléments découverts dans une tombe de Dendra. Il correspond à ceux qu'évoque à plusieurs reprises Homère dans l'Iliade.

Ce peuple grec montre un goût singulier pour l'art. Il a recueilli le riche héritage de la Crète qui lui a fourni des modèles et des traditions techniques, mais le transforme en lui imposant sa marque : le sens de la grandeur et de la puissance, et cette double qualité, apparemment contradictoire, qui n'a cessé depuis les origines de caractériser l'art grec : l'observation réaliste et la capacité d'abstraction.

Déjà ces Grecs du premier âge vénèrent les mêmes dieux qui resteront ceux de leurs lointains descendants. Le déchiffrement du linéaire B a fourni les noms de nombreuses divinités auxquelles les Mycéniens apportaient des offrandes et a révélé ainsi, à notre grande surprise, que la plupart des Olympiens du panthéon classique étaient déjà l'objet d'un culte au cours du IIe millénaire. Rien ne montre mieux le caractère hellénique des populations de Pylos, de Cnossos ou de Mycènes que de rencontrer sur leurs tablettes les noms de Zeus et d'Héra, de Poséidon, d'Athéna, d'Hermès, d'Artémis et d'Arès, et même celui de Dionysos, qu'on croyait introduit beaucoup plus tard dans le cercle des dieux grecs.

Après l'âge d'or, l'âge du fer

Comment cette civilisation si vivace, ce peuple si entreprenant, cette société apparemment si solidement établie sur ses bases se sont-ils effondrés si rapidement dans le cours du XIIe siècle ? On invoquait encore il y a peu l'invasion dorienne pour expliquer la ruine du monde mycénien et la décadence si profonde qui, entre le XIIe et le Xe siècle, marque la période qu'on appelle le Moyen Âge hellénique. Les Doriens étaient des Grecs moins

CE N'EST PAS LA FAUTE DU VOLCAN !

On a cru pouvoir attribuer l'effondrement de la civilisation minoenne à la gigantesque explosion du volcan de Théra, dont on peut voir de nos jours le cratère immergé – la caldeira – à l'île de Santorin. Les effets de l'éruption et du raz de marée ont dû se faire sentir jusqu'en Crète, car des cendres ont été retrouvées dans les îles environnantes, et même dans le delta du Nil. La catastrophe y a été moins soudaine qu'à Pompéi, puisque la population a eu le temps d'évacuer l'île. (Elle a cependant fait au moins une victime, l'archéologue grec, S. Marinatos, qui fit une chute mortelle en fouillant la ville d'Akrotiri, où de splendides peintures murales ont été exhumées.) Et l'événement a fortement marqué la mémoire des hommes, qui ont mis très longtemps à réoccuper ce qui reste de l'île. Toutefois, des études géologiques récentes fixent pour cette catastrophe une date très antérieure à la destruction de Cnossos (qui a eu lieu en – 1375) : XVIe, voire XVIIe siècle avant notre ère. Le volcan n'est donc pour rien dans la destruction du monde minoen, ni dans la désagrégation du système palatial mycénien, un siècle plus tard. On envisage donc d'autres hypothèses : attaques menées par les Peuples de la Mer, invasions ou soulèvements des populations locales contre le pouvoir des palais.

évolués qui, à partir des régions montagneuses du nord-ouest de la péninsule, occupèrent peu à peu la Grèce au cours d'une longue et lente progression qui s'étendit sur tout le XIe et une partie du Xe siècle. Comme cette pénétration s'accompagna d'un grand changement dans les mœurs, consécutif à l'adoption du fer, on était naturellement tenté d'attribuer à l'arrivée des envahisseurs nordiques le bouleversement qui détruisit la civilisation mycénienne.

Ces vues, longtemps admises, sont aujourd'hui fort discutées. L'étude plus précise des sites mycéniens ne laisse guère apparaître la destruction massive et radicale. La décadence semble avoir connu des étapes, et l'insécurité s'est établie peu à peu, provoquant l'abandon progressif des régions moins bien défendues. L'apparition du fer et celle du nouveau rite funéraire de la crémation, qui tend à remplacer l'ensevelissement, sont sans doute antérieures à l'arrivée des tribus doriennes.

Une explication proposée plus récemment paraît rendre compte assez bien des faits. Au cours des XIIIe et XIIe siècles, des migrations très complexes affectèrent l'ensemble du Proche-Orient, tout autour de la Méditerranée orientale. Elles nous sont connues par les documents égyptiens qui parlent à maintes reprises d'attaques menées par les Peuples de la Mer, coalition hétérogène à laquelle des contingents grecs ont certainement participé. Ces invasions affectèrent gravement l'équilibre politique du Proche-Orient. L'Empire hittite s'effondra. L'Égypte se replia sur le Delta. Les conditions qui avaient favorisé le commerce dans le bassin oriental de la Méditerranée disparurent devant les progrès de la piraterie. Les Mycéniens, qui étaient directement intéressés à ces échanges, furent bientôt coupés de leurs partenaires orientaux et réduits aux seules ressources de leur sol, insuffisantes pour une population nombreuse et habituée à l'opulence. Les principautés mycéniennes, sous la pression de la nécessité, se seraient alors tournées les unes contre les autres, dans une série de guerres intestines qui provoquèrent successivement la destruction partielle, puis la chute de la plupart d'entre elles. Les Doriens, en se répandant sur une grande partie du monde grec, y auraient ainsi trouvé non une civilisation en plein éclat qu'ils auraient brutalement détruite, mais une civilisation moribonde dans une société en déclin.

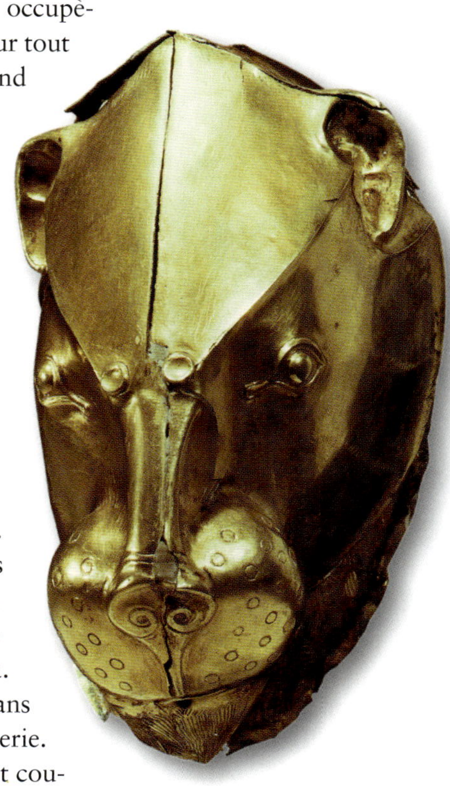

VASE À BOIRE *(rhyton en or, XVIe s. av. J.-C.) De tradition minoenne, ce vase en forme de tête de lion (la crinière est gravée) provient du cercle des tombes de Mycènes.*

DIONYSOS *agit essentiellement sur la vision : vertiges de l'ivresse, hallucinations de la folie, illusion du spectacle. Mais c'est aussi en tant que dieu de l'altérité qu'il préside au théâtre : acteurs et spectateurs y expérimentent diverses figures de la différence.*

Le théâtre et ses masques

Institution politique et religieuse, le théâtre fait partie du culte de Dionysos. Les manifestations les plus importantes ont lieu aux Grandes Dionysies, fin mars, en l'honneur de Dionysos *Éleuthéreus* – Libérateur –, dont la statue est menée au théâtre en une somptueuse procession qui se clôt par un sacrifice et un grand banquet public. Les concours sont pris en charge financièrement par des chorèges, citoyens qui assument la préparation du spectacle et recrutent les chœurs. C'est une liturgie : une obligation d'intérêt public. Les chorèges ont été désignés par les plus hauts magistrats de la cité, ainsi que les acteurs, les trois poètes qui vont s'affronter et les juges. Tous sont des citoyens, et, au début, il n'y a pas de professionnels. Après les épreuves de dithyrambes, chants mythiques composés en l'honneur de Dionysos, se succèdent pendant trois jours le concours de tragédie (initialement, chaque concurrent présente une trilogie suivie d'un drame satyrique) et le concours de comédie. À la fin, trois prix sont décernés dans chaque catégorie d'épreuves : pour le poète, le chorège et le protagoniste. Le surlendemain, les comptes sont examinés par l'Assemblée, les résultats entérinés et consignés. Ce grand rituel, qui se déploie au théâtre de Dionysos en présence de la statue du dieu et de son prêtre, est ouvert à tous les Grecs. Près des Athéniens, les étrangers assistent à ce cérémonial spectaculaire que la cité s'offre, exposant sur scène ses valeurs, ses contradictions et ses conflits. La tragédie les met à distance, faisant revivre les héros d'antan, dont l'idéal est devenu problématique, les affrontant au chœur, proche des citoyens contemporains qu'il représente. Le drame satyrique relâche la tension en confrontant certains des thèmes tragiques à la naïveté bouffonne des satyres. Ensuite, grâce à la licence transgressive de la comédie, la politique de la cité est contestée bien plus directement. Mais, devant le même public, l'idéologie civique et la puissance d'Athènes sont exaltées en plusieurs actes significatifs : ce sont les dix stratèges qui font les libations au dieu. L'argent du tribut versé par les alliés est exposé dans l'*orchestra*. Les orphelins de guerre – avec l'équipement hoplitique remis par l'État qui les a éduqués – sont installés au premier rang. On proclame les noms des citoyens méritants, les récompenses obtenues et les honneurs rendus aux étrangers. C'est bien la cité qui se met en scène.

LE MASQUE *L'acteur et le poète, qui à l'origine ne font qu'un, sont souvent représentés face à un masque, comme pour s'imprégner de leur rôle. Ici, il s'agit de Ménandre, un auteur de comédies. Masque, personnage, rôle sont désignés en grec par un même mot,* prosopon, *qui signifie face.*

SOUVENIR DE VICTOIRE *Ce grand cratère a été commandé pour commémorer une victoire au concours de drame satyrique. Autour du poète et du musicien, les choreutes, en tenue de satyres, masque en main – sauf un qui l'a sur la tête –, y sont identifiés par leurs noms de citoyens.*

LA VICTOIRE DU CHORÈGE *Une inscription célèbre la victoire du chorège au chœur de garçons en mentionnant les noms du flûtiste, du choryphée et de l'archonte de l'année. Au-dessus, une frise représente la métamorphose en dauphins des pirates qui avaient enlevé Dionysos.*

THEATRON *signifie lieu du regard. L'architecture circulaire et l'échelonnement des gradins concentrent l'attention du public sur l'action, qui se joue dans deux espaces distincts : l'*orchestra, *où évolue le chœur, et la* skênê, *surélevée, où apparaissent les héros.*

ORESTE HARCELÉ PAR LES ÉRINYES

L'Orestie d'Eschyle est la seule trilogie qui ait survécu. Elle met en scène le retour d'Agamemnon et son assassinat par son épouse Clytemnestre *(Agamemnon)*; la vengeance d'Oreste qui, sur l'ordre d'Apollon, tue sa mère et est poursuivi par les Érinyes *(Choéphores)*; puis son acquittement à Athènes, à la suite d'un débat et d'un jugement. Les Érinyes se transforment alors en déesses Bienveillantes *(Euménides)*. Les héros, déchirés par des exigences contraires, sont en proie à des forces qui les dépassent, allant pour Oreste jusqu'à la folie. Les dieux s'affrontent, opposant l'archaïque droit du sang à une nouvelle conception de la justice. La pièce se termine par la double instauration d'un culte et du tribunal de l'Aréopage, mettant exemplairement en évidence les dimensions religieuse, politique et juridique de la tragédie.

LES FEMMES *ne viennent pas au spectacle. Elles sont pourtant très présentes sur scène : la nature excessive que les Grecs leur prêtent les prédispose à la démesure et à la souffrance. Mais ce sont des hommes qui endossent ces rôles, portant des masques féminins.*

CHAPITRE 2

L'époque géométrique

L'unité dans la diversité

Au IXe siècle, lorsque, après une longue période obscure et misérable, le monde hellénique recouvre sa vitalité, il se présente à nous sous une forme bien différente de ce qu'il était à l'époque mycénienne. La décadence des États achéens et l'invasion des tribus doriennes ont provoqué pendant trois siècles des mouvements de population qui ont profondément modifié la répartition du peuple grec dans le bassin de la mer Égée. Tandis que les nouveaux arrivants occupaient progressivement la majeure partie de la Grèce continentale et du Péloponnèse, les occupants antérieurs, s'ils voulaient échapper à la domination dorienne, quittaient les lieux pour aller chercher ailleurs une terre plus accueillante. On connaît fort mal le détail de ces migrations, qui se prolongèrent pendant des siècles et dont le souvenir n'était resté dans la mémoire des Grecs que sous la forme de légendes. Mais il est sûr que le mouvement se dirigea vers l'est, vers les Cyclades et vers la côte anatolienne, et qu'il aboutit à l'installation permanente, sur toute la frange occidentale de l'Asie Mineure, d'une série de colonies grecques populeuses et prospères. Comme les plus importantes de ces colonies parlaient le dialecte ionien, on désigne d'ordinaire le phénomène historique qui conduisit à leur fondation sous le nom de migration ionienne. L'expression s'oppose à celle d'invasion dorienne, mais, pas plus que l'invasion dorienne, la migration ionienne ne doit être considérée comme une opération simple.

VASE PROTO-GÉOMÉTRIQUE *(fabriqué à Corinthe vers 750 av. J.-C.) Le décor rigoureusement linéaire contraste avec l'exubérance des motifs qui caractérisaient les productions minoennes et mycéniennes.*

Les Anciens distinguaient entre les Grecs en fonction de grandes divisions linguistiques, fondées sur les dialectes, qu'ils considéraient comme correspondant à des divisions ethniques. En fonction de quoi l'occupation du monde égéen, à la fin des grandes migrations qui marquèrent le Moyen Âge hellénique, se présente comme suit.

On parle des dialectes *éoliens* dans la partie septentrionale de la bande côtière anatolienne colonisée par les Grecs, depuis la basse vallée de l'Hermos, au nord de Smyrne, jusqu'en face de l'île de Lesbos, ainsi que dans cette île même. Les colons éoliens sont venus de Thessalie et de Béotie. Des populations de langue ionienne sont établies en Attique, en Eubée, dans les Cyclades (sauf au sud) et sur le littoral anatolien depuis Smyrne jusqu'au nord d'Halicarnasse, ainsi que dans les grandes îles de Chio et de Samos. Des tribus doriennes ont soumis, en y imposant leur langue, la Mégaride, la Corinthie, l'Argolide, la Laconie, les Cyclades du Sud, la Crète, Rhodes et le Dodécanèse, et enfin, sur la côte d'Asie, Halicarnasse et Cnide, en territoire carien. Dans la région nord-ouest du continent grec et, dans le Péloponnèse, en Achaïe et en Élide, on parle des dialectes dits nord-occidentaux, qui sont très proches du dorien. Enfin, dans deux régions fort éloignées l'une de l'autre, en Arcadie et dans l'île de Chypre, s'est conservé un dialecte dit arcado-cypriote, qui semble avoir gardé les plus grandes affinités avec l'ancien grec mycénien.

Sur le plan de la civilisation, la diversité des dialectes resta longtemps un trait essentiel de l'hellénisme. Les Grecs avaient le sentiment profond que leur parenté reposait sur la communauté de langage : l'usage de la langue grecque est ce qui les différenciait des Barbares et fondait à leurs propres yeux leur solidarité à l'égard du reste du monde. Or, si la variété des parlers locaux favorisait à l'intérieur de cet ensemble le particularisme politique, elle était en même temps une source de richesse verbale dont écrivains et poètes, en artistes conscients, ont su tirer maints effets. Ainsi se constituèrent très tôt plusieurs langues littéraires, qui empruntaient à tel ou tel dialecte, ou à la combinaison de plusieurs d'entre eux, leur couleur et leur résonance particulières, tout en demeurant accessibles à n'importe quel Grec cultivé. L'exemple le plus frappant est celui de la langue épique, où se combinent des éléments ioniens et des éléments éoliens soumis aux exigences d'une métrique raffinée : les chœurs des tragédies attiques sont composés non en dialecte attique comme le reste de la pièce, mais dans un dorien qui passait pour mieux adapté au lyrisme choral. Par ailleurs, la comédie d'Aristophane a tiré des effets pittoresques de l'emploi des dialectes dans la bouche des étrangers.

PLAQUE EN BRONZE DE L'IDALION.
(Chypre, Ve s. av. J.-C.)
À l'époque classique, l'île de Chypre fait exception en conservant encore un dialecte particulier et une écriture de type syllabique.

La datation par la céramique

Le IXe et le VIIIe siècle sont désignés habituellement sous le nom d'époque géométrique, en raison du caractère original de la céramique de ce temps. On trouve en effet sur les sites occupés à cette époque des vases ou au moins des tessons dont le décor est essentiellement constitué de lignes droites et de motifs géométriques simples. Le style géométrique s'est lentement et progressivement dégagé de la tradition mycénienne. Pour désigner commodément les étapes de cette évolution, les archéologues ont créé les termes de submycénien et de protogéométrique, qui permettent, en l'absence de toute donnée historique certaine, de fonder une chronologie, au moins relative, des siècles obscurs. On admet que le submycénien s'étend approximativement depuis la fin du XIIe siècle jusqu'au milieu du XIe siècle (± 1100-1050) et que le protogéométrique va du milieu du XIe siècle jusqu'au début du IXe siècle (± 1050-900). À l'intérieur du géométrique proprement dit, les céramologues distinguent un style géométrique pur ou géométrique ancien, qui dure d'envi-

LES SIÈCLES OBSCURS

Les trois siècles (XIe-IXe siècle av. J.-C.) qui séparent la disparition de la civilisation mycénienne de l'avènement progressif des cités sont traditionnellement dits obscurs. Ce qualificatif, trompeur, suggère un âge d'obscurantisme, alors qu'il se justifie surtout par la pauvreté de la documentation archéologique. On sait maintenant qu'il s'agit d'une période de mutation décisive et d'adaptation à de nouveaux modes de vie. On supposait une profonde régression culturelle et économique. Des fouilles comme celles de Lefkandi, en Eubée, donnent au contraire l'impression d'une période de prospérité, au moins au Xe siècle. Certes, les sites urbains ont disparu. Mais on tend à réduire aujourd'hui l'importance du dépeuplement (les trois quarts des habitants, pensait-on naguère), calculé à partir des traces d'habitat et de sépultures. L'abandon en certains endroits de l'économie agricole liée aux palais, au profit de l'élevage, aurait pu entraîner un mode de vie pastoral nécessitant des types d'habitat plus légers, laissant peu de traces. D'autres données – le maintien des toponymes, la réactivation de certains cultes – indiquent que la période mycénienne n'a pas été oubliée. Et, surtout, c'est le début de la métallurgie du fer, un progrès technologique considérable.

ron 900 jusqu'un peu avant le milieu du VIIIe siècle ; un style géométrique élaboré (ou géométrique mûr) au milieu du VIIIe siècle, qui produit de magnifiques chefs-d'œuvre où la figure humaine, sous une forme stylisée, occupe déjà une place au milieu de motifs géométriques ; enfin un style géométrique récent, correspondant à la dernière partie du VIIIe siècle, où les représentations figurées prennent de plus en plus d'importance et provoquent ainsi la dissolution rapide du géométrique proprement dit. Cette céramique géométrique est connue en bien des points du monde grec, mais c'est en Attique qu'on en suit le mieux le développement depuis l'époque submycénienne, grâce aux fouilles de nécropoles comme celle du Céramique, située près d'un quartier d'Athènes ultérieurement occupé par de nombreux potiers, d'où son nom. À l'extérieur de la ville, près de la porte du Dipylon, s'étendait un cimetière qui continua de recevoir des sépultures à l'époque classique. Les découvertes faites dans les plus anciennes de ces tombes ont révélé le dispositif particulier de ces sépultures à crémation, qui apparaissent dès l'époque submycénienne, se généralisent au Xe siècle et restent en usage aux siècles suivants. Une simple fosse creusée dans le sol reçoit au fond l'urne cinéraire et quelques vases en guise d'offrandes au mort. Cette fosse est à moitié remplie de terre et, à la surface, on dresse une pierre tombale qui fait office de stèle, accompagnée souvent d'un vase de grande taille destiné à recueillir les libations, qui sont un élément essentiel du culte funéraire.

AMPHORE GÉOMÉTRIQUE ATTIQUE *(750 av. J.-C.)*
Cette imposante amphore est destinée à marquer l'emplacement d'une tombe. Sa fonction rituelle entraîne, pour son décor, le choix d'une scène de funérailles.

Les formes des vases (amphores, cratères, cruches, coupes, gobelets, boîtes à couvercle dites pyxides) évoluent dans un sens bien déterminé : les diverses parties du vase sont de plus en plus nettement séparées au lieu des transitions par courbes insensibles qu'aimait la céramique mycénienne. Il semble qu'un sens architectural de plus en plus exigeant se manifeste, conduisant à construire le vase comme un assemblage d'éléments clairement différenciés. En même temps, l'audace des potiers croît avec leur virtuosité : elle les conduira à exécuter de véritables monuments de terre cuite, comme les amphores et les cratères funéraires du Dipylon, qui atteignent la taille humaine et représentent d'extraordinaires prouesses techniques.

Devant ces monuments, on est confondu par le goût raffiné qui préside à la répartition des zones ornementales. Par une innovation de grande conséquence, le potier finit par faire appel à la figure humaine. Toutefois, la tentation était grande, dès qu'on représentait des hommes, de les introduire dans une scène composée. C'est ce qui se produit sur la grande amphore du Dipylon, où le rectangle réservé entre les anses accueille l'image de la déploration du défunt, étendu sur le lit funèbre, qu'entourent des assistants en deuil. Certes, ces personnages schématiques sont tous pareils ; on ne les distingue ni par leurs vêtements ni par leur sexe. Mais déjà le geste des deux bras tenant la tête exprime un sentiment. Si le développement rapide des scènes à personnages est un trait propre au géométrique attique, il souligne par là même les dons exceptionnels d'un peuple d'artistes qui l'emportait déjà de loin dans ce domaine sur l'ensemble des autres Grecs.

Cette prépondérance d'Athènes dans la céramique géométrique éclipse les autres manifestations de la civilisation matérielle à cette époque. L'architecture n'est guère connue que par quelques rares plans de temples ou de maisons

LE RIVAGE D'ITHAQUE
Les poèmes qui, comme l'Odyssée, racontent les errances des Grecs, après la prise de Troie, sont appelés nostoi, *retours. La nostalgie, maladie du retour, tourmente Ulysse jusqu'à ce qu'il retrouve enfin son île d'Ithaque.*

reconstitués à partir des fondations, seules subsistantes. Un assez grand nombre de statuettes de bronze, en fonte pleine, remonte au VIIIe siècle : elles représentent des animaux ou des personnages stylisés. Des fibules de bronze, accessoires nécessaires pour fermer les vêtements doriens, drapés et non cousus, portent des dessins géométriques. Des statuettes de terre cuite reproduisent les mêmes modèles schématiques que celles de bronze. Tout cela, néanmoins, compte peu en regard des grands vases attiques. Mais la Grèce géométrique a fait bien davantage pour la civilisation : elle lui a donné l'alphabet et Homère.

« L'Iliade » et « l'Odyssée »

L'adoption de l'alphabet phénicien par les Grecs se situe vraisemblablement au IXe ou au début du VIIIe siècle. En adaptant pour leur usage l'ingénieuse notation phonétique imaginée par les Phéniciens, les Grecs y introduisirent une innovation capitale, la notation des voyelles, que les Sémites ne pratiquaient pas. Cette technique nouvelle de l'écriture prit un essor rapide et se répandit dans le monde hellénique tout entier. L'alphabet latin devait plus tard en sortir, ainsi que la plupart des alphabets modernes.

Ce n'est sans doute pas un hasard si les deux premières œuvres littéraires de longue haleine, *l'Iliade* et *l'Odyssée*, sont maintenant datées par la majorité des savants du IXe ou, plus volontiers, du VIIIe siècle, c'est-à-dire au moment où les Hellènes commencent à se servir de l'écriture alphabétique. Les Anciens ne doutaient pas de l'unité foncière de chacune des deux épopées ; peu d'entre eux même envisageaient l'hypothèse que le même auteur n'eût pas composé à la fois *l'Iliade* et *l'Odyssée*, et le meilleur critique littéraire de l'Antiquité, Aristarque, combattit vigoureusement ces « séparatistes » ou *chorizontes*.

La perfection même des deux épopées montre qu'elles sont l'aboutissement d'une longue tradition. La disparition de toute littérature antérieure est due sans doute à l'absence d'un procédé de transcription approprié : le syllabaire mycénien, s'il était resté en usage (ce qui n'est aucunement certain), était trop imparfait pour servir à perpétuer une telle œuvre littéraire. Homère, en revanche, a dû bénéficier du secours de l'alphabet, et son œuvre a rejeté dans l'oubli toutes celles qui l'avaient précédée.

BUSTE D'HOMÈRE
La gloire d'Homère est telle que sept cités se vantaient de l'avoir vu naître. Aussi fallait-il lui donner un visage. Ce portrait d'époque romaine est conforme à l'idée du poète à la fois aveugle et visionnaire.

Bien des villes se disputaient l'honneur de lui avoir donné le jour. Mais, qu'il fût né à Chio, à Smyrne, à Colophon, à Ios ou à Cymé, il est sûr que le poète a composé son œuvre dans le monde des cités ioniennes d'Asie Mineure. Groupées en une ligue de douze cités, unies par des affinités de langue et de religion, ces cités avaient une organisation sociale solide, dont l'élément essentiel était une aristocratie de grands propriétaires terriens. C'est dans les palais de ces grands d'Ionie que furent récitées pour la première fois *l'Iliade* et *l'Odyssée*. L'une évoquait, à travers le recul du temps, une expédition prestigieuse dont le souvenir était cher aux Hellènes installés en terre d'Asie : ils voyaient à juste titre dans l'entreprise achéenne contre Troie la préfiguration de la colonisation ionienne en Anatolie, et les récits d'exploits guerriers exceptionnels plaisaient à ces nobles auditeurs, eux-mêmes fervents adeptes de la chasse et des exercices militaires. L'autre flattait l'imagination par le récit d'aventures lointaines dans les mers occidentales, telles que les marins d'Eubée et de Grèce propre, à la suite des Phéniciens, commençaient à les faire revivre. Depuis les découvertes de l'archéologie mycénienne et plus encore depuis le déchiffrement du linéaire B, les commentateurs modernes se plaisent à souligner dans les poèmes homériques tout ce qui peut se rapporter à cette tradition mycénienne. Mais on aurait tort de méconnaître qu'Homère, qui vivait à l'époque géométrique, doit aussi beaucoup à son temps : sens de la composition pour élaborer de grands ensembles, conception nette de la hiérarchie dans les domaines religieux ou social aussi bien qu'esthétique : les deux grandes épopées ioniennes nous montrent tout cela, que nous retrouvons pareillement dans les chefs-d'œuvre des potiers attiques du VIIIe siècle. Mais il y a plus net encore. Lorsque, dans la seconde moitié du siècle, les peintres de vases consacrèrent à Athènes une place plus large aux représentations figurées, ils peignirent sur de grands cratères des scènes de batailles terrestres et navales dont la parenté avec les scènes semblables de *l'Iliade* a été plusieurs fois soulignée. L'art du poète et l'art du peintre reposent l'un et l'autre sur la parfaite possession d'un métier qui leur fournit des formules ou des poncifs élaborés par leurs devanciers : mais leur propre génie créateur insuffle à ces éléments traditionnels une vie nouvelle grâce à l'acuité et à la justesse de leur vision personnelle du monde.

PANDORA, LA PREMIÈRE FEMME

La *Théogonie* d'Hésiode, poème consacré à la naissance des dieux et à la mise en ordre de l'Univers, ne dit rien de l'origine de l'humanité. En revanche, il raconte la création de la femme, aboutissement d'une série de conflits entre les dieux et les humains, aidés par Prométhée. Contre la volonté de Zeus, le Titan a volé le feu pour l'apporter aux hommes. En représailles, Zeus décide de leur envoyer la femme. Il fait fabriquer par Héphaïstos quelque chose de « semblable à une chaste vierge, tout à l'image des déesses immortelles ». Athéna la pare : ceinture, robe blanche, voile orné de broderies merveilleuses, diadème éblouissant ciselé par Héphaïstos. Les Grâces ajoutent des colliers d'or, et les Heures, des guirlandes de fleurs, mais Hermès enfouit dans le cœur de la belle les mensonges, les mots trompeurs, les ruses et les artifices. Et tous d'admirer Pandora, ce piège profond et sans issue. Malgré les avertissements de Prométhée (le Prévoyant), son frère Épiméthée (« Celui qui comprend après coup ») s'empresse d'épouser la dangereuse créature. Et « c'est d'elle qu'est sortie la race maudite des femmes, terrible fléau installé chez les humains, qui depuis endurent les souffrances, et les maladies qui entraînent la mort ». Car Pandora a apporté dans ses bagages une jarre contenant tous ces maux, que la curieuse laisse s'envoler, ne refermant le couvercle que sur l'Espérance. Précision énigmatique. Faut-il entendre que l'espoir, enfermé, est inaccessible aux hommes, ou bien qu'il est à leur portée, enclos dans la jarre comme dans le ventre fécond des femmes ? Car c'est bien de cela qu'il est question. Avec cette créature sont advenues sur terre la mortalité et la reproduction. Et la femme, qui dévore à petit feu l'homme et son bien, lui est néanmoins indispensable s'il veut se perpétuer. Les affres de la misogynie aussi sont sans issue…

Hésiode, poète paysan

Avec Homère comme avec la céramique géométrique attique, la société grecque du VIIIe siècle nous est apparue sous son aspect le plus favorable. L'autre face nous est présentée par un autre poète, Hésiode, qui vécut probablement dans la seconde moitié du siècle, sinon un peu plus tard. Il connaissait l'œuvre d'Homère, qu'il imite à l'occasion d'une façon précise et avec qui une légende tardive très en faveur dans les écoles le faisait entrer en compétition. À la différence du poète ionien, il n'a pas vécu à la cour des puissants : c'était un paysan de Béotie. Deux de ses poèmes nous ont été conservés, tous deux rédigés en langue épique, *la Théogonie,* ou généalogie des dieux, et *les Travaux et les Jours*, poème agricole et didactique. Dans le second, il nous renseigne avec précision sur le sort du petit peuple des campagnes dans la Grèce géométrique.

Ce sort n'est certes guère enviable. Le paysan peine durement sur son lopin de terre. Le travail est sa loi. En cas de succès, il pourrait accéder à la richesse, qui seule attire la considération. Mais les querelles de famille ou de voisinage donnent lieu à des procès que les grands tranchent trop souvent par des sentences torses, après s'être laissé séduire par des présents. Hésiode invoque ardemment la Justice et affirme sa confiance dans l'équité de Zeus, le dieu suprême : l'appel constant qu'il fait à cette abstraction divinisée montre la force d'une exigence morale qui se faisait jour chez les citoyens mal satisfaits de leur condition. Il y avait là dans les cités grecques la source de conflits sociaux qui, au cours de la période suivante, allaient aboutir à la grande entreprise de la colonisation lointaine et à de profonds bouleversements politiques.

LABOUREUR À SA CHARRUE
(VIe s. av. J.-C.)
Cette terre cuite béotienne, d'époque archaïque, évoque le paysan dont le poète Hésiode décrit la condition laborieuse et les soucis quotidiens.

De la nécessité des mythes

Les amours de Zeus
Zeus est amateur de femmes. La liste de ses conquêtes est longue : Léda, Sémélé, Alcmène, Danaé, Io, Europe… Il n'en a pas moins été sensible aux charmes du jeune prince troyen Ganymède, qu'il a enlevé pour en faire son échanson dans l'Olympe.

Les mythes sont des récits traditionnels qui concernent les dieux et les héros, les origines et l'au-delà. Ils forment la trame de l'imaginaire collectif des Grecs. Enfants, ceux-ci écoutent leur mère raconter ces histoires en filant la laine ; à l'école, ils s'en imprègnent en apprenant par cœur les œuvres des poètes ; adultes, ils se pressent au théâtre pour voir comment les grands tragiques adaptent et renouvellent ces mythes. Toute leur vie, ils les voient en images au fronton des temples ou sur les vases.

Les mythes cosmogoniques expliquent le monde et le rendent intelligible. Ils disent la mise en ordre de l'Univers à partir du chaos ; le Ciel brutalement séparé de la Terre, qu'il écrasait, pour aller prendre sa place tout là-haut ; les durs combats que Zeus a menés avant de conquérir le pouvoir et de procéder au grand partage avec ses frères. D'autres relatent les exploits des héros nés de l'union d'un dieu et d'une mortelle, à qui les généalogies humaines se rattachent. Ces mythes façonnent les identités civiques et familiales, justifient les choix politiques, les alliances, les interventions militaires.

D'autres encore s'attachent aux détails, pour dire l'origine des fleurs, le narcisse et la jacinthe, nés du sang de jeunes chasseurs ; celle du corail – algue pétrifiée au contact de la tête de Méduse posée par Persée sur un rivage ; ou de ces animaux issus d'une métamorphose : l'araignée – une insolente qui défia Athéna –, la belette, le lézard, des mortels dont le bavardage a contrarié les dieux. Sans compter les oiseaux, qui, pour la plupart, sont des humains transformés par un dieu.

Les mythes sont-ils immoraux ? Ils contiennent bien des atrocités. Mais les crimes y sont généralement punis. On y apprend surtout à respecter les limites : l'homme ne doit pas se comporter comme un dieu.

Platon, qui, au nom de la raison, bannit de sa Cité idéale les poètes avec leurs mythes scandaleux et absurdes, ne cesse d'en forger de nouveaux, et son Socrate, philosophant sur les bords de l'Illissos, sait mieux que son interlocuteur l'endroit précis où jadis Borée, le vent du nord, a enlevé la fille du roi pour l'épouser et lui faire des jumeaux. Les hommes ne peuvent se passer de mythes.

PERSÉE *Fils de Danaé, fécondée par la pluie d'or de Zeus, Persée doit décapiter la Gorgone Méduse, au regard pétrifiant. Il y parvient grâce à l'aide d'Hermès et d'Athéna. Ici, il se retourne, curieux, pour voir enfin le monstre, privé de sa tête et désormais inoffensif.*

HÉRACLÈS, LE MORTEL DEVENU DIEU *Ses douze travaux ne sont qu'une partie des exploits (ici son combat contre un centaure) que le héros Héraclès, fils de Zeus et de la vertueuse Alcmène, a dû accomplir avant de monter vivant sur le bûcher et d'être accueilli dans l'Olympe parmi les dieux.*

THÉSÉE *est le grand héros athénien. Fils à la fois de Poséidon et du roi Égée, il succède à ce dernier après avoir exterminé une série de monstres, dont le Minotaure, qu'il combat dans le Labyrinthe avec l'aide d'Ariane. Car Thésée est aussi un séducteur…*

LE MYTHE INTERPRÉTÉ : ŒDIPE

Sous leurs mythes, les Anciens ont toujours cherché des sens cachés. L'explication historique voyait dans les dieux et les héros des grands hommes divinisés par la crédulité populaire. Selon l'interprétation allégorique, ils étaient des symboles cosmiques ou des éléments naturels : Héra, l'air ; Zeus, l'éther… ou encore des abstractions : Zeus, l'intelligence ; Hermès, la parole qui s'empare de la vérité. La tradition occidentale, en récupérant la mythologie, en a aussi repris les interprétations dès le Moyen Âge et à la Renaissance. À l'époque contemporaine, le mythe d'Œdipe a connu une grande fortune. L'interprétation la plus célèbre – mais non la seule – est celle de Freud, qui en a tiré le complexe d'Œdipe, « désir inconscient de l'enfant pour le parent de sexe opposé et hostilité pour le parent de même sexe ».

ACTÉON *Métamorphosé en cerf, Actéon est déchiré par ses chiens. C'est une vengeance d'Artémis parce que ce dernier l'a, dit-on, involontairement surprise au bain. Mais on raconte aussi qu'il s'était vanté d'être meilleur chasseur qu'elle, ou même qu'il avait prétendu l'épouser.*

LA NAISSANCE D'APHRODITE *Aphrodite surgit des flots fécondés par le sexe d'Ouranos – le Ciel –, tranché par son fils Cronos, avec la complicité de la mère de ce dernier, Gaia – la Terre. De cette castration primordiale naît la déesse de la beauté et de l'amour.*

Chapitre 3

L'âge archaïque

Les premières colonies

L'exposé qui précède a mis en lumière les grands faits de civilisation qui donnent à l'époque géométrique une importance décisive dans l'histoire de l'Occident. Il convient maintenant de rappeler dans leurs grandes lignes les principaux événements qui marquèrent l'évolution du peuple grec du VIIIe au VIe siècle, depuis le moment où, après les siècles obscurs, nous recommençons à la saisir jusqu'à l'époque des guerres médiques, où le destin de l'hellénisme s'est trouvé remis en question. Concernant cette période, les documents ne permettent que rarement de retracer en détail une histoire qui, surtout au début, reste très mêlée d'éléments légendaires. L'adoption de l'écriture alphabétique permettait désormais de conserver des documents d'archives : listes de magistrats, listes de vainqueurs aux Jeux, réponses des oracles, plus tard textes de lois, de décrets, de traités. La liste des vainqueurs aux jeux Olympiques, qui servit beaucoup plus tard de chronologie universelle, commençait en 776 av. J.-C., à l'instauration de ces fêtes panhelléniques. Une forme d'historiographie, à vrai dire mal dégagée des traditions de l'épopée, apparaît timidement à la fin du VIIIe siècle avec le poète Eumélos de Corinthe. Hérodote et Thucydide, les grands historiens du Ve siècle, ont l'un et l'autre utilisé ces sources, dans la mesure limitée où ils en avaient besoin pour leur propos. Grâce à ces textes auxquels l'archéologie apporte parfois compléments ou confirmation, nous pouvons esquisser l'histoire de cette période complexe où l'hellénisme classique acheva lentement de se former. Les phénomènes essentiels sont les suivants : une crise sociale très généralement répandue, ayant pour origine une mauvaise répartition de la propriété foncière, provoqua une émigration de grande envergure qui fit essaimer les colonies grecques bien au-delà des limites du monde égéen, depuis la mer Noire jusqu'à l'Espagne ; cette émigration n'ayant pas suffi à résoudre le problème, l'évolution intérieure des cités s'accentua, en entraînant souvent des remous violents et l'instauration de régimes

ARCHÉOLOGIE ET HISTOIRE : LA COLONISATION

Les historiens comme Hérodote, Thucydide ou Diodore de Sicile nous fournissent de précieuses indications sur les colonies, dont les dates de fondation font souvent l'objet de discussions complexes. Pour vérifier et compléter ces données, l'archéologie s'est intéressée, ces dernières années, non seulement à l'étude des vestiges, mais aussi à l'analyse de l'occupation du sol.

Les cités coloniales sont souvent remarquables par la façon dont leur territoire est divisé en lots, que la prospection au sol et la photographie aérienne permettent de mettre en évidence. On a ainsi pu identifier le cadastre du territoire de Chersonèse, en Crimée, ou celui de Métaponte, en Grande-Grèce. Cette division de l'espace en parts égales correspond à un modèle politique où les citoyens reçoivent chacun le même lot *(kléros)*.

L'histoire des cités se fait ainsi de manière complémentaire, en associant d'une part les données textuelles – les récits de fondations rapportés par les historiens, ainsi que des inscriptions et des monnaies qui indiquent l'existence d'un centre urbain et nous en font connaître le nom –, d'autre part les données archéologiques, qui permettent de préciser les rapports entre ville et campagne (*astu* et *chôra*).

Le temple de Poséidon
Des colons venus de Sybaris ont fondé au sud de Naples, sous la protection de Poséidon, la cité de Posidonia, dont le nom est devenu, en latin, Paestum.

nouveaux comme la tyrannie ; enfin, concurremment avec ces événements politiques, un grand fait de civilisation marque toute la période : la reprise de contacts étroits avec l'Orient. Examinons ces différents points tour à tour.

Les Anciens ont défini, un peu sommairement, la crise sociale, cause essentielle de l'émigration, comme le « manque de terres » ou *sténochôria*. Dans la pratique, les occasions qui entraînèrent le départ des colons vers la terre étrangère varièrent beaucoup : rivalités entre chefs politiques, appétit d'aventure, bannissement prononcé contre une partie du corps social, esprit d'entreprise inspiré par un impérialisme politique ou commercial. Mais il y eut presque toujours à la base la nécessité de résoudre un problème de surpopulation ou une crise foncière.

Les circonstances qui entourèrent la fondation des colonies frappèrent l'imagination des contemporains, des colons et de leurs successeurs, si bien que, dans ce domaine, les légendes eurent tendance à proliférer. Toutefois, nous avons pour plusieurs colonies des narrations précises qui nous permettent de nous représenter assez bien la suite habituelle des opérations.

L'exemple le plus frappant est sans doute celui de Tarente, tel que nous le rapporte le voyageur grec Pausanias, qui écrit au IIe siècle de notre ère, mais qui utilise des sources anciennes : « Ce sont les Lacédémoniens qui colonisèrent Tarente, et le fondateur de la ville fut le Spartiate Phalanthos. Désigné pour commander l'expédition colonisatrice, Phalanthos reçut de Delphes un oracle disant que, quand il sentirait de la pluie sous un ciel

clair, alors il prendrait possession d'un territoire et d'une ville. Sur le moment, il négligea de se faire expliquer l'oracle par un des exégètes, dont c'était le métier. Conduisant ses vaisseaux, il aborda en Italie. Là, il remporta plusieurs victoires sur les indigènes, mais il ne réussissait ni à prendre une ville ni à s'assurer la possession d'un territoire. Alors il se souvint de l'oracle et il se dit que le dieu lui avait prédit une chose impossible : car jamais il ne pleuvrait par un ciel pur et serein. Comme il se sentait découragé, sa femme, qui l'avait accompagné dans son expédition, cherchait à le réconforter : elle lui prit la tête sur ses genoux et se mit à lui chercher les poux dans les cheveux. Durant cette occupation, comme elle pensait à la situation de son mari qui ne s'améliorait pas, dans sa tendresse pour lui elle fondit en larmes. Ses larmes en tombant mouillaient la tête de Phalanthos, et voilà que celui-ci tout à coup comprend la prophétie, car sa femme avait nom Aithra, c'est-à-dire "Ciel serein". Aussi la nuit suivante attaqua-t-il Tarente, la plus grande et la plus prospère des villes de la côte, et il l'enleva aux Barbares. »

STATÈRE D'ARGENT DE TARENTE
Selon le mythe de la fondation de Tarente, le héros Taras est arrivé porté par un dauphin jusqu'au rivage de Calabre, où il a fondé la cité qui lui doit son nom.

Une expansion tous azimuts

On voudrait pouvoir suivre dans le détail cette étonnante expansion du peuple grec : mais, d'une part, les documents sûrs font trop souvent défaut, surtout pour les hautes époques, et, d'autre part, les fondations furent trop nombreuses pour qu'on les énumère sans faire un choix. Bornons-nous donc à l'évoquer, comme on le fait d'ordinaire, en fonction de grandes divisions géographiques.

À l'aube du VIIIe siècle, le bassin oriental de la Méditerranée n'offrait aux Grecs un secteur libre qu'en direction du nord. L'intérieur de l'Anatolie, montagneux et d'accès difficile, attirait peu un peuple qui n'aimait pas s'éloigner de la mer. Assyriens et Phéniciens empêchent toute pénétration en Cilicie ou en Syrie. Bien plus, ils prennent pied à Chypre, où les Grecs auront à compter avec eux. Au sud, l'Égypte, même affaiblie et divisée, était trop peuplée pour offrir une conquête facile. Seules les côtes septentrionales de l'Égée n'étaient pas tenues par des populations nombreuses et organisées. Elles attirèrent dès la première moitié du VIIIe siècle des colons venus d'Eubée.

LES ARGONAUTES

Experts en expéditions navales, les Grecs apprécient les récits d'aventures maritimes fabuleuses et héroïques. *L'Odyssée* raconte les errances d'Ulysse qui, entre Troie et Ithaque, disparaît, solitaire, dans un monde de Nulle Part, fantastique et hostile. L'expédition des Argonautes prend le parti inverse. Pour conquérir la Toison d'or qui lui permettra de devenir roi, Jason rassemble les grands héros de la Grèce sur le navire *Argo,* dont la figure de proue énonce des prophéties. Dans cette entreprise collective, les compétences de chaque héros appuient la bravoure de Jason. Des deux pilotes, l'un est fils de Poséidon, l'autre tient d'Athéna l'art de la navigation. Les talents de pugiliste de Pollux, l'un des Dioscures, triomphent du roi Amycos. Le chant d'Orphée apaise les flots et impose silence aux Sirènes. Au retour, tous bénéficient du concours de la magicienne Médée, qui, par amour, a suivi Jason. Leur périple – enrichi par des écritures successives, jusqu'au poème d'Apollonios de Rhodes (IIIe siècle av. J.-C.) – balise un espace méditerranéen plus vraisemblable que celui de *l'Odyssée.* Partis de Thessalie, ils atteignent la Colchide, sur la mer Noire, en passant par Lemnos, Samothrace et le Bosphore. Au retour, ils explorent le Danube, le Pô, et même le Rhône.

Vers l'est, la côte de Thrace, où des tribus belliqueuses se trouvaient installées, attira des Ioniens des Cyclades. De l'Olympe à la Chersonèse de Thrace, le littoral et les îles se trouvaient désormais contrôlés par les Grecs.

La pénétration en mer Noire, à travers les Détroits et la Propontide (mer de Marmara), commença peut-être dès la fin du VIIIe siècle, mais les premiers établissements furent balayés par les peuplades cimmériennes, et l'installation des Grecs en fut retardée d'un demi-siècle. Dès le VIIe siècle, du moins, les gens de Milet avaient fondé Cyzique, sur la côte sud de la Propontide. La côte européenne accueillait très tôt à Sestos, sur l'Hellespont (les Dardanelles), des Éoliens de Lesbos et, plus tard, vers 600, à Périnthe des Ioniens originaires de Samos. Toutefois, une ville de Grèce propre, Mégare, venait dans cette région faire concurrence aux cités grecques d'Asie : dès 676, elle envoyait une colonie à Chalcédoine, sur la rive asiatique du Bosphore, et, seize ans plus tard, en 660, elle fondait, sur la rive opposée, la ville de Byzance, promise à une haute fortune. Les colonies mégariennes du Bosphore contrôlaient désormais l'accès de la mer Noire.

COUPE GÉOMÉTRIQUE RHODIENNE
(vers 720 av. J.-C.)
Découverte dans une tombe d'enfant de la nécropole d'Ischia, au large de Naples, cette coupe porte une inscription incisée qui évoque – non sans ironie – la coupe de Nestor décrite dans l'Iliade.

Les Grecs la nommaient le Pont-Euxin, la mer hospitalière, par antiphrase, en raison des tempêtes redoutables qui fondent sur cette mer sans îles, des brouillards et des courants qui y rendent la navigation dangereuse. Ils n'en explorèrent pas moins ses côtes à partir du Bosphore à la fois vers l'est, en direction du Caucase et de la Colchide, le pays mythique de la Toison d'or, et vers le nord, au-delà des bouches du Danube, jusqu'à la Crimée. Milet, comme en Propontide, y joua le rôle principal, secondée, comme en Propontide, par Mégare.

Cette colonisation mégarienne et surtout milésienne de la mer Noire a un caractère particulier : la plupart des cités qu'elle dispersa dans cette vaste zone furent avant tout des établissements commerciaux, très isolés au milieu de peuples barbares avec lesquels il fallait souvent composer en acceptant de leur payer tribut. Mais les ressources de ces pays lointains permirent un fructueux trafic dont la Grèce propre fut la bénéficiaire : fer, plomb et cuivre des mines de Thrace, bois des Balkans, poisson séché ou fumé pris dans les pêcheries des grands estuaires, esclaves thraces ou scythes, enfin et surtout le blé des terres noires en Russie méridionale, telles étaient les principales denrées que les vaisseaux grecs cherchaient dans les comptoirs du Pont-Euxin. Ils y apportaient en échange les produits manufacturés de l'artisanat grec, bijoux et vases d'orfèvrerie, pièces de céramique, vins, huile et parfums, dont les Barbares étaient grands amateurs. Les tombes indigènes de Thrace ou de Russie méridionale ont livré maints trésors qui montrent l'importance de ce commerce : une catégorie de vases attiques du IVe siècle est si abondamment représentée dans le mobilier funéraire de Crimée qu'on lui a donné le nom de style de Kertch.

Bien différente apparaît la colonisation en Italie et en Sicile : là, ce ne sont pas seulement des comptoirs commerciaux, mais de puissantes colonies de peuplement qui prospèrent et mènent une existence indépendante, en contribuant largement à l'éclat de la civilisation hellénique.

Elle commence avec la fondation de Cumes en Campanie, dès 757. Vers le même temps, d'autres Chalcidiens s'installaient à Naxos, en Sicile, d'où ils essaimaient presque aussitôt plus au sud, vers Catane et Leontinoi. Vers 740-730, c'étaient encore des Chalcidiens qui fondaient Zancle (Messine), puis Rhegiôn, sur la côte de Calabre, sur l'autre rive du détroit : comme les Mégariens sur le Bosphore, les Chalcidiens contrôlaient désormais le point de passage obligé vers le nord. Enfin un Corinthien, Archias, en 733, choisit pour s'y établir le site avantageux de Syracuse, d'où il expulse les indigènes sicules : ce devait être bientôt la plus prospère des cités grecques de Sicile.

Parallèlement à l'occupation de la Sicile se développait celle de l'Italie méridionale. Cependant, la cité la plus puissante de la région, Tarente, avait été fondée à la fin du VIIIe siècle par des Lacédémoniens. Un excellent port et un arrière-pays fertile lui valurent une rapide prospérité. Enfin, vers l'extrémité de la botte italienne, des Locriens fondèrent Locres Épizéphyriennes, dans le premier quart du VIIe siècle. Bordée de villes grecques populeuses et actives, l'Italie méridionale méritait bien le nom de Grande-Grèce, sous lequel on prit l'habitude de la désigner.

De l'Espagne au Caucase

Vers l'Extrême-Occident, ce sont les Ioniens qui s'aventurèrent le plus loin. Hérodote nous a rapporté l'histoire de ce marchand de Samos qui, en 639, au cours d'une traversée vers l'Égypte, fut déporté d'abord sur les côtes de Cyrénaïque, puis, à partir de là, fut pris par la tempête qui l'emporta jusqu'aux Colonnes d'Hercule (détroit de Gibraltar), que le vaisseau franchit avant de prendre terre en Espagne à l'embouchure du Guadalquivir, près de Cadix, dans une région jusqu'alors inconnue des Grecs et à laquelle ils donnèrent le nom de Tartessos. La cargaison que le Samien en rapporta fit sa fortune et il en remercia les dieux en consacrant dans le sanctuaire d'Héra à Samos un vase de bronze colossal qu'Hérodote a vu et décrit. Il semble que ce soit surtout de l'argent et du cuivre qu'on pouvait trouver en Espagne. Les marins ioniens de Phocée se firent une spécialité de ce trafic. Malgré la concurrence des marins de Carthage, qui hantaient les côtes de la Méditerranée occidentale et possédaient des comptoirs en Espagne, dans l'ouest de la Sicile, en Sardaigne et dans les îles Baléares, les Phocéens gagnaient les ports espagnols par la route du nord. C'est ainsi que, vers 600, ils s'installèrent à Massalia (Marseille).

URBANISME ET GÉOMÉTRIE

La cité antique est généralement organisée autour d'un centre religieux – souvent une acropole, comme à Athènes – regroupant les temples des divinités poliades. Sur l'agora, lieu d'échanges et de discussion, se pratiquent l'activité commerciale et le débat public. À Athènes, l'Agora s'étend au pied de l'Acropole. Ainsi, l'activité commune, civique et religieuse, constitue le centre de gravité de l'agglomération. Avec l'implantation de cités nouvelles, en particulier des colonies, on observe le développement de modèles idéaux, géométriques et rationnels, qui donnent forme à la cité. Cette régularité inscrite dans l'espace habité répond à une volonté d'égalité entre les citoyens, ce que les Grecs nomment isonomie, égalité devant la loi (le terme *nomos,* qui désigne la loi, relève du vocabulaire du partage). De tels modèles ont été théorisés et appliqués systématiquement par le philosophe et architecte Hippodamos dans sa propre cité, Milet, ainsi qu'au port d'Athènes, Le Pirée. Cette division fonctionnelle de l'espace civique, fondée sur un plan en damier, sous-tend une organisation divisant la cité en classes (artisans, paysans, guerriers) et en fonctions (centre religieux, administratif, économique, zones d'habitat). De telles conceptions ne sont pas sans influencer Platon et sa cité idéale des *Lois.*

Cet afflux des Grecs en Méditerranée occidentale rencontra l'hostilité conjuguée des Carthaginois et des Étrusques. En 540, leurs flottes coalisées se heurtèrent à celle des Phocéens d'Alalia dans une grande bataille navale au large de la Sardaigne. Les Grecs perdirent tant de vaisseaux (les deux tiers de leur effectif) qu'ils durent abandonner la Corse et se replier vers l'Italie méridionale. En Espagne, la pression de Carthage obligea les Phocéens à abandonner Mainaké (Malaga). Mais leurs positions en Gaule et en Catalogne furent maintenues.

MARSEILLE :
LES REMPARTS GRECS
ET LA CORNE DU PORT
Les travaux d'aménagement du quartier de la Bourse ont montré, au-delà de l'actuel Vieux Port, l'extension du port antique et le rempart qui barre l'éperon où s'est implantée la cité phocéenne.

En Afrique, la présence des Puniques interdisait toute entreprise sur le Maghreb. Mais la Cyrénaïque, plateau verdoyant entouré de déserts, attira les colons grecs dans la seconde moitié du VIIe siècle, et devint rapidement un des greniers du monde antique.

Plus à l'est, l'Égypte, pays riche et peuplé, terre de vieille civilisation, ne se prêtait pas à l'installation de colonies. À l'époque mycénienne, les Grecs avaient noué avec elle des rapports étroits, mais ces relations s'étaient fort relâchées, si même elles n'avaient pas complètement cessé, au cours des « siècles obscurs », et la conquête assyrienne ne favorisa pas leur reprise. C'est seulement lorsque Psammétique Ier, à partir de 663, libéra l'Égypte du joug étranger et reconstitua un État unifié que les Grecs retrouvèrent l'accès du pays. Le pharaon saïte et ses successeurs firent, en effet, appel à des mercenaires ioniens et cariens, ceux-là mêmes dont nous lisons encore les noms sur les graffiti d'Abou-Simbel, dans la haute vallée du Nil. Les soldats grecs au service du monarque égyptien attirèrent à leur suite des marchands, et le commerce fleurit de nouveau entre le monde égéen et l'Égypte. Mais l'installation permanente des comptoirs ne fut pas laissée à la libre initiative des Grecs. Les soldats, comme il est naturel, furent établis dans des camps. Quant aux trafiquants, ils se virent assigner une place pour leurs activités et leurs marchandises à Naucratis, dans l'ouest du Delta. Le site accueillit les Grecs dans le dernier quart du

VIIe siècle. Mais c'est seulement sous le pharaon philhellène Amasis (568-526) que le statut de Naucratis fut précisé. Les Grecs y jouissaient de l'autonomie administrative et de la liberté de célébrer leurs cultes. L'établissement fut étonnamment prospère jusqu'à la conquête de l'Égypte par Cambyse en 525 : les vaisseaux grecs y apportaient l'argent tiré des mines de Siphnos ou de Thrace et y chargeaient les céréales du Delta.

Phéniciens et Assyriens paraissent bien avoir écarté systématiquement les Grecs des côtes de Syrie et de Palestine. À Chypre, Grecs et Sémites se partageaient l'île.

Pendant que le peuple grec essaimait ainsi de l'Espagne au Caucase, que se passait-il en Grèce propre et en Ionie ?

C'est au VIIIe et au VIIe siècle que nous apparaît dans le monde grec cette création politique originale que représente la cité, c'est-à-dire un État dont les dimensions sont modestes et qui a pour centre une agglomération urbaine, siège des institutions communes et des cultes civiques. La multiplication des cités grecques est un phénomène aussi surprenant que l'extension de leurs colonies : il y en eut des centaines, dont la plupart restent à nos yeux sans histoire, mais n'en montrèrent pas moins une durable vitalité. On ne saurait comprendre l'histoire grecque sans tenir compte de cet émiettement politique extrême, auquel la constitution de confédérations ou de ligues n'apporta qu'un palliatif limité. La conscience commune des Hellènes, dont les jeux Olympiques, à partir de 776, sont à la fois la manifestation et le symbole, n'empêche ni les rivalités ni les guerres. Le patriotisme local, exalté par les poètes, entretient et aggrave les conflits. Les exigences de la lutte armée entraînent un accroissement du nombre des soldats, provoquent des modifications dans l'armement et la tactique : par contrecoup, l'équilibre social en est affecté. Crises intérieures et guerres étrangères, voilà l'image simplifiée que nous présente cette Grèce archaïque.

Privilèges archaïques

Les cités grecques du VIIIe siècle avaient pour la plupart un régime aristocratique fondé sur la prédominance des grands propriétaires fonciers. Même lorsque la royauté héréditaire existait encore, les grands détenaient la réalité du pouvoir. Ils avaient la terre ; ils avaient les chevaux, nécessaires pour tirer les chars où, conformément à l'usage achéen, montaient les guerriers pesamment armés, seuls en mesure de décider du sort de la bataille. Le jeu des héritages, celui des emprunts en nature et de l'esclavage pour dettes entraînent la concentration de la richesse foncière et l'appauvrissement de la paysannerie petite et moyenne, qui regimbe. Mais voici qu'une ressource inattendue s'offre à elle. La tactique militaire se modifie à son profit : aux combats individuels entre les nobles des deux camps amenés sur le terrain par leurs chars, une innovation substitue la manœuvre à pied en bataillon serré, ou phalange. Avec son grand bouclier rond, son casque, sa cuirasse et ses jambières, le guerrier lourd ou hoplite, qui manie la lance et l'épée, forme avec ses compagnons une masse compacte et redoutable contre laquelle les combattants isolés transportés en char ne peuvent rien. Les hoplites se recrutent parmi les moyens et petits propriétaires, assez riches pour se procurer une armure et entretenir un valet d'armes, mais qui n'auraient pas pu s'acheter un cheval. Indispensables pour la guerre, ces hommes savent réclamer bientôt leur part des responsabilités politiques. On verra par la suite les mêmes causes produire des effets analogues lorsque le développement de la marine de guerre aura contraint d'enrôler pour les escadres un très grand nombre de rameurs : ces derniers, gens de peu qui n'avaient d'autres biens que leurs bras, voudront aussi jouer un rôle dans la cité et accéléreront par là même l'évolution politique de plusieurs États maritimes.

UNE ARMÉE EN MARCHE *(vers 560 av. J.-C.) Couvercle attique décoré d'une série d'hoplites en rangs serrés : la superposition en écailles des boucliers rend les guerriers solidaires et moins vulnérables.*

La lutte contre les privilèges de l'aristocratie conduisit souvent à concentrer les pouvoirs entre les mains d'un arbitre désigné par les groupes sociaux en conflit. Cet homme revêtu d'une autorité exceptionnelle donne à la cité des lois que les partis s'engagent à respecter. L'âge archaïque en Grèce est l'âge d'or des législateurs. Ce peut être un étranger, auquel on fait appel parce qu'on espère qu'il saura mieux faire preuve d'impartialité. Ainsi, Éphèse fait appel à un Athénien, Thèbes à un législateur de Corinthe. Ailleurs, c'est un de leurs concitoyens que les habitants investissent de leur confiance pour restaurer l'ordre et la loi. Dracon à Athènes, vers 625-620, appartenait à la noblesse attique, comme Solon au début du VIe siècle.

La plupart de ces législateurs se préoccupèrent des mêmes problèmes essentiels. Ils avaient d'abord à codifier le droit de propriété, d'où l'importance qu'ils accordèrent aux dispositions réglementant l'héritage, pour éviter et le morcellement extrême et la concentration excessive des fortunes. À cette préoccupation se rattachent les prescriptions contre le luxe, cause importante de dilapidation des patrimoines. Leur deuxième souci fut d'établir des codes plus équitables en matière judiciaire, comme celui de Dracon. Enfin ils s'attaquèrent au problème de l'homicide : aux habitudes de vengeance privée ils substituèrent une justice d'État.

De la ploutocratie à la tyrannie

En revanche, quand le législateur échoua ou qu'on négligea de faire appel à ses services, il fallut recourir à la force : l'âge archaïque, en Grèce, est aussi l'âge des premiers tyrans.

Le terme de tyran, *tyrannos*, désigne d'abord tout personnage investi du pouvoir suprême : au départ, il n'y a pas de différence entre le tyran et le roi, *basileus*. Par la suite, l'appellation fut réservée aux usurpateurs qui conquièrent le pouvoir et le gardent par la force. Une nuance péjorative s'attache donc au mot, qui est déjà sensible chez Hérodote et qui s'accentue avec Platon et les philosophes du VIe siècle. Mais le phénomène de la tyrannie nous intéresse surtout par le rôle qu'il joua dans la cité grecque archaïque. Thucydide, avec sa lucidité habituelle, écrit : « En général, la tyrannie s'établit dans la cité quand les revenus s'accrurent. » Il entend par là que l'enrichissement par l'artisanat et le commerce, en créant une nouvelle source de déséquilibre social dans l'État, favorisa les bouleversements politiques. Devant le refus opposé par l'aristocratie foncière à leurs revendications, les autres classes sociales finissent par accorder leur confiance à un homme énergique et sans scrupules qui, par la violence ou par la ruse, s'empare du pouvoir et brise la résistance des grands. Souvent cet homme est lui-même un noble, occupant déjà une fonction importante dans l'État.

Femmes à la fontaine
Vers 530 av. J.-C., les peintures de vases décorant des hydries (vases à eau) multiplient ce motif, que l'on rapproche parfois des aménagements urbains de Pisistrate, qui comprenaient adductions d'eau et fontaines publiques.

Le tyran se constitue ou se fait attribuer une garde personnelle, les doryphores ou porte-lance, qui lui vaut sécurité et respect. Il la recrute souvent parmi les mercenaires pour abattre l'aristocratie quand celle-ci se refuse à le reconnaître : ainsi Pisistrate exile la famille des Alcméonides, Arcésilas III confisque les domaines des nobles cyrénéens et distribue leurs terres à ses partisans, Thrasybule de Milet conseille à Périandre de Corinthe (à moins que ce ne soit le contraire) de couper les têtes qui dépassent, comme il fit avec sa badine pour les épis les plus élevés. Parallèlement, il donne certaines satisfactions à la classe moyenne ou au petit peuple : à Athènes, par exemple, c'est Pisistrate qui résout pratiquement le problème des dettes et de la propriété paysanne auquel Solon s'était attaqué avant lui. Il multiplie les grands travaux, tant par souci de son prestige que pour donner de l'emploi aux artisans et rendre plus facile la vie matérielle de ses administrés.

Les tyrans favorisent aussi, par goût du luxe et pour frapper l'imagination du public, les arts plastiques et la littérature. Pisistrate et ses fils président à la floraison merveilleuse de l'art attique dans la seconde moitié du VIe siècle ; ils attirent à Athènes Simonide de Céos ainsi qu'Anacréon après la chute de Polycrate et ils font établir la première édition soigneuse des poèmes homériques. Dans la première moitié du Ve siècle, alors que les tyrannies de Grèce propre auront disparu, les tyrans coloniaux, Gélon et Hiéron à Syracuse, feront venir auprès d'eux les poètes Simonide et Bacchylide de Céos, ainsi que Pindare lui-même, qui se rendra ensuite auprès d'Arcésilas IV à Cyrène.

À l'égard des États étrangers, qu'ils fussent grecs ou barbares, la politique des tyrans ne peut guère être définie d'emblée. Mais dans l'ensemble, les tyrans recherchèrent peu les aventures extérieures. Soucieux d'assurer leur pouvoir et, si possible, de pérenniser leur dynastie, ils développèrent leurs forces militaires pour se garantir des menaces tant intérieures qu'extérieures, et non pour se lancer dans une politique impérialiste.

La logique du gouvernement tyrannique voulait qu'il succombât sous les coups de ses adversaires, c'est-à-dire des partisans de l'aristocratie évincée du pouvoir, dès que la vigueur et la lucidité du tyran se relâchaient. Aussi, en dépit du désir que chacun d'eux eut de fonder une dynastie, peu nombreux sont ceux qui y parvinrent et aucune de ces

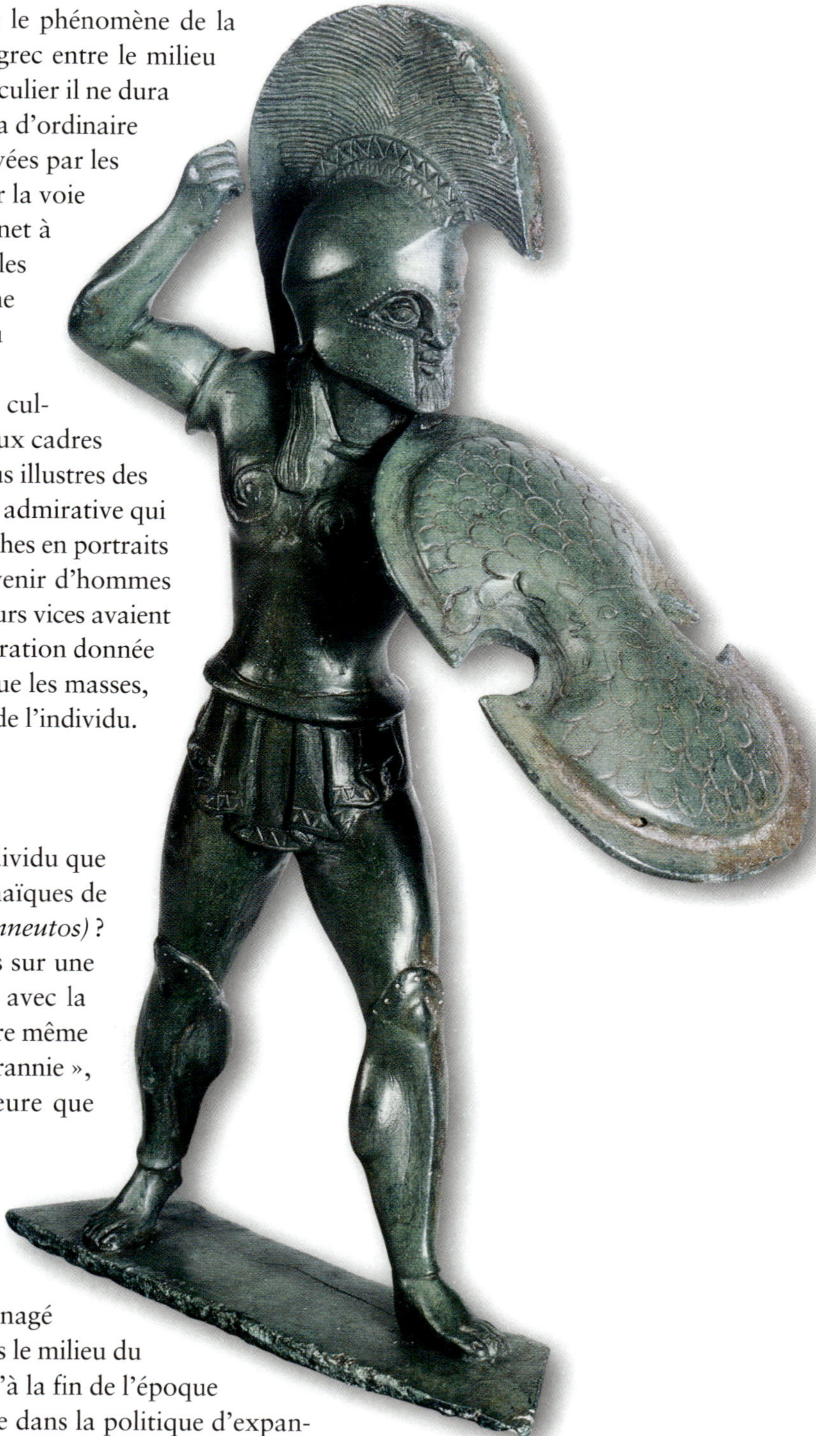

dynasties ne dépassa la troisième génération. Si donc le phénomène de la tyrannie fut assez largement répandu dans le monde grec entre le milieu du VIIe et le milieu du Ve siècle, dans chaque cité en particulier il ne dura jamais très longtemps. Mais ce régime passager, s'il laissa d'ordinaire un souvenir amer en raison des rudes méthodes employées par les tyrans, marqua, dans certains cas, l'étape nécessaire sur la voie qui conduisait à la démocratie : c'est particulièrement net à Athènes, et c'est vrai aussi à Corinthe, à Cyrène et dans les villes de Sicile, comme Syracuse ou Gela, où un régime d'aristocratie modérée succéda à la tyrannie. Souvent, du moins, les tyrans donnèrent aux cités qu'ils régirent une impulsion vigoureuse dans le domaine économique et culturel, tout en contribuant à briser ou à assouplir les vieux cadres sociaux. Enfin, par leur personnalité hors de pair, les plus illustres des tyrans archaïques suscitèrent la curiosité scandalisée ou admirative qui s'exprime fortement dans les *Histoires* d'Hérodote, si riches en portraits de tyrans. L'imagination des Grecs s'exerça sur le souvenir d'hommes exceptionnels, que leurs dons naturels, leur énergie ou leurs vices avaient si nettement distingués. Elle n'oublia jamais la démonstration donnée par eux que ce sont les hommes qui font l'Histoire et que les masses, quand on sait s'y prendre, cèdent volontiers au prestige de l'individu.

Sparte : une alternative à la tyrannie

N'est-ce pas précisément à sa défiance à l'égard de l'individu que Sparte, la plus grande et la plus puissante des cités archaïques de Grèce propre, doit d'être restée « sans tyran » *(atyranneutos)* ? C'est que ses institutions politiques et sociales, fondées sur une hiérarchie rigoureuse, étaient en opposition complète avec la nécessaire démagogie qui s'imposait aux tyrans. Peut-être même ce régime a-t-il été établi comme une « alternative à la tyrannie », pour faire face par d'autres moyens à la crise intérieure que Sparte subissait comme toutes les autres cités grecques. Ces réformes étaient attribuées par la tradition antique à un illustre législateur, Lycurgue, dont la figure est pour nous entièrement légendaire et qui aurait vécu à la fin du IXe siècle. À la vérité, Lacédémone (autre nom de Sparte) semble avoir aménagé progressivement ses institutions et ses mœurs jusque vers le milieu du VIe siècle, après quoi celles-ci restèrent immuables jusqu'à la fin de l'époque classique. Une cause essentielle de cette évolution réside dans la politique d'expansion territoriale pratiquée par l'État spartiate dès l'aube des temps archaïques : il lui dut à la fois sa grandeur, ses déficiences et son originalité.

Les envahisseurs doriens qui avaient élu domicile dans la fertile vallée de l'Eurotas voulurent s'étendre vers l'est, à travers le Parnon, jusqu'à la mer Égée, et se heurtèrent ainsi aux intérêts d'Argos, qui avait établi sa domination sur toute cette côte jusqu'à l'île de Cythère. D'où un long conflit où Sparte eut finalement l'avantage, mais qui entraîna entre les deux cités une hostilité durable. Mais la décision la plus lourde de conséquences fut celle d'envahir la Messénie, au-delà de la barrière du Taygète. Sparte conquit cette région

GUERRIER SPARTIATE
(fin du Ve s. av. J.-C.)
Ce petit bronze laconien suggère l'attention esthétique que les guerriers de Sparte portent à leur équipement et à leur chevelure.

au prix d'une guerre de vingt ans (vers 740-720) contre les Messéniens acharnés à défendre leur liberté. Leur résistance enfin brisée, le pays tout entier fut soumis à un régime de servitude et les habitants réduits à la condition d'hilotes, voisine de l'esclavage. La riche plaine de Messénie, entre le Taygète et le mont Ithôme, devait fournir par la suite aux Spartiates l'essentiel de leurs ressources, grâce au travail des hilotes. Cette conquête détourna Sparte des entreprises coloniales, exception faite pour celle de Tarente, qui en fut une conséquence directe : les colons qu'emmena Phalantos n'étaient autres, en effet, que des bâtards nés à Sparte pendant la longue absence des hoplites lacédémoniens.

LA CITADELLE QUI DOMINE CORINTHE *commande l'entrée du Péloponnèse. Ce site impressionnant, fortifié dès les origines, a conservé ce rôle stratégique jusqu'à l'époque byzantine.*

La possession de la Messénie faisait de Sparte l'État de beaucoup le plus important du Péloponnèse. Mais les Messéniens, si durement traités, ne songeaient qu'à secouer leurs chaînes. Le soulèvement des hilotes, vers le milieu du VIIe siècle, mena Lacédémone à deux doigts de sa perte et lui imposa la deuxième guerre de Messénie, dont elle ne sortit victorieuse qu'après trente ans de lutte (vers 650-620). Mais la nécessité de conserver la Messénie devait peser lourdement sur le destin de Lacédémone. Pour être en mesure à tout moment de faire face aux dangers qui les menaçaient, les Spartiates s'imposèrent désormais une règle de vie tout entière soumise aux exigences militaires : obéissance, vie en commun, exercices constants, concentration du commandement entre un petit nombre de mains. Ce système rigoureux devait conduire, par une implacable logique interne, à une austérité de plus en plus grande : après une période brillante, qui fit suite à la deuxième guerre de Messénie, la civilisation de Sparte déclina rapidement à partir du milieu du VIe siècle. Lacédémone apparaît, certes, comme une puissance redoutable, dont la prééminence en Grèce n'est guère discutée. Le Péloponnèse entier, sauf Argos et l'Achaïe, entre dans un système d'alliances où Lacédémone joue un rôle directeur, comme le montre bien la formule « les Lacédémoniens et leurs alliés » couramment employée désormais. Mais cette force n'est pas mise au service d'une grande politique. Sparte vit sur elle-même, contente de jouir au milieu des cités grecques d'un renom de valeur militaire et d'austère vertu.

Guerre et commerce, pôles de la cité

Hors du Péloponnèse, les conflits armés ne furent pas moins fréquents. Les deux villes d'Eubée Chalcis et Érétrie, qui avaient pris la plus grande part aux débuts de la colonisation, s'engagèrent l'une contre l'autre, à la fin du VIIIe siècle, dans une lutte pour la possession de la plaine Lélantine, qui s'étend entre elles en Eubée. À cette guerre Lélantine, où Érétrie finit par succomber, participèrent, nous dit Thucydide, la plupart des cités

PLAQUE VOTIVE CORINTHIENNE
(vers 580 av. J.-C.) Des ouvriers extraient l'argile qui servira aux potiers corinthiens.

grecques. D'autres luttes mirent aux prises, au début du VIe siècle, Mégare et Athènes pour la possession de l'île de Salamine : Solon, puis Pisistrate assurèrent la victoire d'Athènes. Une querelle locale entre deux petites cités phocidiennes, Delphes et Crissa, eut des conséquences considérables : car Delphes était à la fois le siège d'un oracle d'Apollon et celui de l'Amphictyonie, qui regroupait douze peuples de la Grèce du Nord-Est. Cette ligue intervint et décréta contre Crissa la première guerre sacrée (600-590) : Crissa, vaincue, fut détruite et son territoire consacré à Apollon. Peu après, en 582, on célébrait les jeux Pythiques pour la première fois. Le prestige de Delphes y gagna beaucoup, et les Thessaliens, qui avaient reçu la direction des opérations contre Crissa, jouèrent pendant longtemps le premier rôle au sein de l'Amphictyonie. Ainsi, la guerre éclatait souvent entre les cités grecques archaïques : elle représentait pour elles une préoccupation essentielle et constante. Et pourtant elle n'empêcha nullement le développement économique. L'exemple de Corinthe est particulièrement significatif : installée sur son isthme, avec ses deux ports, l'un à l'ouest, proche de la ville, l'autre à l'est sur le golfe Saronique, Corinthe occupait une situation privilégiée, sur le passage des marchandises qu'on transbordait entre la mer Égée et la mer Ionienne. Corinthe n'était pas seulement une place de transit, mais aussi un centre artisanal important. Sa céramique, qui commence dès l'époque géométrique, est extrêmement abondante et répandue dans tout le monde hellénique, surtout vers l'Occident. Une autre de ses sources de profits était la métallurgie : armes, miroirs, vases de bronze sortaient en grand nombre de ses ateliers. Pour protéger son commerce, elle développa une puissante marine de guerre. Ses artisans, sa flotte et son commerce faisaient de Corinthe la plus prospère des cités de Grèce propre dans la première moitié du VIe siècle.

STATÈRE D'ÉGINE
(vers 350 av. J.-C.) La tortue qui orne les premières monnaies d'Égine est très tôt devenue l'emblème de cette île, située au sud de l'Attique.

L'extension du commerce se trouvait alors facilitée par une invention encore récente, celle du monnayage d'argent. Ce fut le roi d'Argos Phidon qui, vers le milieu du VIIe siècle, frappa les premières pièces d'argent en même temps qu'il introduisait tout un système de poids et mesures. Désormais, les Grecs avaient à leur disposition un instrument d'échange bien plus commode que les broches de fer ou oboles qui primitivement jouaient ce rôle.

Les principales cités eurent vite leur monnayage, que distinguait et garantissait un emblème particulier : tortue d'Égine, poulain de Corinthe, chouette d'Athènes. Le système métrologique de Phidon, qu'on appelle aussi éginétique, fut d'ailleurs concurrencé par d'autres systèmes, en particulier le système euboïque, qui fut adopté par Corinthe et auquel Athènes se rallia. À partir du moment où elle commence à battre monnaie, au début du VIe siècle, Athènes se met à participer au mouvement économique d'une manière active. Il est curieux que l'Attique, que nous avons vu développer une civilisation brillante à l'époque mycénienne et à l'époque géométrique, ait connu une sorte d'éclipse au VIIe siècle. Athènes souffrait de la même crise politique et sociale que les autres cités grecques : pouvoirs excessifs concentrés aux mains des grandes familles ou *géné*, endettement insupportable des paysans, fonctionnement défectueux d'une justice entièrement inféodée à l'aristocratie, multiplication des vengeances privées. Quelques tentatives de réformes échouèrent, et un jeune ambitieux, Cylon, tenta d'établir la tyrannie. La réaction des nobles, dirigés par la famille des Alcméonides et son chef Mégaclès, l'en empêcha : certains partisans de Cylon, réfugiés dans un sanctuaire, furent mis à mort en violation du droit d'asile. Ce sacrilège pesa longtemps sur le *génos* des Alcméonides, qui furent exilés avec leur chef : deux siècles plus tard, on reprochera encore à Périclès, qui par sa mère appartenait à cette famille, la souillure héréditaire du massacre des Cyloniens. Le Crétois Épiménide vint purifier la cité (632).

Des lois draconiennes

Après cet échec, le législateur athénien Dracon fut chargé de réformer la justice : il rédigea le code fort sévère qui porte son nom. Mais la crise sociale n'était pas pour autant résolue. Ce fut le rôle du sage Solon, poète, politique et commerçant tout à la fois, qu'on appela en 594-593 à la haute magistrature de l'archontat, avec pleins pouvoirs pour légiférer. Solon commença par abolir toutes les dettes, et l'esclavage pour dettes fut interdit. Diverses mesures juridiques affaiblirent la force tyrannique des liens familiaux à l'intérieur du *génos*. Des lois somptuaires empêchèrent les manifestations de luxe lors des funérailles, qui donnaient aux clans l'occasion d'affirmer leur richesse et leur puissance. Une série de mesures économiques de détail eut pour objet de favoriser l'agriculture et le commerce. Solon réforma les poids et mesures et fit adopter pour la monnaie le système euboïque : cette réforme dégagea Athènes de l'emprise économique qu'Égine, qui pratiquait le système phidonien, risquait d'exercer sur elle. L'argent des mines d'État du Laurion, à l'extrémité méridionale de l'Attique, donna bientôt au monnayage solonien une valeur reconnue sur le marché international.

D'autres mesures sont d'ordre politique. Les citoyens étaient répartis, d'une part, entre les quatre tribus ioniennes traditionnelles, en fonction de leur naissance, et, d'autre part, entre quatre classes censitaires déterminées par le revenu foncier annuel. Solon ne modifie pas cette double répartition, mais il fonde la participation aux charges publiques sur le classement censitaire, en rendant ainsi l'accès possible à tout individu qui s'enrichit. Il institue un Conseil annuel de quatre cents membres, cent par tribu, pour préparer les travaux de l'Assemblée. Enfin il crée un tribunal populaire, l'héliée, dont les membres sont pris parmi tous les citoyens et qui jouera ultérieurement un rôle essentiel

LES TYRANNOCTONES *(copie romaine du Ier s.) Les Athéniens ont élevé à la gloire d'Harmodios et Aristogiton – les meurtriers du tyran Hipparque, devenus symboles de la liberté – des statues maintes fois reproduites.*

dans la démocratie athénienne : car, comme l'a dit Aristote à ce propos, « par l'effet du vote dont il dispose au tribunal, le peuple du même coup dispose du gouvernement ».

Les réformes de Solon ne ramenèrent pourtant pas la paix civique. Trente ans plus tard, en 561-560, un noble de Brauron, Pisistrate, par un coup d'État audacieux, s'emparait de l'Acropole et établissait la tyrannie. Deux fois chassé du pouvoir, il sut chaque fois s'y installer de nouveau et transmit à sa mort, en 528-527, la tyrannie à ses fils Hipparque et Hippias, qui l'exercèrent paisiblement jusqu'en 514, année où les Tyrannoctones Harmodios et Aristogiton assassinèrent Hipparque. Hippias se maintint au pouvoir jusqu'à ce qu'une intervention lacédémonienne, sollicitée par les Alcméonides, adversaires du tyran, et conseillée par l'oracle de Delphes, le chassât en 510.

Après la chute d'Hippias, deux partis se formèrent, l'un favorable à l'aristocratie et à l'alliance lacédémonienne, l'autre, dirigé par l'Alcméonide Clisthène, partisan du peuple. Après une intervention spartiate qui échoua, Clisthène l'emporta sur ses adversaires et fit adopter de nouvelles et importantes réformes politiques : la démocratie athénienne était née. Une coalition hétéroclite, où entrèrent, avec Sparte, Corinthe, Chalcis et les Béotiens, se désagrégea sans avoir remporté de succès : Béotiens et Chalcidiens, restés seuls, furent complètement battus en 506 et cette victoire valut à Athènes des lots de terre en Eubée, sur lesquels elle installa pour la première fois des colons mi-paysans, mi-soldats, les clérouques. Dotée désormais d'une organisation politique nouvelle et d'une armée qui venait de prouver brillamment sa valeur, la cité de Pallas pourra jouer un rôle décisif dans les événements qui vont mettre aux prises l'hellénisme et l'empire asiatique des Achéménides.

LA FACE DE GORGO *(antéfixe en terre cuite, VIe s. av. J.-C.) Destiné à décorer une toiture, ce masque de Gorgone terrifie et protège. Langue tirée, yeux écarquillés, cheveux entremêlés de serpents, la Gorgone pétrifie ceux qui croisent son regard.*

La menace orientale

Depuis leur installation sur la côte occidentale de l'Asie Mineure, les Grecs avaient été constamment en rapport avec les États indigènes de l'intérieur. L'influence de la pensée et surtout des arts orientaux ne cessait de s'exercer sur la civilisation grecque tout entière. Le VIIe et la première moitié du VIe siècle portent dans nos classifications archéologiques le nom de période orientalisante. Le commerce avec les marchés orientaux, d'abord par l'intermédiaire des Phéniciens, puis directement, par la voie maritime comme par la voie terrestre de l'Anatolie, avait répandu dans le monde grec les produits de l'artisanat asiatique : pièces d'orfèvrerie, tissus, ivoires sculptés, ustensiles de bronze. Des croyances religieuses et des mythes prennent forme à l'imitation des traditions orientales : l'Artémis éphésienne, l'Aphrodite de Paphos, l'Apollon de Didymes, près de Milet, ont plus d'un trait emprunté aux divinités asiatiques. Les monstres (sphinx ou griffon, Gorgone ou Chimère, Sirène ou Pégase) proviennent du folklore asiatique. Même dans la musique, l'apport anatolien est considérable : les Grecs lui devaient deux des modes fondamentaux, le mode phrygien et le mode lydien.

Mais, pas plus qu'à l'époque mycénienne devant l'ampleur de l'apport crétois, l'originalité propre de la civilisation hellénique ne risquait de se laisser submerger par les influences orientales.

LA GRÈCE ET L'ORIENT

Les rapports entre la Grèce et l'Orient n'ont pas toujours été conflictuels. La Grèce subit de fortes influences venues de l'Est. Dans le domaine du mythe, on a souvent rapproché des exploits d'Héraclès l'épopée babylonienne de Gilgamesh, ainsi que certaines cosmogonies orientales des poèmes d'Hésiode. Les influences stylistiques ne sont pas moins grandes, au point qu'une période du développement de l'art, aux débuts de l'archaïsme, est qualifiée d'orientalisante. Les motifs que l'on y rencontre, animaux et ornements végétaux, reprennent en les transformant des types venus du monde assyrien ou phénicien. Dans leur vie culturelle également, les Grecs ne se sont pas isolés du Proche-Orient, et les contacts sont attestés dans les échanges commerciaux comme dans les relations autour des grands sanctuaires panhelléniques. Crésus, le roi de Lydie, est connu pour les riches offrandes qu'il fait au dieu de Delphes, Apollon. Au Ve siècle, à Athènes, la Lydie est à la mode. Avec la venue du poète Anacréon, chassé d'Ionie par l'avancée des Perses, est introduit un style vestimentaire dont témoignent certaines images des vases à boire : les hommes portent des robes longues et parfois des boucles d'oreilles, et sont qualifiés par leurs détracteurs d'Orientaux efféminés.

Or, au moment même où cet art et cette civilisation tiraient bénéfice de l'apport asiatique sans se laisser dominer par lui, une menace redoutable se dessine, venant de cet Orient jusqu'alors source de richesse et de profits. Une puissance nouvelle s'est révélée au milieu du VIe siècle : la puissance perse, fondée au cœur de l'Iran par Cyrus l'Achéménide. En peu d'années, ce conquérant et ce politique de génie, parti du royaume de Médie dont il s'est rendu maître, abat la puissance de Crésus (546), s'empare de toute l'Anatolie, range sous sa domination les villes grecques de la côte et plusieurs îles de la mer Égée. Puis il soumet Babylone et toute l'Asie antérieure, de la Méditerranée à la Mésopotamie. Son fils Cambyse conquiert l'Égypte (525). À partir de 522, un grand roi, Darius, règne sur l'empire achéménide et envisage d'en étendre plus loin les limites. À plusieurs occasions, il avait trouvé sur son chemin les Grecs de Grèce propre : Sparte avait soutenu Crésus contre Cyrus. Athènes avait refusé d'autoriser le retour d'Hippias, que les Perses favorisaient. En 499, une expédition perse tenta sans succès de soumettre l'île de Naxos, dans les Cyclades. Cet échec encouragea les Ioniens à la révolte : ils obtinrent d'Athènes un renfort de vingt navires et cinq autres navires d'Érétrie, puis envoyèrent une colonne expéditionnaire dans la vallée de l'Hermos, où ils prirent et brûlèrent Sardes. Toute la Grèce d'Asie s'engagea alors dans la rébellion, pendant que les Athéniens rentraient chez eux. Mais Darius réagit avec vigueur et efficacité : en 494, la prise de Milet marqua la fin de la révolte. En 492, une armée perse commandée par Mardonios passait les Détroits et restaurait l'autorité de Darius sur la Thrace et la Macédoine, déjà soumises. En 490, une expédition commandée par Datis et Artapherne quittait la Cilicie : son objectif immédiat était de punir Athènes et Érétrie pour l'appui que ces deux cités avaient apporté au soulèvement de l'Ionie. Mais il s'agissait aussi de placer la Grèce entière dans la dépendance du Grand Roi. L'avenir d'une civilisation grecque indépendante était en cause. La gloire d'Athènes est de l'avoir compris du premier coup et d'avoir fait face au danger sans faiblir.

RELIEF CRÉTOIS
Le motif des animaux fantastiques affrontés symétriquement autour d'un élément végétal s'inspire d'une longue tradition orientale.

LA DIVINE POURSUITE
Le motif de la femme en fuite – souvent harcelée par un dieu, dont les avances peuvent être funestes – est fréquent dans l'art grec et semble avoir plu aux hommes. Effrayée mais séduisante, tel est le double aspect présenté par cette jeune Néréide.

COMME DES GARÇONS
Ce petit bronze laconien évoque la robustesse des jeunes filles de Sparte, élevées et initiées comme les garçons sous le contrôle d'Artémis.

La place des femmes

Thalès de Milet, le Sage mathématicien, se trouvait trois raisons de remercier les dieux : être né humain et non animal, grec et non barbare, homme et non femme. On en conclura que la condition féminine n'est pas enviable. Cela signifie aussi que la femme est l'une des figures de la différence par lesquelles l'homme grec se définit.

Cette altérité, les hommes la fantasment sans souci des contradictions : la femme est une créature sauvage qu'il faut domestiquer... par le mariage; elle est aussi ce splendide mannequin, Pandora, fabriqué par les dieux pour le malheur des hommes.

La misogynie grecque n'est pas en manque de figures terrifiantes : Amazones guerrières qui suppriment les bébés mâles, épouses dominatrices et meurtrières (Clytemnestre, Médée)... Et les monstres femelles sont légion : sirènes, Gorgones, Harpyes, Érinyes... Quant à la plus belle des femmes, Hélène, elle est cause du malheur des Grecs et des Troyens.

C'est là, bien entendu, le point de vue masculin. Tous les témoignages proviennent des hommes, qu'il s'agisse de l'imaginaire ou de la vie réelle. Sur ce plan, c'est la période démocratique qui est le plus défavorable aux femmes, puisque la cité se fonde sur l'activité politique et qu'elles en sont exclues. Juridiquement, elles n'ont aucun droit et sont toujours sous la tutelle d'un homme. Les courtisanes, apparemment plus libres, parfois riches, cultivées et influentes, ne peuvent cependant se passer de protecteurs.

Les femmes ont pourtant une place importante dans la cité. L'épouse de citoyen, outre sa fonction majeure – la procréation – et ses tâches domestiques – la direction des esclaves –, participe activement à la vie religieuse. Dans la maison, elle accomplit les rituels qui accompagnent les événements marquants de la vie : naissance, mariage, mort. À tout âge, des représentantes de la collectivité féminine interviennent dans les cultes civiques – fillettes tissant le péplos des panathénées, canéphores portant les instruments sacrificiels. Des fêtes leur sont réservées : thesmophories en l'honneur de Déméter; culte extatique de Dionysos. Enfin, elles assument des fonctions sacerdotales. Certaines prêtresses – celle d'Athéna Polias, celle de Déméter à Éleusis – jouissent d'une considération et de privilèges égaux à ceux des prêtres. Mais ce sont toujours les hommes qui les recrutent et qui les nomment.

Un rôle religieux primordial
Exclues de l'activité politique, les femmes jouent un rôle essentiel dans le domaine religieux. Le chœur circulaire mené par une flûtiste avance vers l'autel, où est déposé un panier à laine. Le vase où figure cette procession – une phiale – sert à faire des libations aux dieux.

Le travail de la laine
occupe presque constamment les femmes dans l'espace domestique. Elles posent cet ustensile en forme de tuile sur un genou, afin de former le fil en le roulant. Le décor représente un groupe de femmes en pleine activité.

Procréer *constitue le rôle principal de la femme. Elle doit donner le jour de préférence à des mâles, les futurs citoyens, élevés jusqu'à l'âge de sept ans dans la partie féminine de la maison. Ainsi, la femme trouve son accomplissement dans le mariage, comme l'homme dans la guerre.*

LE MARIAGE

Acte privé, le mariage résulte d'un accord entre le père d'une jeune fille – souvent mariée très jeune à un homme plus âgé, elle n'est pas consultée sur ses sentiments – et le futur époux. Éternelle mineure, la femme n'a guère d'autonomie ; elle dépend de son père, puis de son mari ; la veuve dépend d'un de ses parents masculins – père, oncle ou frère. Le mariage est pour la femme le moment du passage d'une maison à l'autre, souvent pensé symboliquement comme un enlèvement. La dot suit le cortège et doit être restituée en cas de divorce, toujours possible si la femme n'a pas d'enfant. En effet, le but de l'union est d'engendrer des enfants légitimes, enregistrés par la cité. À Athènes, après 451, il faut être né de père et de mère athéniens pour être reconnu citoyen ; en ce sens, même si la femme n'a aucun rôle politique, elle a une place déterminante dans la « production » des citoyens.

Des objets symboliques
Cette petite plaque offerte à Déméter présente une femme dans son univers domestique, que marquent divers objets symboliques : le miroir pour la beauté, le panier à laine pour le travail, les vases à parfum et à libation, le coffre où elle range le linge de maison, dont elle a la garde.

La préparation de la nourriture
est rarement représentée, sans doute parce qu'elle concerne davantage les esclaves. Cette terre cuite où l'on montre une femme devant un mortier est en fait une offrande funéraire destinée à rappeler au défunt le monde des vivants.

Chapitre 4

L'âge classique

« Passant, va dire à Sparte... »

L'expédition commandée par Datis et Artapherne réunissait des forces importantes d'infanterie et de cavalerie (peut-être vingt-cinq mille hommes), transportées par mer sous la protection des navires de guerre. Hippias, l'ancien tyran d'Athènes, fils de Pisistrate, l'accompagnait, dans le dessein de rétablir son autorité sur l'Attique avec l'aide des Perses. Au passage, la flotte incendia Naxos, soumit les Cyclades, ravagea le territoire de Carystos en Eubée, puis elle parvint à Érétrie, qui succomba par trahison. Abordant ensuite en Attique, elle débarqua les troupes d'invasion dans la baie de Marathon, en face de l'Eubée.

Athènes, devant ce danger immédiat, envoya un coureur à Sparte pour demander du secours. Mais les Lacédémoniens, retenus par un scrupule religieux, ne se mirent pas en marche avant la nouvelle lune, six jours plus tard : quand ils arrivèrent, tout était terminé. L'Assemblée du peuple athénien avait décidé d'accepter le combat en rase campagne, au lieu d'attendre l'assaut derrière les murailles de la cité. Un des deux stratèges élus, Miltiade, avait fait prendre cette décision. À l'aube d'un jour de septembre 490, renforcés de mille soldats venus de Platées, fidèle alliée d'Athènes, les hoplites chargèrent au pas de course l'infanterie perse, au moins deux fois plus nombreuse qu'eux, et la mirent en déroute après un rude corps-à-corps. La flotte ennemie recueillit les vaincus et leva l'ancre.

Aux yeux de Darius, l'opération pouvait passer pour un demi-succès. Certes, Athènes avait échappé à la vengeance du Grand Roi, mais Érétrie, l'autre ville coupable d'avoir aidé les Ioniens révoltés, avait été durement châtiée. Athènes ne perdrait rien pour attendre : Darius reprit son projet d'invasion sur une large échelle, mais la révolte de l'Égypte en retarda l'accomplissement. Sur ces entrefaites, le roi mourut (486), et son successeur, Xerxès, dut d'abord rétablir l'ordre en Égypte avant d'envisager de nouveau une expédition en Europe.

Ce qui n'était pour les Perses qu'un échec mineur apparut en revanche aux Grecs comme une victoire capitale. Pour la première fois, la redoutable armée perse avait été mise en déroute par les hoplites, alors qu'elle paraissait jusque-là invincible. Athènes, avec ses seules forces, avait réalisé cet exploit. À côté de Sparte, jusqu'alors sans rivale dans le domaine des armes, elle acquérait un prestige qui servirait son ambition naissante. Mais surtout, plus que jamais auparavant, la tentative de Darius contre Athènes avait fait prendre conscience aux Grecs de ce que représentait l'hellénisme en face du puissant empire asiatique. À travers la jeune démocratie athénienne, qui avait choisi d'affronter virilement l'invasion étrangère, c'était le peuple grec tout entier qui manifestait sa volonté de refuser la servitude.

La seconde guerre médique eut un tout autre caractère. Les préparatifs de Xerxès, à partir de 483, étaient notoires : non seulement il rassemblait des forces considérables sur terre et sur mer, mais, de plus, il faisait entreprendre des travaux impressionnants, comme

LE « COUREUR DE MARATHON »
(stèle attique, vers 510 av. J.-C.)
Le mouvement de course de ce jeune athlète casqué a fait penser au soldat de Marathon venu porter la nouvelle de la victoire grecque. Il s'agit plus probablement d'un danseur de pyrrhique (une danse armée).

le percement d'un canal à travers l'isthme de l'Acté (la presqu'île du mont Athos) en Chalcidique, pour éviter que sa flotte n'eût à doubler ce cap dangereux, où les vaisseaux de Darius avaient subi de lourdes pertes dix ans auparavant, en 492, lors d'opérations sur les côtes nord de l'Égée. Il était clair que l'invasion était proche et que la Grèce entière était cette fois l'objectif visé par le Grand Roi.

Les forces de Xerxès, réunies dans le nord-ouest de l'Asie Mineure, commencèrent à franchir l'Hellespont au début de juin 480, en utilisant les ponts de bateaux que le génie perse avait jetés sur le détroit entre Abydos et Sestos sous la direction de l'ingénieur grec Harpale. Une flotte de mille deux cents vaisseaux couvrait les opérations terrestres et aidait au ravitaillement des troupes, qui rassemblaient plusieurs centaines de milliers d'hommes. Toutes les provinces de l'immense empire avaient fourni des contingents : l'armée navale comportait des escadres phéniciennes, égyptiennes, ciliciennes et chypriotes, mais aussi trois cents vaisseaux grecs montés par des Ioniens ou des insulaires sujets du roi. À travers la Thrace et ses colonies grecques, déjà réduites à l'état de satrapie, puis à travers la Macédoine, alliée de la monarchie achéménide, Xerxès gagna la région de l'Olympe et pénétra en Thessalie : les Grecs avaient reporté leur ligne de résistance plus au sud. Les Thessaliens et les Béotiens (sauf Platées et Thespies) se rallièrent à Xerxès.

Le premier engagement terrestre eut lieu aux Thermopyles, point de passage obligé entre la mer et la barrière montagneuse du Callidrome, jugée infranchissable par une armée. Dans les premiers jours d'août 480, les Perses forcèrent la position défensive qu'une colonne ennemie avait tournée par un chemin de montagne. Averties à temps, les troupes grecques s'étaient repliées sur l'isthme de Corinthe, laissant seulement sur place le roi Léonidas et ses trois cents Spartiates qui, avec quelques Béotiens de Thespies, se firent tuer jusqu'au dernier. Leur sacrifice exalta la volonté de lutte des Hellènes et fut célébré par le poète Simonide dans les épigrammes gravées ultérieurement sur le tombeau commun de ces braves : « Passant, va dire à Sparte que nous sommes morts ici pour obéir à ses lois. »

Deux victoires essentielles

À la nouvelle de l'abandon des Thermopyles, la flotte grecque se retira vers le sud et jeta l'ancre près de Salamine, d'où elle pouvait protéger le flanc des fortifications de l'Isthme.

Par la Phocide qu'ils ravagèrent et la Béotie qui les accueillit en alliés, les Perses arrivèrent en Attique. Conformément à un oracle, les Athéniens avaient abandonné leur ville pour se réfugier sur la flotte qui les avait évacués sur Salamine et sur Trézène. La faible garnison laissée sur l'Acropole se défendit courageusement avant d'être massacrée. Athènes fut livrée au pillage et à l'incendie.

Avant d'attaquer les défenses de l'Isthme, le roi devait détruire la flotte grecque, toujours rassemblée à Salamine. Un matin, vers la fin de septembre 480, la flotte du Grand Roi pénétra dans le détroit, large de 1 kilomètre à peine, entre Salamine et la côte attique. Xerxès s'était fait aménager un trône sur les pentes du mont Aigaléos pour assister à la victoire de ses escadres. Conformément à la tactique préconisée par Thémistocle, les vaisseaux grecs usèrent de leurs qualités manœuvrières pour éperonner les navires ennemis, qui, en formation trop serrée, se gênaient les uns les autres. Les hoplites embarqués, mieux armés que leurs adversaires asiatiques ou égyptiens, eurent le dessus dans les combats d'abordage. Après un engagement violent et confus, les vaisseaux du Grand Roi virèrent de bord et s'enfuirent, tandis que les Grecs se livraient jus-

MARATHON ET SALAMINE

La victoire de Marathon (490 av. J.-C.), sur terre, face aux Perses, est celle de l'infanterie, des hoplites lourdement armés. La victoire de Salamine (480 av. J.-C.), sur mer, due à la force des rameurs, est celle du petit peuple, qui ne possède pas son propre équipement. Les orateurs de la fin du Ve siècle ont opposé ces deux victoires, pour mieux célébrer la première, remportée par Miltiade, et critiquer Thémistocle, vainqueur à Salamine. On reproche à celui-ci d'avoir « ôté aux citoyens la lance et le bouclier et réduit le peuple athénien au banc et à la rame ». Cette critique conduit à l'exil de Thémistocle, ostracisé en 471. Il n'en demeure pas moins le premier à avoir eu la vision politique d'une cité qui n'est pas réduite à ses murs. En obtenant d'utiliser les ressources en argent des mines du Laurion pour développer une flotte, au lieu de les distribuer aux citoyens, il transforme Athènes en puissance maritime, avec un port nouveau, Le Pirée, et la plus grande flotte grecque de l'époque. Grâce à ces « murailles de bois », conseillées par l'oracle de Delphes, les Athéniens sauvent leur cité puis créent un solide empire. Ce choix modifie les rapports sociaux dans la cité, donnant à la population urbaine plus de poids et diminuant l'influence des orateurs favorables aux familles aristocratiques.

qu'à la nuit à un grand massacre de naufragés ennemis qu'ils assommaient, nous dit Eschyle, « comme des thons ». Moins de quatre cents navires grecs avaient infligé une rude défaite à une flotte trois fois supérieure.

Affaiblie par ses lourdes pertes, cette flotte n'en restait pas moins redoutable. L'armée perse était intacte. Mais Xerxès donna l'ordre de la retraite, renvoyant la flotte directement vers l'Hellespont, tandis que lui-même revenait par terre avec l'armée. Il laissait en Thessalie un de ses généraux, Mardonios, avec des forces considérables qui devaient hiverner sur place pour reprendre les opérations au printemps.

En 479, sitôt les moissons rentrées, au début de juillet, Mardonios envahit l'Attique, que ses habitants avaient de nouveau évacuée pour se réfugier à Salamine. Il attendit les Grecs au débouché des passes du Cithéron, près de la rivière Asopos. Ses troupes étaient nombreuses et excellentes : à l'infanterie perse et asiatique se joignaient des contingents d'hoplites béotiens et phocidiens ; la cavalerie était spécialement redoutable. L'armée grecque, commandée par le Spartiate Pausanias, neveu du roi Léonidas, était forte de près de 40 000 hoplites dont 10 000 Lacédémoniens et 8 000 Athéniens, sans compter les troupes légères. Elle prit position en face des lignes perses, auprès de la ville de Platées. Les deux adversaires s'observèrent durant trois semaines, pendant lesquelles les Grecs eurent fort à souffrir du harcèlement des cavaliers ennemis. Un mouvement de retraite ordonné par Pausanias, mais mal exécuté par ses subordonnés, incita Mardonios à franchir l'Asopos pour attaquer les Grecs désorganisés. Mais ces derniers supportèrent le choc avec fermeté : les Lacédémoniens surtout firent preuve de leur valeur traditionnelle, brisèrent l'assaut des Perses et, chargeant à leur tour, mirent l'ennemi en déroute. Mardonios trouva la mort dans la bataille. Les débris de l'armée d'invasion se retirèrent vers le nord, protégés par leur cavalerie. Thèbes, après un siège de vingt jours, livra les partisans des Perses. La Grèce était définitivement sauvée.

La bataille de Platées, un an après Salamine, mettait fin à la menace qui, pendant quinze ans, avait pesé sur l'hellénisme : elle ne mettait pas fin aux guerres médiques. Le jour même où Pausanias écrasait Mardonios dans les champs de Béotie, la flotte grecque remportait un autre grand succès auprès du cap Mycale, sur la côte d'Asie, en face de Samos. La victoire de Mycale donnait aux Grecs la suprématie navale en mer Égée. Les Ioniens un peu partout chassèrent les garnisons perses et les représentants du Grand Roi. Quant à la flotte grecque, elle se rendit dans l'Hellespont pour détruire les ponts de bateaux jetés par Xerxès sur les eaux du détroit : déjà la tempête s'en était chargée. La flotte rentra alors en Grèce. Au printemps 478, le stratège athénien Xanthippe, père de Périclès, rapportait à Athènes avec un important butin les câbles qui avaient servi à relier les bateaux portant les ponts de Xerxès. Ces trophées, qui furent consacrés aux dieux dans les grands sanctuaires, ajoutaient à la gloire d'Athènes, qui prenait en main désormais l'initiative militaire et politique dans les opérations contre l'Asie.

ŒNOCHOÉ ATTIQUE
(vers 430 av. J.-C.)
Sur cette cruche à vin, qui rappelle le souvenir des guerres médiques, la nudité héroïque de l'hoplite grec contraste avec le vêtement bariolé du Barbare en fuite.

Athènes et Sparte, nées pour s'affronter

Sparte, dont l'autorité était jusqu'alors incontestée, vit avec inquiétude la puissance d'Athènes s'étendre au point de balancer sa propre influence jusque dans les affaires du Péloponnèse. Cette croissance est un fait capital non seulement pour l'histoire de la Grèce, mais aussi pour toute notre civilisation : car c'est en accédant au premier rôle sur le théâtre de la politique et de la guerre qu'Athènes put développer tout son génie dans le domaine de la pensée, de la littérature et de l'art. Le demi-siècle qui va de 480 à 430 est justement connu sous le nom de siècle de Périclès : il a donné à la civilisation grecque un essor décisif, un éclat qui n'a pas cessé d'éblouir.

Dès l'hiver 478-477, Athènes organisait avec les cités ioniennes d'Asie Mineure et des îles une ligue destinée à poursuivre la guerre contre les Perses. Ceux-ci demeuraient redoutables et un retour offensif en était toujours à craindre. Athènes mettait sa flotte à la disposition de la ligue et assumait le commandement des forces confédérées. Les cités qui ne pouvaient contribuer à l'effort commun par un contingent naval s'engageaient à verser une contribution financière annuelle ou tribut, dont le montant fut calculé et réparti par Aristide avec beaucoup d'équité. La caisse fédérale, gérée par des trésoriers athéniens, était placée sous la protection d'Apollon dans le sanctuaire de Délos, au cœur des Cyclades. Sous la direction des généraux athéniens, des campagnes successives assurèrent le contrôle des Détroits, chassèrent de Thrace les garnisons perses et permirent d'établir des colonies militaires athéniennes (clérouquies). Enfin, vers 467, le fils de Miltiade, Cimon, remporta sur les Perses une double victoire navale et terrestre en Pamphylie, qui renouvelait celle de Mycale. La sécurité des cités grecques en mer Égée était désormais assurée.

Si Athènes avait trouvé en Cimon un chef capable de lui inspirer une politique entreprenante, Sparte était aux prises avec des difficultés graves. Elle avait dû affronter une fois de plus l'hostilité d'Argos, sa voisine et sa vieille ennemie. Puis une révolte des hilotes éclata et entraîna pendant près de dix ans une troisième guerre de Messénie (469-460). Un violent tremblement de terre, en 464, détruisit presque entièrement la ville : il fallut toute l'énergie du roi Archidamos et la traditionnelle discipline spartiate pour sauver l'État d'un complet désastre. Quand, en 465-464, l'île de Thasos, sur les côtes de Thrace, voulut abandonner l'alliance athénienne, elle fit en vain appel au secours de Lacédémone, et Cimon put réduire la cité rebelle après deux ans de siège. Bien plus, Sparte dut solliciter le concours des Athéniens pour achever d'abattre la résistance des Messéniens. Mais Cimon échoua dans sa tentative. Les Lacédémoniens le renvoyèrent avec désinvolture. Ce fut l'occasion d'une rupture ouverte entre les deux États : la lutte armée allait succéder à la rivalité sourde qui les opposait depuis vingt ans.

UN ROI INVENTE LA DÉMOCRATIE

Bien que Thésée, contemporain de Minos, soit censé avoir vécu avant la guerre de Troie (que la chronologie officielle fixe en – 1180), les Athéniens attribuent à ce héros plusieurs des étapes décisives de leur histoire. Devenu roi à son retour de Crète (ayant oublié de remplacer la voile noire de son navire par une voile blanche pour annoncer le succès de son expédition, il a précipité la mort de son père, Égée), il se met à l'œuvre. Tout d'abord, raconte Plutarque, il réunit la population de l'Attique en un seul peuple et une seule cité, qu'il nomme Athènes. C'est le synœcisme. Pour convaincre les habitants des bourgs de renoncer à leurs droits locaux, il leur a promis de partager le pouvoir également entre tous. Tenant parole, il abolit la royauté et établit la démocratie, mais avec ordre, en répartissant les citoyens en trois classes (nobles, paysans, artisans). Il institue aussi des fêtes religieuses et des concours (les jeux Isthmiques). Mais, par goût de l'aventure, il s'éloigne d'Athènes pour des expéditions militaires et amoureuses. Ses ennemis politiques, ceux qu'il a dépouillés de leurs pouvoirs, en profitent pour comploter contre lui, inventant, dit Plutarque, la démagogie. Mal accueilli à son retour, Thésée est contraint à l'exil et meurt à Skyros, d'une chute peut-être pas accidentelle. En – 475, sur l'ordre de la Pythie, Cimon, fils de Miltiade – le vainqueur de Marathon –, lui-même stratège victorieux contre les Perses, recherche les ossements de Thésée et les rapporte triomphalement à Athènes, où l'on institue un culte héroïque au roi – c'est probablement à cette époque qu'on lui attribue ses innovations politiques. Les Athéniens ont souvent fait un usage idéologique de leurs mythes. Ils ont jugé utile, pour mieux légitimer la démocratie, d'en faire figurer l'invention au compte des exploits accomplis, pour le plus grand bien de la civilisation, par leur héros mythique.

La décennie 460-450 est capitale pour Athènes : c'est alors que Périclès, né vers 495 d'une famille noble alliée au *génos* des Alcméonides, devient le principal inspirateur de la politique athénienne. Beau, séduisant, cultivé, excellent orateur, homme de guerre compétent, il jouissait de la pleine confiance des démocrates, qui, conscients de ses hautes qualités, le tenaient pour politiquement et financièrement intègre et lui restèrent fidèles jusqu'au bout, malgré les attaques des poètes comiques favorables à ses adversaires. Il estimait que les capacités du peuple athénien lui donnaient droit à l'hégémonie : il fut ainsi conduit à la doctrine de l'impérialisme. Le peuple y trouvait son compte, puisqu'il devenait l'élément dirigeant non plus d'une confédération, mais d'un empire, et que les ressources financières de la ligue allaient lui fournir des subsides : l'institution d'un salaire quotidien pour les juges de l'héliée, la multiplication des fonctionnaires en métropole ou à l'extérieur, les soldes militaires et les indemnités, tout cela faisait vivre, nous dit Aristote, plus de vingt mille citoyens. En y ajoutant les constructions de prestige que Périclès fit entreprendre sur l'Acropole et qui donnèrent du travail à des centaines d'ouvriers pendant plus de vingt ans. En 454-453, le trésor fédéral fut transféré de Délos à Athènes, passant ainsi de la protection d'Apollon à celle d'Athéna : bien que la mesure fût justifiée par les menaces que la flotte perse faisait peser sur les Cyclades, il s'agissait au fond d'une opération politique qui marquait la totale mainmise d'Athènes sur les affaires de la ligue. Les cités alliées passaient en fait au rang de cités sujettes et la ligue se transformait en empire.

L'ATHÉNA PARTHÉNOS DE PHIDIAS *(copie romaine)*
Cette statue colossale d'or et d'ivoire (chryséléphantine) symbolisait par son éclat la fierté dominatrice d'Athènes à l'apogée de sa puissance.

Domination d'Athènes sur ses alliés

Périclès, avec le concours de Cimon, agit avec décision et vigueur. Les tendances impérialistes d'Athènes avaient engagé plusieurs cités alliées à faire défection, avec la complicité perse. Pour avoir les mains libres, les Athéniens conclurent une trêve avec Sparte. Ils s'employèrent ensuite à ramener les alliés dissidents à l'obéissance. Leur autorité une fois restaurée, ils reprirent la guerre contre les Perses : Cimon commandait l'escadre qui alla chercher le combat dans les eaux de Chypre. Il y mourut de maladie pendant les opérations, après avoir remporté de nouveaux succès. En 449-448, des négociations s'engagèrent et aboutirent à un traité, la paix de Callias, du nom du principal négociateur athénien. L'autonomie des cités grecques d'Asie était garantie. Les vaisseaux de guerre du Grand Roi ne devaient plus se montrer entre la Pamphylie et le Bosphore. Athènes, de son côté, respecterait les territoires du Grand Roi. Le retour de la paix assurait la sécurité des Ioniens et le commerce maritime redevenait libre.

Athènes en profita pour affirmer davantage sa domination sur ses « alliés » : elle multiplia les colonies militaires, ou clérouquies, installées sur leur sol ; elle exerça fréquemment son contrôle sur la politique intérieure des États en y favorisant les démocrates ; elle imposa l'usage de la monnaie attique et du système attique des poids et mesures. Sparte cependant n'était pas inactive sur le continent. Elle déclencha contre les Phocidiens, alliés d'Athènes, la deuxième guerre sacrée afin de protéger contre eux l'autonomie de Delphes. Athènes riposta, mais elle rencontra de graves difficultés en Grèce centrale, où plusieurs cités béotiennes lui devinrent hostiles. Un corps athénien subit en 446 une lourde défaite à Coronée : il fallut évacuer toute la Béotie. Mégare se révolta et l'Eubée entière fit de même. Enfin une armée lacédémonienne s'avança jusqu'à Éleusis. Heureusement pour Athènes, le chef de cette armée ne poussa pas son offensive et battit en retraite. Périclès en profita pour châtier durement les Eubéens rebelles. Il conclut alors avec Sparte en 446-445 une paix de trente ans qui établissait un certain équilibre des forces entre l'empire athénien, amputé de la plupart de ses alliés continentaux (sauf Platées et Naupacte), mais toujours maître de l'Égée, et le bloc péloponnésien conduit par Sparte, que renforçait maintenant l'adhésion de Mégare et de la Béotie. Chacun devait s'abstenir d'entreprises contre les alliés de l'autre, mais pouvait agir à sa guise à l'égard des États non engagés.

En dépit de son recul en Grèce propre, Athènes était au comble de sa puissance économique et militaire. À l'instigation de Périclès, elle engagea une partie des fonds procurés par le tribut dans l'édification des monuments et des statues de l'Acropole : le Parthénon est construit de 447 à 438 et le plateau sacré est un vaste chantier en incessante activité jusqu'en 432. La seule statue d'Athéna Parthénos par Phidias coûta 700 talents, près de deux fois la valeur totale du tribut annuel des alliés. En même temps, Athènes entretenait sa marine, maintenant soixante trières en état d'alerte permanente pendant huit mois de l'année. Ces forces lui permirent d'intervenir au-dehors dans les régions les plus variées.

En Acarnanie, comme en Chalcidique, les intérêts d'Athènes se heurtaient à ceux de Corinthe, membre de la ligue péloponnésienne. Un conflit s'étant élevé entre Corinthe et son ancienne colonie de Corcyre (Corfou), cette dernière sollicita et obtint l'alliance d'Athènes : dans un combat naval qui eut lieu en 433 dans les eaux de Corfou, les Corcyréens durent à l'arrivée de renforts athéniens de repousser l'escadre corinthienne. Le risque d'un conflit généralisé se précisait, et Périclès, qui en était conscient, l'envisageait comme inévitable. Aussi multiplia-t-il les provocations à l'égard des alliés de Sparte. La guerre, commencée en 431 entre les deux cités rivales, allait durer vingt-sept ans, avant de s'achever par la défaite d'Athènes en 404.

La main de fer de Périclès

Périclès mesurait parfaitement l'infériorité des troupes athéniennes dans une rencontre en rase campagne contre les forces de Sparte et de ses alliés : non seulement ces derniers avaient sur ce terrain la supériorité numérique, mais en outre la valeur reconnue des hoplites spartiates était propre à faire réfléchir leurs adversaires. Visiblement, le désir des Lacédémoniens était de rechercher le combat pour obtenir la décision par une seule bataille. Périclès conseilla de la refuser : la population de l'Attique devait se réfugier derrière les fortifications de la ville, du Pirée et des Longs Murs, abandonnant la campagne aux incursions ennemies. En revanche, Athènes utiliserait à plein sa supériorité maritime pour harceler les côtes du Péloponnèse en y multipliant débarquements et coups de main. On pouvait espérer que la ligue péloponnésienne, épuisée à la longue par une guerre navale sans merci, finirait par se désagréger et que Sparte, abandonnée par ses alliés, reconnaîtrait sa défaite. Il fallut tout le prestige de Périclès pour faire triompher ses vues : la moitié de la population de l'Attique allait sacrifier ses biens et son mode de vie au succès d'une stratégie à longue échéance. La première partie de la guerre, qui dura dix ans (431-421), est souvent appelée guerre d'Archidamos, du nom du roi de

LE PARTHÉNON, À ATHÈNES *Construit sous l'autorité de Périclès pour abriter la statue et le trésor d'Athéna, le temple doit son nom à l'épithète de la déesse : Parthénos (Vierge).*

Sparte qui conduisit les premières opérations et qui, d'ailleurs, mourut dès 427. Après un coup de main manqué des Thébains contre Platées, alliée d'Athènes, l'armée lacédémonienne entra en Attique et saccagea le plat pays, tandis que la flotte athénienne exécutait des raids sur la côte du Péloponnèse. L'année suivante, en 430, les Lacédémoniens envahirent de nouveau l'Attique. Athènes fut alors frappée par un coup inattendu, la peste : un tiers de la population fut emporté. Dans cette terrible épreuve, les Athéniens se détournèrent un moment de Périclès, mais, au printemps 429, ils lui rendirent leur confiance et le réélirent stratège. Le grand homme, épuisé, mourut à l'automne. Sa disparition privait Athènes du seul homme politique qui eût pu conduire heureusement la guerre à son terme.

Les opérations militaires se poursuivaient avec des fortunes diverses. En 425, Athènes, par un coup heureux, eut la victoire à sa portée. Elle avait engagé quelques troupes en Sicile contre Syracuse et les villes alliées de Sparte. Une escadre qui emportait des renforts vers l'ouest fit relâche, à cause du mauvais temps, dans la rade de Pylos, sur la côte occidentale de Messénie. Un général athénien, Démosthène, qui s'était déjà distingué aupa-

ASPASIE, LA BELLE HÉTAÏRE

Peu de femmes ont laissé un nom dans l'histoire grecque. Les Athéniennes n'étaient désignées que du nom de leur père ou de leur époux, et tenues au silence et à la discrétion – à la différence des dames romaines. Pour être célèbre, il fallait être courtisane (hétaïre), c'est-à-dire « compagne » de l'homme. Associées aux plaisirs masculins, participant aux banquets, les courtisanes jouissaient d'une liberté d'autant plus grande que leurs protecteurs étaient riches et puissants. La plus illustre d'entre elles, Aspasie, était originaire de Milet. Périclès, séparé de son épouse, vécut avec elle pendant plus de dix ans. D'elle, il eut un fils, Périclès le Jeune, qu'il fit inscrire sur les registres civiques, contrevenant ainsi à ses propres lois sur la citoyenneté. Est-ce pour elle aussi qu'il décida de lancer une expédition contre Samos, en guerre avec Milet? Il lui donna bien d'autres preuves d'amour : il ne sortait jamais de chez lui, rapporte Plutarque, et n'y rentrait jamais sans la saluer et l'embrasser. Comportement inconcevable dans l'Athènes du Vᵉ siècle ! Aspasie était belle, intelligente et cultivée, versée en philosophie et en science politique, et Socrate aimait à la fréquenter. Platon prétend qu'elle préparait les discours de son amant et la met en scène prononçant une oraison funèbre de sa composition. On la recherchait aussi pour apprendre d'elle la rhétorique. Mais ses talents et son influence sur Périclès lui valurent bien des jalousies. On l'accusa d'impiété et aussi de proxénétisme, parce qu'elle avait auprès d'elle des jeunes filles à qui elle s'efforçait de transmettre ses savoirs, et l'éducation féminine n'était pas vue d'un bon œil. Périclès, qui n'hésita pas à pleurer devant les juges, obtint son acquittement. L'amour qu'il portait à cette femme remarquable complète heureusement le portrait de ce grand homme d'État.

ravant en Acarnanie, décida de rester à Pylos et de s'y fortifier avec quelques soldats pour menacer, à partir de ce point d'appui, toute la Messénie, partie vulnérable du territoire lacédémonien. Pour écarter cette menace, les Spartiates voulurent enlever la position athénienne, qui résista à leurs assauts : ils occupèrent l'îlot côtier de Sphactérie, qui ferme la rade de Pylos. Sur ces entrefaites, une escadre athénienne survint et bloqua dans l'île les quatre cents Spartiates qui l'occupaient. Le nombre des Spartiates proprement dits dans la cité lacédémonienne était si restreint que ce blocus exercé contre quatre cents d'entre eux suffit pour décider Sparte à demander la paix en offrant à Athènes des conditions très avantageuses. Mais l'Assemblée du peuple athénien, à l'instigation de Cléon, démagogue porté aux mesures extrêmes, se montra intransigeante. Habilement conduites par Démosthène, les troupes athéniennes, très supérieures en nombre, brisèrent la résistance des hoplites lacédémoniens : vingt jours après son départ, Cléon ramenait à Athènes trois cents prisonniers, dont cent vingt Spartiates (425).

Mais la chance tourna. En 424, l'armée athénienne entreprit d'envahir la Béotie. À Délion, près de Tanagra, elle se heurta aux Béotiens et fut défaite en rase campagne : Athènes avait eu tort de s'écarter des conseils autrefois donnés par Périclès. Par ailleurs, le général lacédémonien Brasidas, envoyé en Grèce du Nord, s'empara d'Amphipolis, en dépit des efforts de l'Athénien Thucydide, qui commandait l'escadre stationnée à Thasos; tenu pour responsable de la perte d'Amphipolis, Thucydide fut condamné à l'exil, où il consacra ses loisirs forcés à écrire l'histoire de cette guerre. Cependant, Brasidas accumulait les succès en Chalcidique, détachant d'Athènes nombre de villes alliées. Cléon se fit donner le commandement d'une expédition chargée de reprendre Amphipolis : dans l'été 422, sous les murs de la ville, il fut battu par Brasidas et périt, ainsi que Brasidas lui-même, au cours de l'action. La disparition simultanée du meilleur général spartiate et du chef athénien partisan de la guerre à outrance permit aux deux États d'engager des pourparlers qui, en 421, aboutirent à la paix dite de Nicias, du nom de l'homme politique athénien qui la négocia. Cette paix, due à la lassitude et conclue au prix de concessions réciproques, ne résolvait pas la querelle de la prééminence entre Sparte et Athènes. Un jeu diplomatique compliqué s'élabora entre Sparte et Thèbes, Athènes et Argos, jeu auquel se joignirent Élis et les cités arcadiennes. La politique athénienne était tiraillée entre

Nicias, partisan de la paix par l'entente avec Lacédémone, Hyperbolos, successeur de Cléon à la tête du parti démocratique, et le jeune Alcibiade, intrigant, séduisant et sans scrupules, aristocrate de naissance, démocrate par calcul d'ambition, disciple de Socrate et neveu de Périclès. La procédure de l'ostracisme, qui fut employée en 417 pour la dernière fois, aboutit à l'exil d'Hyperbolos, mais laissa en présence Alcibiade et Nicias, associés et rivaux à la fois.

La fin du rêve athénien

Il y avait longtemps qu'en Sicile Syracuse tenait la première place. Au début du siècle, la politique entreprenante de ses tyrans successifs, Gélon, puis son frère Hiéron, avait singulièrement accru sa puissance et son territoire. Ceux-ci avaient brillamment défendu l'hellénisme contre les Puniques et les Étrusques. Même après la chute de la tyrannie, en 466, Syracuse resta le plus puissant des États de Sicile. Fidèle au souvenir de ses origines, elle était en bons termes avec sa métropole, Corinthe, et, dès le début de la guerre du Péloponnèse, elle avait rallié à la cause de Corinthe et de Sparte la plupart des cités grecques de l'île. Il s'agissait maintenant d'utiliser le répit dont Athènes disposait en Grèce propre pour reprendre une politique aventureuse en Occident. L'occasion en était fournie par les appels au secours de Ségeste, alliée d'Athènes, qui se trouvait en guerre avec Sélinonte, alliée de Syracuse. Nicias, toujours prudent, déconseillait l'entreprise. Alcibiade en était le plus chaud partisan. Il l'emporta devant le peuple, qui en escomptait des avantages matériels, soldes et butin. Le commandement fut confié conjointement à Alcibiade et à Nicias, et l'expédition, dotée de grands moyens, partit à la fin du printemps de l'année 415.

Peu de jours auparavant, un sacrilège avait soulevé l'indignation des Athéniens : les piliers portant une tête d'Hermès avaient été mutilés de nuit par des inconnus. On voulut y impliquer Alcibiade, soupçonné déjà d'avoir participé à une parodie des mystères d'Éleusis. Un vaisseau vint le chercher en Sicile, mais il s'échappa et gagna Sparte. Là, il peignit sous les couleurs les plus inquiétantes les ambitions de sa patrie en Occident. Les Lacédémoniens suivirent ses conseils, envoyèrent à Syracuse le Spartiate Gylippos pour diriger la résistance à l'invasion et décidèrent de rouvrir les hostilités en Grèce propre. Ces mesures furent couronnées de succès : après deux ans d'opérations infructueuses et malgré les renforts que lui amena le meilleur général athénien, Démosthène, le corps expéditionnaire échoua dans ses tentatives pour emporter Syracuse de vive force, puis subit à son tour les attaques des Syracusains habilement commandés par Gylippos, attaques sous lesquelles il finit par succomber durant l'été 413. Nicias et Démosthène furent mis à mort par les vainqueurs. Les survivants, faits prisonniers, subirent une captivité rigoureuse dans les carrières, ou latomies, de Syracuse avant d'être vendus comme esclaves.

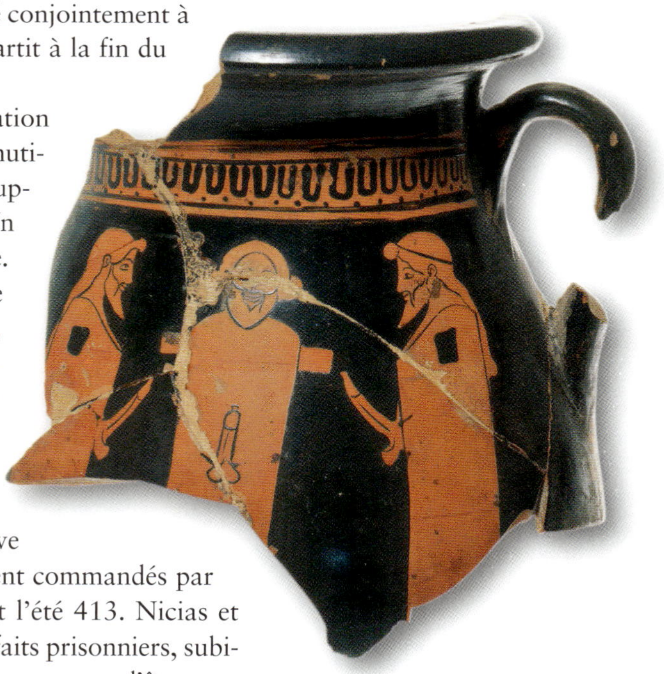

TROIS PILIERS HERMAÏQUES *(fragment de vase attique, 470 av. J.-C.) Ce type d'effigie réduit Hermès à sa tête et à son phallus. Quelle tentation pour les iconoclastes !*

Cependant, la guerre reprenait en Grèce propre. En cette même année 413, les Lacédémoniens, sur le conseil d'Alcibiade, envahirent l'Attique et fortifièrent le bourg de Décélie, au pied du Parnès, d'où ils dominaient la région d'Athènes. Ce poste, étant tenu toute l'année, leur permit désormais d'exercer en permanence le blocus terrestre de la ville en l'empêchant d'utiliser les ressources de la campagne attique, et en particulier les mines d'argent de Laurion, dont les mineurs esclaves prirent la fuite. L'histoire des années 412-404, extrêmement complexe, montre à la fois les efforts désespérés faits par Athènes pour échapper à la pression de ses ennemis extérieurs et ses tentatives répétées pour réformer un régime politique tenu pour responsable du désastre de Sicile.

La guerre se déroule essentiellement sur mer, où elle est à la fois plus coûteuse et plus meurtrière. Athènes cherche désespérément à conserver son empire, qui se révolte de toutes parts, et les lignes de communication indispensables à son ravitaillement. En 406, sa flotte battit l'escadre péloponnésienne aux îles Arginuses, en face de Lesbos. Le peuple athénien ne sut pas en profiter : bien plus, il punit de mort les stratèges vainqueurs à qui il reprochait d'avoir négligé de sauver les équipages des vaisseaux coulés dans la bataille. En novembre 405, Le Pirée était bloqué, et la population assiégée dans la ville commençait à souffrir de la famine. Elle résista quatre mois et se rendit en avril 404, acceptant les conditions du vainqueur : destruction des Longs Murs, livraison des derniers vaisseaux de guerre, soumission aux ordres de Sparte en politique extérieure. On démolit aussitôt les Longs Murs, au son de la flûte : il semblait que la Grèce entrât dans une ère de liberté.

LES LATOMIES DE SYRACUSE
L'entrée des carrières de Syracuse évoque la forme d'un conduit auditif, ce qui lui a valu le nom d'« oreille de Denys ». Le tyran victorieux y avait enfermé les Athéniens après leur défaite, en 413 av. J.-C.

Mort de Socrate ; épopée des Dix Mille

Si l'effondrement de l'empire athénien pouvait faire naître pareille espérance, elle ne dura pas longtemps. Sparte, chef incontesté de la coalition victorieuse, se montra vite incapable de jouer le rôle directeur qui lui revenait dans la réorganisation du monde hellénique : attaché à sa politique traditionnelle d'hégémonie continentale, gêné par l'alliance perse, dont les subsides lui étaient nécessaires pour sa flotte, affaibli par son système politique et social, qui réduisait progressivement le nombre des Spartiates proprement dits par rapport aux classes inférieures et aux hilotes, l'État lacédémonien n'avait ni suffisamment d'hommes ni des vues politiques assez larges pour imposer aux cités grecques, jalouses de leur autonomie, une autorité susceptible de coordonner leurs efforts et d'apaiser leurs querelles.

Athènes, après sa défaite, avait connu pendant quelques mois une violente réaction antidémocratique. Le gouvernement de la cité fut confié à une commission de trente citoyens, parmi lesquels figuraient Théramène et Critias, un aristocrate intelligent et cyniquement ambitieux, disciple de Socrate et oncle de Platon. Forts de la présence d'une garnison lacédémonienne, les Trente firent régner la terreur dans la cité, livrant au bourreau plus de mille cinq cents citoyens et de nombreux métèques, et confisquant à leur profit les biens des condamnés et de ceux qui avaient cherché leur salut dans l'exil. Mais les émigrés rentrèrent en

Attique puis s'emparèrent du Pirée. Après une lutte fratricide entre gens de la ville et gens du Pirée, au cours de laquelle Critias périt dans un combat, les Trente furent chassés, puis, sous la menace d'une armée lacédémonienne revenue en Attique, une réconciliation intervint entre les deux partis. En 403-402, sous l'archontat d'Euclide, une amnistie générale fut conclue, dont seuls étaient exclus les Trente et quelques magistrats, et la démocratie traditionnelle fut remise en vigueur.

Le peuple respecta rigoureusement le pacte d'amnistie et prit à sa charge le remboursement des dettes que les gens de la ville avaient contractées auprès des Lacédémoniens pour combattre les gens du Pirée. Toutefois, le souvenir des excès commis par les oligarques ne s'effaça que lentement et les haines qu'ils avaient suscitées jouèrent leur rôle dans le procès de Socrate : en lui imputant le crime d'impiété et de corruption de la jeunesse, son accusateur Mélétos réveillait chez les juges le sentiment obscur que le philosophe était pour une part responsable, non seulement des spéculations audacieuses et des critiques destructrices qui ébranlaient les fondements moraux de la cité, mais aussi du comportement scandaleux de ses disciples, aristocrates insolents et sceptiques, Alcibiade et surtout Critias. L'étonnant n'est pas que Socrate ait été condamné : c'est qu'il l'ait été à une aussi faible majorité. Sa résignation héroïque devant la mort, le respect qu'il témoigna aux lois de la cité en refusant de s'enfuir pour se soustraire à la condamnation firent sur ses amis une impression considérable, que Platon et Xénophon communiquèrent à leurs contemporains. Sa fin dramatique contribua de la sorte à répandre son enseignement.

SOCRATE
Cette fresque d'époque romaine présente Socrate dans l'attitude conventionnelle du philosophe pensif. Elle décorait à Éphèse la maison d'un aristocrate cultivé.

Ainsi occupée à sa restauration intérieure, Athènes laissait docilement Sparte mener le jeu dans les relations avec la Perse. À la mort du roi Darius II, son fils cadet, Cyrus le Jeune, qui avait joué un rôle important dans les dernières années de la guerre du Péloponnèse, se souleva contre son frère aîné, devenu roi sous le nom d'Artaxerxès II. Il recruta un corps de mercenaires grecs pour renforcer l'armée dont il disposait en Anatolie et marcha sur Babylone. À l'automne 401, il se heurta à l'armée royale à Cunaxa, en Mésopotamie, et fut tué dans la bataille. Les quelque treize mille mercenaires grecs, abandonnés à eux-mêmes, firent alors retraite vers le nord, le long du Tigre, puis traversèrent l'Arménie et arrivèrent au printemps suivant à Trébizonde, sur la mer Noire, d'où ils regagnèrent l'Europe. L'épopée des Dix Mille, du nombre approximatif des survivants, frappa l'imagination des contemporains : elle révélait la faiblesse profonde de l'empire achéménide, qui n'avait pu arrêter cette petite troupe au cours de sa longue retraite, et elle exalta la confiance des Grecs dans leur supériorité militaire sur les Orientaux. Brillamment contée par Xénophon dans *l'Anabase*, qu'il rédigea comme acteur de cette aventure, elle devait plus tard inspirer les projets d'Alexandre.

Denys de Syracuse

En cette même année 400, Sparte rompait avec le Grand Roi, dont le satrape Tissapherne voulait rétablir la domination effective sur les cités grecques d'Ionie. La guerre fut une succession d'opérations décousues menées en Asie Mineure par des armées lacédémoniennes. Le roi de Sparte Agésilas s'y distingua par son activité et son énergie. À Chypre, l'Athénien Conon organisait une escadre pour le compte des Perses. Enfin les émissaires du Grand Roi parcouraient la Grèce propre, distribuant l'or à pleines mains pour soulever contre Lacédémone les cités jalouses de son autorité.

La forteresse de Syracuse
Construits en 401 av. J.-C. par Denys l'Ancien, après le siège infructueux de Syracuse par les Athéniens, les remparts encerclent la cité et rejoignent la forteresse de l'Euryale, qui en défend l'accès à l'ouest.

Leurs efforts aboutirent en 395 à former une coalition où entrèrent Thèbes, Athènes, Argos et Corinthe. Rappelé d'Asie, comme le Grand Roi l'avait souhaité, Agésilas remportait une victoire à Coronée (394) sur les forces des coalisés. Mais Athènes relevait les Longs Murs, et la flotte de Conon battait une escadre péloponnésienne dans les eaux de Cnide. Bientôt, les côtes de Laconie subissaient de nouveau des attaques maritimes. D'autres opérations se déroulaient autour de l'isthme de Corinthe, d'où le nom de guerre de Corinthe que l'on donne à toute cette guerre. Sparte riposta en interceptant dans les Détroits les convois de ravitaillement à destination d'Athènes et en exécutant depuis Égine des coups de main sur Le Pirée. La lassitude intervint alors chez les ennemis de Lacédémone. Le Spartiate Antalcidas négocia avec les Perses, et Artaxerxès fit connaître les conditions qu'il proposait aux États grecs. Après de longues hésitations, ceux-ci finirent par souscrire à la paix du roi (386). Ils reconnaissaient au monarque achéménide la possession des cités d'Asie et de Chypre. Les autres cités grecques, petites ou grandes, resteraient autonomes. Le roi était le garant de ces conventions : il en était aussi le bénéficiaire, puisqu'il reprenait le contrôle des Grecs d'Anatolie et que la Grèce d'Europe, en raison du principe de l'autonomie des cités, devait rester une poussière d'États impuissants à tenter une grande entreprise. C'était la revanche des guerres médiques.

En Occident, l'hellénisme avait dû affronter une offensive redoutable de Carthage, qui mettait à profit les dissensions entre cités grecques pour reprendre son expansion en Sicile. Les troupes puniques emportèrent d'assaut Sélinonte et Himère en 408, rasèrent Agrigente, occupèrent Gela, menacèrent Syracuse. Celle-ci s'était soumise au cours des opérations militaires à un jeune officier énergique, Denys, qui, élu stratège unique, avait établi sa tyrannie en massacrant ses adversaires. La peste, qui s'était mise dans le camp des Puniques, les engagea à traiter : Denys accepta de reconnaître la mainmise de Carthage sur la majeure partie de la Sicile (404). Puis il s'employa à reconstituer ses forces : il étendit les fortifications de Syracuse au point d'en faire la plus grande ville du monde hellénique ; il rassembla des troupes nombreuses de mercenaires tant grecs que barbares ; il constitua un parc de machines de guerre et construisit une flotte de trois cents navires, non seulement des trières, mais aussi des vaisseaux à quatre et cinq rangs de rames. Avec ces armements puissants, il attaqua Carthage en 397 et, après une longue guerre, il conclut en 392 un nouveau traité qui réduisait la zone d'influence punique. Denys se tourna alors vers d'autres entreprises en Italie méridionale. En même temps, sa flotte dominait la mer Ionienne et permettait aux marchands syracusains de pénétrer jusqu'au fond de l'Adriatique. Un raid maritime sur le territoire de la ville étrusque d'Agylla (Caere) fit peser la menace des vaisseaux syracusains sur la mer Tyrrhénienne. Toutefois, malgré deux nouvelles guerres contre Carthage, Denys ne parvint pas à expulser les Puniques de Sicile.

DÉCADRACHME D'ARGENT DE SYRACUSE
Frappée pour célébrer la victoire du tyran Gélon sur les Carthaginois, cette monnaie représente, entourée de dauphins, la nymphe Aréthuse qui, poursuivie par le fleuve Alphée, à Olympie, traversa la mer pour se réfugier à Syracuse.

Ces entreprises et ces succès avaient valu à Denys l'Ancien (ainsi nommé pour le distinguer de son fils et successeur Denys le Jeune) un grand prestige : lorsqu'il mourut en 367, il était sans conteste le plus illustre des Grecs de son temps. Son pouvoir reposait sur ses mercenaires bien payés et bien armés, et sur une totale absence de scrupules. Il organisa le premier un grand État où Grecs de toute origine, Barbares sicules ou italiotes vécurent côte à côte sous son autorité personnelle, dans une condition qui était plus celle de sujets que de citoyens. Par ailleurs, il donna une forte impulsion à la vie économique et fit de Syracuse le grand marché de l'Occident. L'éclat de sa cour, l'intérêt qu'il portait aux lettres (il se piquait d'écrire des tragédies), l'attrait de sa personnalité exceptionnelle lui valurent la curiosité des philosophes. Platon et Aristippe vinrent lui rendre visite. Enfin les Athéniens, peu avant sa mort, lui conférèrent le droit de cité et lui attribuèrent le premier rang au concours dramatique des dionysies de 367. Mais l'exemple de gouvernement autocratique qu'il avait donné en Sicile ne devait plus être oublié : il allait avoir par la suite plus d'un imitateur.

Grandeur et déclin de Thèbes

Pendant ce temps, la Grèce propre se débattait dans l'anarchie organisée par la paix du roi avec la connivence de Sparte. Celle-ci s'attachait à briser les velléités d'indépendance chez ses alliés. Au cours d'une expédition en Grèce du Nord, un corps spartiate occupa la citadelle de Thèbes, la Cadmée. Cette occupation dura plusieurs années : mais, en 379, quelques patriotes thébains libérèrent la ville. Les armées que Sparte envoya par la suite en Béotie furent impuissantes à réduire Thèbes.

Athènes, en dépit de sa vieille méfiance pour sa voisine du Nord, avait pris assez vite fait et cause en sa faveur contre Sparte, afin de profiter des circonstances pour restaurer son prestige. En 377, ses efforts aboutissaient à la constitution de la seconde Confédération maritime qui, un siècle exactement après la première, groupait autour d'Athènes la plupart des cités insulaires de la mer Égée et des villes grecques de la côte thrace. Une série de traités bilatéraux, conclus depuis 384-383, avait préparé cette nouvelle organisation, qui associait sur un pied d'égalité Athènes et l'ensemble de ses alliés. Ces derniers se réunissaient en un conseil (Synédrion) auquel Athènes ne participait pas. Pour faire face aux dépenses confédérales, les alliés versaient des contributions fixées par le Synédrion et non un tribut. Athènes, de son côté, assumait la charge d'entretenir ses propres forces militaires. En 374, soucieuse de réduire ses dépenses et préoccupée des progrès de Thèbes, Athènes fit la paix avec Sparte sur la base du statu quo : elle avait regagné la supériorité sur mer.

Dans le même temps, Thèbes avait reconstitué à son profit la ligue des cités béotiennes, tandis qu'en Thessalie un chef énergique, Jason, tyran de Phères (Thessalie), unifiait la région sous son autorité. De là pour Athènes des sujets de préoccupation qui l'incitèrent à se rapprocher de Sparte. En 371, une conférence de la paix se réunit à Sparte, avec des représentants des principaux États grecs, y compris Denys de Syracuse, et un représentant du Grand Roi. On convint de réaffirmer les principes de la paix du roi. Mais un conflit éclata à propos de la Béotie : le plénipotentiaire de Thèbes, Épaminondas, voulait signer le traité au nom de tous les Béotiens et non de Thèbes seule. Le roi de Sparte, Agésilas, s'y opposa absolument, et Épaminondas quitta Sparte sans avoir signé le traité.

Aussitôt, Sparte donna l'ordre à l'armée lacédémonienne stationnée en Phocide de marcher contre les Thébains. Le choc eut lieu à quelques kilomètres au sud-ouest de Thèbes, près du bourg de Leuctres (371). Épaminondas, qui commandait les forces de Thèbes, écrasa les Lacédémoniens : cette victoire mettait fin à la supériorité militaire de Sparte en rase campagne et faisait de Thèbes un nouveau prétendant à l'hégémo-

TERRE CUITE DE TANAGRA
(IVe s. av. J.-C.)
Métamorphosé en taureau, Zeus a su dissiper la méfiance de la jeune Europe : il l'emporte sur son dos jusqu'en Crète, où il lui fera trois fils, Minos, Sarpédon et Rhadamante.

CADMOS, FRÈRE D'EUROPE, FONDE THÈBES

Thèbes fut fondée par le Phénicien Cadmos, fils du roi de Tyr et frère d'Europe, que Zeus, sous forme de taureau, enleva et emporta en Crète. Le roi ordonna à ses fils de rechercher leur sœur et de ne pas revenir sans elle. Leur quête s'avérant vaine, ils fondèrent – certains en Europe – plusieurs colonies phéniciennes. Cadmos, sur ordre de l'oracle de Delphes, devait suivre une vache blanche et, là où elle s'arrêterait, fonder Thèbes. Mais, sur place, il dut tuer un dragon, dont – sur le conseil d'Athéna – il sema les dents. Des hommes en armes surgirent du sol et s'entre-tuèrent, sauf cinq, qui se fixèrent. L'origine de Thèbes associe ainsi deux modèles de fondation : l'arrivée d'un colon étranger et l'autochthonie. Devenu roi de Thèbes, Cadmos épousa Harmonie, fille d'Aphrodite et d'Arès, dont il eut plusieurs enfants, dont Sémélé, la mère de Dionysos. L'histoire de Thèbes est riche en tragédies. Si Dionysos, né de la cuisse de Zeus, est un grand dieu, deux autres petits-fils de Cadmos sont morts dépecés : l'un, Actéon, par ses chiens; l'autre, Penthée, par sa mère et ses tantes, bacchantes affolées par Dionysos. Plus tard, Œdipe tuera son père et épousera sa mère ; ses fils, Étéocle et Polynice, s'entre-tueront devant Thèbes, comme l'avaient fait, aux origines, les guerriers nés des dents du dragon.

nie en Grèce propre. Le succès thébain était étroitement lié à l'action personnelle d'Épaminondas.

L'assassinat de Jason de Phères, en 370, faisait disparaître un voisin redoutable : Thèbes en profita pour étendre son influence en Thessalie. Mais, en même temps, Épaminondas s'engageait dans le Péloponnèse, où les Arcadiens soulevés contre Sparte faisaient appel à son concours. En 370-369, il envahit la Laconie jusqu'alors inviolée, où le vieil Agésilas put seulement défendre la ville de Sparte, mais dut laisser les Thébains ravager la campagne. L'hégémonie de Sparte dans le Péloponnèse était détruite.

Ces brillants succès de Thèbes entraînèrent une alliance entre Sparte et Athènes, qui s'efforcèrent de s'assurer l'appui des Perses : mais les Thébains surent gagner la faveur du Grand Roi, qui réclama le désarmement de la flotte athénienne (367). La guerre reprit de toutes parts. Tandis que Thèbes établissait une garnison à Oropos, sur la frontière même de l'Attique, les Athéniens occupaient Samos, Potidée et plusieurs autres villes de cette région. Ils en chassaient les Perses et y installaient des clérouques. Mais Thèbes construisit une flotte basée dans le détroit d'Eubée, et Épaminondas alla soulever contre Athènes Byzance et les Détroits. Le prestige naval d'Athènes se trouvait fort ébranlé.

Puis des dissensions éclatèrent au sein de la Confédération arcadienne entre Mantinée et Tégée. Sparte, Athènes et Élis soutenaient Mantinée. Thèbes appuya Tégée et envoya Épaminondas à son secours en 362. Aux environs de Mantinée, une armée lacédémonienne, renforcée de contingents athéniens et mantinéens, attendait l'attaque des Thébains. Comme à Leuctres, Épaminondas brisa la résistance des Spartiates. Mais il tomba dans la bataille à la tête de ses hoplites : avec cet homme de génie disparaissait la chance qu'avait Thèbes d'assumer la direction des affaires grecques. Plus que jamais le désordre régnait en Grèce.

La Grèce unifiée par un Macédonien

En Grèce propre, l'instauration d'un ordre nouveau que les cités grecques avaient été impuissantes à établir elles-mêmes fut le fait d'une intervention étrangère, celle du royaume de Macédoine. On discute encore pour savoir si les Macédoniens étaient eth-

MACÉDONIENS OU GRECS ?

L'orateur athénien Démosthène résiste à Philippe II de Macédoine, « adversaire irréconciliable de la démocratie », en lui reprochant, entre autres, dans ses *Philippiques,* de n'être qu'un Barbare. En effet, la Macédoine, aux limites incertaines et dont les rois prétendent descendre d'Héraclès, connaît un peuplement varié (Illyriens, Thraces ou Épirotes) et un régime qui diffère fortement de la démocratie athénienne. Philippe se défend en arguant du fait qu'il a pu participer aux jeux Olympiques, normalement réservés aux Grecs – mais cette participation ne s'est pas faite sans débats. Quant à la langue macédonienne, si elle s'apparente au grec – langue des inscriptions officielles –, elle comporte suffisamment de termes non grecs pour que les Athéniens puissent, selon leurs options politiques, la déclarer grecque ou barbare. Avec Alexandre, la perspective s'inverse : au fur et à mesure de sa progression vers l'Orient, dans tous les territoires qu'il occupe et hellénise, le jeune Macédonien incarne la Grèce. Sur le site de Troie, devant la tombe d'Achille, il rend hommage à ce héros, et tous ceux qui voudront, à leur tour, s'identifier à Alexandre, tel César, lui rendront un semblable hommage, signe à la fois de gloire homérique et de culture grecque. Dans la tradition médiévale, aussi bien en Occident que dans l'Islam, Alexandre est le plus grand des héros grecs. Il donne son nom au vers français – l'alexandrin – qui est utilisé dans le long poème intitulé *Roman d'Alexandre.* De nos jours, l'ancien royaume de Philippe est partagé entre divers pays des Balkans, dont la république de Macédoine. Cette situation est à l'origine d'un différend récent entre Macédoniens et Grecs, ces derniers souhaitant réserver le nom de Macédoine au nord de la Grèce, où se trouvent l'ancienne capitale de Philippe – Pella – et son tombeau présumé – Vergina.

niquement des Grecs. Il est sûr du moins que ce peuple de rudes paysans et de montagnards, établi autour du golfe Thermaïque et dans les montagnes avoisinantes, entre la chaîne du Pinde et la basse vallée du Strymon, resta longtemps en marge du monde hellénique. En revanche, ses souverains héréditaires, la dynastie des Argéades, prirent dès le début du Vᵉ siècle une part active à la vie grecque. La Macédoine disposait de ressources appréciées, en particulier du bois de charpente, indispensable pour les constructions navales. Le roi, appuyé par des grands qui portaient fièrement le titre de compagnons *(hetairoi)* du roi, pouvait compter aussi sur le soutien fidèle d'une paysannerie qui fournissait d'excellents fantassins, les pézétaires. Cette monarchie militaire, fondée sur des sentiments forts d'allégeance personnelle à l'égard du souverain, pouvait devenir un remarquable outil politique entre les mains d'un roi énergique et ambitieux. Ce fut le cas avec Philippe, fils d'Amyntas III.

Depuis la mort d'Amyntas III en 370, le royaume de Macédoine avait connu bien des querelles dynastiques. Philippe, fils cadet du roi défunt, était tout jeune encore et passa plusieurs années à Thèbes comme otage : il s'y familiarisa avec la politique grecque. Il avait vingt-deux ans en 359 quand il fut choisi comme régent du royaume, à la mort de son frère Perdiccas III, dont le fils Amyntas IV était en bas âge. En peu de temps, le jeune régent rétablit une situation qui paraissait très compromise : il se débarrassa des autres prétendants au titre royal, s'entendit avec Athènes, puis il battit les Illyriens à l'ouest et soumit les Péoniens au nord de la Macédoine. Avec la phalange des pézétaires et la cavalerie lourde menée par les *hetairoi,* il avait organisé une puissante armée qui, en reconnaissance de ses succès, le déclara roi.

COFFRET EN OR
(tombe de Vergina, vers 340 av. J.-C.)
Ce précieux coffret renfermait les cendres d'un défunt, probablement le roi Philippe II. Il est orné d'une étoile à seize rayons, emblème de la dynastie macédonienne.

Son premier objectif fut d'assurer à la Macédoine un libre débouché sur la mer. Les meilleurs ports de ses côtes, Pydna et Méthone, étaient des colonies grecques alliées d'Athènes. Mais Athènes se débattait depuis des années dans des difficultés diplomatiques et financières pour essayer de conserver le contrôle des Détroits et la cohésion de sa confédération maritime. Philippe profita de la situation : successivement, il s'empara d'Amphipolis, qu'Athènes avait vainement tenté de reconquérir depuis des années, puis de Pydna, et enfin de Méthone, devant laquelle il perdit un œil (354). Les débouchés de la Macédoine sur la mer étaient désormais assurés. Entre-temps, Philippe avait pris Potidée en Pallène, mais l'avait cédée à la Confédération de Chalcidique, après en avoir expulsé les clérouques athéniens. Vers l'est, franchissant le Strymon au-delà d'Amphipolis, il avait conquis une colonie de Thasos, Crénidès, dans la plaine au pied du mont Pangée : par une innovation de grande conséquence, il en fit une cité nouvelle, à laquelle il donna son nom, Philippes. Les mines d'or du Pangée lui fournirent le moyen de payer ses mercenaires et d'acheter des consciences. Les monnaies de Philippe allaient désormais jouer dans le monde grec le rôle que l'or perse y avait joué depuis un siècle.

Les cités perdent leur autonomie

Or, en 356, une grave crise internationale avait éclaté en Grèce centrale, fournissant un prétexte commode aux interventions du Macédonien. Le sanctuaire de Delphes était de nouveau l'occasion d'une guerre sacrée, la troisième. Comme un siècle auparavant, c'étaient les Phocidiens qu'on accusait de sacrilège : parmi les membres de l'amphictyonie, Thèbes se montrait la plus acharnée contre ces voisins à qui l'opposait une vieille rivalité. Mais les Phocidiens, appuyés par Athènes et par Sparte, s'emparèrent du sanctuaire : le trésor sacré leur donna les moyens de recruter une armée de mercenaires avec laquelle ils remportèrent des succès. D'autres villes de Thessalie firent alors appel à Philippe. Après un grave échec en 353, le Macédonien revint en Thessalie l'année suivante et écrasa les Phocidiens. Cela ne mit pas fin à la guerre sacrée, car Philippe ne put franchir les Thermopyles, tenues par les alliés des Phocidiens, pour entrer en Grèce centrale, mais du moins il était devenu le protecteur de la Thessalie. Il se tourna alors vers la Thrace, où il imposa son alliance à des rois indigènes et conduisit son armée jusqu'à la Propontide. Athènes s'inquiéta de nouveau. Elle eut bien d'autres sujets de crainte quand Philippe décida de soumettre les villes de Chalcidique et les prit l'une après l'autre. La plus importante, Olynthe, tomba en 348. En dépit des appels enflammés de l'orateur Démosthène, qui voyait grandir le péril, la ville fut rasée et toute la Chalcidique incorporée au royaume de Macédoine. En même temps, les intrigues de Philippe avaient détaché l'Eubée de la Confédération maritime d'Athènes.

Les Athéniens se décidèrent alors à traiter : une ambassade envoyée à Pella, capitale du royaume macédonien, prépara en 346 la paix dite de Philocrate, du nom du principal plénipotentiaire athénien qu'accompagnait Démosthène. Aux termes du traité, chacun gardait ses possessions du moment, mais Philippe avait refusé de mentionner les Phocidiens parmi les alliés d'Athènes bénéficiaires des conventions : il régla leur sort rapidement, dans la même année 346, en occupant le pays. L'Amphictyonie frappa les Pho-

Plaque de carquois
La riche tombe de Vergina dite « de Philippe II » contenait une plaque en or recouvrant un carquois. L'usage de l'arc est scythe, mais l'œuvre est grecque, et son décor évoque le motif des horreurs de la prise de Troie. Un tel objet est au carrefour des cultures grecque et septentrionale.

cidiens d'une lourde amende annuelle en réparation des pillages commis dans le sanctuaire de Delphes. Les deux voix dont ils disposaient au conseil amphictyonique furent dévolues à Philippe ainsi que la présidence des jeux Pythiques pour l'année en cours. Le roi de Macédoine se trouvait désormais officiellement admis dans le concert des États grecs.

Beaucoup de gens s'en réjouissaient : c'était le cas, en particulier, de ceux qui, avec le vieux rhéteur Isocrate, voyaient déjà dans le souverain macédonien le chef dont la Grèce avait besoin pour apaiser ses querelles et unir ses forces dans une entreprise commune contre la Perse achéménide. Mais d'autres, au premier rang desquels se trouvait Démosthène, tenaient la paix de Philocrate pour un armistice provisoire, juste bon à préparer la lutte décisive qu'ils considéraient comme inévitable.

Philippe, de son côté, employait de son mieux le répit dont il disposait. Une nouvelle campagne contre les Illyriens, puis une intervention en Épire assurèrent ses arrières. En Thessalie, il réorganisa l'administration du pays, désormais réparti en quatre provinces, dont les chefs respectifs, ou tétrarques, lui étaient dévoués. Puis il se retourna vers la Thrace, qu'il soumit jusqu'à la mer Noire et à la Propontide : tout le pays devint une possession royale gouvernée par un stratège nommé par Philippe. Les villes grecques du littoral, comme Byzance ou Périnthe, et les positions d'Athènes en Chersonèse étaient directement menacées. Craignant pour la route du blé, vitale pour son approvisionnement, Athènes se prépara de nouveau à la guerre, comme Démosthène l'y engageait. Aussi quand, en 340, les troupes macédoniennes assiégèrent Périnthe puis Byzance, la flotte athénienne intervint-elle en force. Philippe dut lever le siège de Byzance, secourue par le stratège athénien Phocion. Cet échec persuada le roi que la décision contre Athènes devait être obtenue par une intervention en Grèce propre.

Alexandre
(IIIe s. av. J.-C.)
Après la mort d'Alexandre, les sculpteurs multiplient l'image idéalisée du conquérant disparu dans l'éclat de la jeunesse.

Les affaires de Delphes allaient bientôt lui en fournir l'occasion. Pour détourner l'attention d'une plainte présentée au conseil amphictyonique contre Athènes, le représentant athénien, Eschine, accusa les Locriens d'Amphissa d'avoir mis en culture indûment des terres consacrées à Apollon. Pour expier ce sacrilège, on décida une guerre sacrée contre les Locriens, et la conduite en fut confiée à Philippe (339). Agissant avec une grande rapidité, celui-ci fit passer ses troupes en Phocide, avec l'accord des Phocidiens, auxquels il promit une remise de l'amende dont ils avaient été frappés. Grâce à ce stratagème, il put tourner par l'ouest la position clef des Thermopyles, que les Béotiens occupaient, et déboucher à Élatée en Grèce centrale. Dans l'été 338, Philippe, à la tête de ses troupes, revint de Locride occidentale où l'armée ennemie l'attendait près de Chéronée. L'aile gauche macédonienne, commandée par le jeune fils de Philippe, Alexandre, brisa la résistance des hoplites béotiens qui lui faisaient face : le Bataillon sacré des Thébains se fit tuer jusqu'au dernier homme. Le contingent athénien subit de lourdes pertes, puis se débanda (2 août 338).

La victoire de Chéronée fut décisive. Toute résistance aux volontés de Philippe cessa. Thèbes fut durement traitée, reçut une garnison macédonienne à la Cadmée et perdit sa position prépondérante en Béotie. Athènes, elle, abandonna seulement ses positions en Chersonèse de Thrace et accepta de dissoudre la Confédération maritime ; elle gardait ses possessions extérieures et entrait enfin dans l'alliance de Philippe.

Le triomphe de Philippe marquait un tournant capital dans l'histoire de l'hellénisme. Un État monarchique et centralisé avait démontré d'une manière éclatante sa supériorité sur les coalitions éphémères que nouaient entre elles les cités autonomes. La conception classique de la *polis* était désormais dépassée. On le vit bien lorsque Philippe, en 337, réunit à Corinthe une assemblée générale des Hellènes. Toutes les cités, sauf Sparte, y déléguèrent des représentants. Ils organisèrent entre eux la ligue de Corinthe, qui, pour la première fois, donnait une forme fédérale à une sorte d'État panhellénique.

La Macédoine ne faisait pas partie de la ligue de Corinthe, mais elle concluait avec elle une alliance offensive et défensive, et Philippe était désigné comme chef de l'armée fédérale. Dès 337, il proposait à la ligue d'entreprendre une guerre contre le roi de Perse. Mais Philippe ne devait pas engager lui-même l'entreprise : durant l'été 336, au cours de fêtes données à l'occasion du mariage de sa fille avec le roi d'Épire, il fut assassiné par un certain Pausanias pour des raisons d'inimitié personnelle. Avec son fils Alexandre, que le peuple acclama aussitôt comme roi de Macédoine, commence une ère nouvelle, celle que nous appelons l'époque hellénistique.

CHAPITRE 5

Polemos

La loi d'airain du monde grec

« *Polemos,* dit Héraclite, a engendré le monde, *Polemos* règne sur le monde. » Le philosophe d'Éphèse, qui écrit au début du Vᵉ siècle, entend par là que le *cosmos* est le théâtre d'une lutte sans fin entre éléments adverses, d'où un perpétuel changement : *Polemos,* la guerre (le mot en grec est du masculin), lui apparaît donc comme la loi même de l'univers. Pour les Grecs de l'époque archaïque et classique, la guerre représente un souci permanent. Ce n'est pas sans raison que l'exposé historique qui précède relate tant d'opérations militaires : durant le siècle et demi qui va des guerres médiques à la bataille de Chéronée, Athènes s'est trouvée en état de guerre, en moyenne, plus de deux ans sur trois, sans avoir jamais joui de la paix pendant dix ans de suite : la guerre était vraiment la loi d'airain du monde grec.

GUERRIER MOURANT
(vers 480 av. J.-C.)
Le fronton du temple d'Athéna, à Égine, représente des combats épiques. La sévérité du style évite toute dramatisation et confère à l'agonie du guerrier une dignité héroïque.

Il y avait, certes, à cela des raisons d'ordre économique. Comme les terres fertiles sont peu nombreuses en Grèce, elles pouvaient susciter des convoitises de la part de voisins avides ou surpeuplés. Athènes a employé la force des armes pour installer hors de l'Attique des colonies de peuplement à caractère militaire, les clérouquies. Sparte a été conduite à conquérir la Messénie par la logique interne de son système politique et social. Plus tard, la nécessité de maintenir ouverte une route commerciale essentielle a pu conduire à la guerre : Athènes, pendant un siècle, a multiplié les entreprises militaires pour contrôler la région des Détroits, où passaient les convois de blé en provenance de la Russie méridionale. Enfin les convoitises qu'éveillaient les mines de Thrace entraînèrent plus d'un conflit dans la région de Thasos et du mont Pangée.

Mais si les Grecs ont consacré tant de temps et d'efforts à la guerre, c'est d'abord pour des raisons psychologiques qui tiennent à la conception hellénique de la cité. Celle-ci représente pour ses membres l'autorité suprême. L'indépendance absolue est sa loi : si elle entre dans une alliance, c'est, en principe, sans aliéner l'autonomie dont elle est fière. Faute d'un arbitre reconnu pour trancher les différends, tout heurt d'intérêts dégénère aisément en conflit armé. Dans la cité grecque de l'époque archaïque et classique, le citoyen est d'abord un soldat, de même que l'homme d'État doit souvent se muer en chef militaire. Tout dépend de la fortune des armes : la décadence est apparue irrémédiable quand Athènes n'a plus voulu pour guides que des financiers et des avocats.

Une aristocratie militaire

L'armée grecque a pour élément essentiel un corps de fantassins lourds, les hoplites. L'hoplite dispose d'un équipement complet d'armes offensives et défensives, que les documents figurés, sculptures ou peintures de vases, nous montrent en détail. L'hoplite est vêtu d'une tunique fort courte, qui laisse les jambes tout à fait libres. Un manteau peut compléter le vêtement. Les pieds sont nus ou chaussés de brodequins ou de sandales.

La poitrine est protégée par une cuirasse soit en métal, soit en cuir ou en tissu de lin renforcée de plaques métalliques. À l'époque archaïque, on utilise la cuirasse rigide « en cloche » formée de deux plaques de bronze, une pour la poitrine, une pour le dos, réunies par des agrafes sur les épaules et sous les bras. Plus tard, les modèles souples furent plus en faveur : ils étaient prolongés d'ordinaire par des rangées de bandes de cuir pendantes, les lambrequins, qui protégeaient le bas-ventre. L'hoplite porte un casque en métal à doublure de cuir ou de feutre, souvent muni d'un ou de plusieurs cimiers hérissés de hauts panaches. Les officiers se distinguaient par l'ampleur et la richesse de leurs panaches. La forme des casques répondait à des types variés. Le casque corinthien, à nasal et couvre-joues fixes, se portait en position haute quand on n'était pas au combat. Le casque attique, sans nasal, était muni de couvre-joues mobiles que l'on relevait à volonté. Le casque béotien, conique, n'avait ni couvre-joues ni couvre-nuque. Il y avait d'autres types encore.

Il en est de même pour des boucliers en bronze. Leur forme a varié au cours des siècles, depuis le bouclier en huit de tradition créto-mycénienne jusqu'au bouclier rond de l'époque classique, en passant par le bouclier « géométrique », aux deux larges échancrures latérales, et par le bouclier béotien, dérivé du précédent, mais avec des échancrures plus réduites. Le bouclier rond, au Ve et au IVe siècle, a un diamètre d'environ 2 coudées (0,90 m). Il est assez fortement bombé vers l'extérieur. Sa carcasse de bois est recouverte, sur sa face externe, de cuir ou de peaux, ou même d'un revêtement complet en bronze. Au centre, un motif métallique fait parfois saillie : c'est fréquemment une tête de Gorgone, dont l'aspect horrible doit sinon effrayer l'adversaire, du moins écarter le mauvais sort. Divers emblèmes, gravés ou peints selon qu'ils sont figurés sur le métal ou sur le cuir, peuvent orner cette face externe du bouclier. La face interne, concave, pouvait recevoir un décor, tissé ou peint sur la toile qui recouvrait le rembourrage de tissu ou de matière végétale dont était garni l'intérieur du bouclier. C'est de ce côté que se trouvaient aussi les deux attaches permettant de tenir et de manipuler le bouclier : on passait le bras gauche dans la première attache avant de saisir la seconde de la main gauche. La première attache, qui forme brassard, a parfois reçu une décoration en relief de bronze travaillé au repoussé. La paroi interne du bouclier était munie en outre de bretelles de cordes ou de cuir fixées près du bord supérieur : elles servaient au transport de l'arme quand on ne la tenait pas en position de combat. En raison de son

EMBLÈME DE BOUCLIER
(Olympie, VIe s. av. J.-C.)
Le mouvement circulaire des ailes qui entourent la face gorgonéenne auréolée de serpents cherche à produire un effet de vitesse tourbillonnante destiné à fasciner l'adversaire.

poids élevé, le bouclier était confié pendant les marches à un esclave. Le fourniment militaire porté par ce valet d'armes comprenait, outre le bouclier, enfermé dans un étui de grosse toile, les couvertures pour le bivouac et un chevalet auquel on accrochait le bouclier avant l'action.

À l'époque archaïque, l'équipement défensif du guerrier lourd comportait aussi des jambières ou cnémides protégeant le devant de la jambe, mais cet accessoire tomba en désuétude à partir du ve siècle.

Les armes offensives de l'hoplite sont essentiellement la lance et l'épée. La longue et forte lance, à l'époque classique, a une longueur d'environ 5 coudées (2,25 m). Outre la pointe, elle est souvent munie d'un talon métallique pointu qui permet de la ficher en terre. La hampe en bois reçoit parfois une garniture de cuir qui la rend plus épaisse à l'endroit où la main l'empoigne. Comme le bouclier, on la conservait dans un étui protecteur. La lance dorienne fut considérée par les poètes comme l'arme grecque par excellence. Athéna, déesse guerrière, préfère la lance à l'épée.

L'épée, arme du corps-à-corps, sert de recours suprême au combattant privé de sa lance. À l'époque classique, elle a une lame en fer, de longueur réduite (0,45 m), à double tranchant. La poignée est munie d'une garde étroite et d'un pommeau. Le fourreau est suspendu à un baudrier court qui passe sur l'épaule droite : le pommeau de l'épée arrive presque à la hauteur de l'aisselle gauche pour mettre l'arme au clair, il fallait faire basculer l'épée en avant et caler le fourreau sous le bras gauche. On pouvait ainsi tirer l'épée sans lâcher le bouclier.

L'armée des pauvres

À côté du corps de bataille formé par les hoplites, les armées grecques disposaient de troupes légères et de cavalerie. Tandis que les fantassins lourds appartiennent à la classe aisée, les archers, frondeurs, lanceurs de javelot se recrutent dans les rangs des citoyens pauvres. Ils n'ont pas besoin d'armes défensives, car leur rôle est de harceler de loin l'ennemi. Leurs armes de jet sont peu coûteuses : ce sont les mêmes que pour la chasse. L'arc à double courbure est la plus perfectionnée. L'efficacité du tir était grande dès lors qu'on opérait par concentration des traits sur une troupe en ordre serré. Même dans la guerre navale, la menace des flèches était assez redoutable pour qu'on munît les navires de guerre de panneaux protecteurs en forte toile qu'on dressait le long des plats-bords.

Sensiblement plus court que la lance, le javelot a une longueur de 3 à 4 coudées (1,35 à 1,80 m). Il peut, comme la lance, être muni d'une pointe à chaque extrémité. Sa portée était accrue quand on le lançait en utilisant une courroie fixée en son milieu, qui jouait le rôle d'un propulseur.

LES AMAZONES

Les Grecs ont cru aux Amazones. Cette peuplade mythique de femmes barbares et guerrières fournissait à leur imaginaire misogyne un contrepoint parfait tant à leur propre image qu'à leur idéal féminin. Mais il est bien des façons d'inverser la norme, et ce contre-modèle varie selon les témoignages. Tantôt elles habitent une cité à l'envers, occupant les magistratures et faisant la guerre, tandis que les hommes filent la laine et s'occupent des enfants, les bébés mâles étant estropiés à la naissance. Le plus souvent, ce sont des sauvages, « mangeuses de chair », ignorant les céréales, la navigation et le char. Elles combattent à cheval sous la conduite d'une reine, vivent entre elles, s'unissent une fois l'an avec leurs voisins et ne gardent de leur progéniture que les filles. Parfois, ces ennemies des hommes deviennent des femmes à hommes, avides de sexe. Mais les rencontres tournent toujours au désavantage des mâles, qu'elles soumettent à leur loi ou tuent. Les Amazones ont envahi l'Attique et campé sur l'Acropole. Il faut dire que Thésée en avait enlevé une : Antiopé. À la tête des Athéniens, il réussit à les repousser. Tuer une Amazone, reine de préférence, fait partie des exploits héroïques ou civilisateurs : pour Héraclès, c'est Hippolyte ; pour Achille, Penthésilée, venue secourir Troie.

La fronde représente l'arme de jet la plus simple : deux liens ou cordelettes, d'une longueur approximative de 2 pieds (environ 0,60 m), sont attachés à une sorte de poche de cuir. L'autre extrémité est tenue en main par le frondeur, qui place le projectile dans la poche de cuir et fait tourner rapidement l'ensemble. Quand il lâche une des cordelettes, le projectile, mû par la force centrifuge, part à grande vitesse. Un frondeur habile arrivait à une grande précision, et son tir avait une portée de l'ordre de 180 mètres. On lançait avec la fronde des pierres, mais aussi des balles en argile ou en métal, surtout en plomb. Ces balles, de forme ellipsoïdale, permettaient un tir plus long et plus précis. On en a retrouvé un grand nombre, particulièrement à Olynthe, où elles proviennent du siège de la ville par Philippe en 348. Plusieurs de ces balles portent des inscriptions : ce sont des noms de peuples (ou ethniques), en entier ou en abrégé, ou des noms d'hommes.

À côté de ces armes légères, les Grecs anciens n'ont jamais cessé, au cours de leur longue histoire, de se battre aussi avec les armes naturelles les plus simples : pierres et bâtons. Dans l'épopée, on voit à maintes reprises les héros brandir un quartier de roc pour en écraser l'adversaire.

Si l'infanterie légère a joué un rôle restreint dans les grands conflits de l'époque archaïque et du Ve siècle, elle devait prendre plus d'importance au siècle suivant. Au début du IVe siècle, le stratège athénien Iphicrate organisa des corps de mercenaires légèrement armés, les peltastes, ainsi nommés parce qu'ils employaient, au lieu du lourd bouclier rond, un bouclier d'osier très léger en forme de croissant, la pelté, analogue à celui que la tradition légendaire attribuait aux Amazones. Le peltaste n'avait pas de cuirasse métallique. Ses armes offensives étaient une longue javeline et une épée courte pour le corps-à-corps. Ces troupes firent merveille à plusieurs reprises, même devant les hoplites lacédémoniens.

GOBELET ATTIQUE
(vers 500 av. J.-C.)
Ces jeunes guerriers en embuscade sont équipés d'un bouclier échancré, la pelté, ce qui leur vaut le nom de peltastes.

De la charrerie à la cavalerie

La cavalerie, nous l'avons vu, est d'abord intervenue dans l'art militaire des Grecs sous la forme de la charrerie. Déjà à l'époque mycénienne, le char à deux chevaux, ou bige, est d'usage courant. C'est aussi l'engin de guerre habituel des héros homériques. Le guerrier

RELIEF ATTIQUE
(490-500 av. J.-C.)
L'usage du char impose une étroite complémentarité entre le cocher tenant les rênes et le combattant transporté. Le cavalier, lui, est autonome.

de noble origine se rend en char sur les lieux du combat, puis il se bat à pied comme un hoplite. Pour conduire l'attelage, il dispose d'un cocher qui garde le contrôle du char pendant que son maître est engagé dans la lutte. Lors des déplacements, le guerrier, qui seul est muni d'un bouclier, se tient à la gauche du cocher. Le char homérique a deux roues ; une caisse légère repose directement sur l'essieu. Les deux chevaux encadrent le timon, auquel ils sont reliés par le joug reposant sur leur encolure. Il arrive qu'un troisième cheval, destiné à servir de renfort, accompagne l'attelage. Mais, dès le VIIe siècle, la mode des chars à quatre chevaux, ou quadriges, commençait à se répandre, en même temps que l'emploi du char comme engin de guerre disparaissait peu à peu, en raison des progrès de l'infanterie lourde. Le quadrige resta désormais un véhicule de parade et un engin de compétition sportive qui joue dans les grands jeux panhelléniques un rôle de premier plan. Tandis que disparaissait le char de guerre, la cavalerie proprement dite prenait sa place. Le rôle de la cavalerie dans la guerre, aux époques archaïque et classique, fut pourtant rarement décisif. D'abord, la Grèce propre n'était guère favorable à l'élevage des chevaux, faute de pâturages adéquats, sauf dans des régions privilégiées comme la Thessalie. C'est pourquoi la cavalerie thessalienne jouit d'un si grand renom : c'était la seule région de Grèce où, dans les forces armées, le rapport de la cavalerie à l'infanterie fût seulement du simple au double.

Le cavalier grec monta longtemps à cru, puis sur une simple couverture ou sur une peau de bête. Il ignorait l'usage des étriers. Il dirigeait sa monture au moyen d'un frein de métal relié à des rênes, mais ne connaissait pas le frein de langue. Aussi, pour rendre plus sensible l'action du bridon, le frein était-il très brutal, avec des arêtes vives ou un corps hérissé de pointes. La bouche du cheval en était durement châtiée. Le harnais de tête comportait les mêmes éléments principaux que de nos jours, avec muserolle, frontal, têtière et montants, agrémentés, à partir de la fin du Ve siècle, de phalères, petits disques métalliques décorés de reliefs ou d'incrustations.

Tout en se montrant très habiles à conduire leurs montures, les cavaliers grecs ne pouvaient obtenir la même efficacité de choc que les chevaliers du Moyen Âge qui, solidement ancrés sur leur selle et sur leurs étriers, appuyaient leur coup de lance de toute l'énergie accumulée par leur cheval au galop. Les Grecs, eux, ne pouvaient frapper qu'avec la force de leur bras, sous peine d'être aisément désarçonnés. Aussi préféraient-ils à la longue lance deux javelines plus courtes et plus légères qui pouvaient servir aussi bien d'armes de jet que d'épieu. Rarement ils ont employé l'arc, laissant cette arme aux cavaliers barbares, Scythes ou Perses. Une épée complétait leur armement offensif. Leur vêtement habituel est la chlamyde, manteau court fixé par une fibule sur l'épaule droite. En dessous, le cavalier porte une tunique. Sur la tête, il a soit le chapeau à large bord ou pétase, soit un bonnet en peau, soit un casque. Aux pieds, des sandales ou des bottes souples à revers.

CHEVAL VOTIF *(Athènes, Acropole, 490 av. J.-C.) Reste d'une offrande complexe, ce cheval marque l'importance de la cavalerie et de la classe des* hippeis *athéniens.*

Pas plus que pour l'hoplite, la cité ne fournit son équipement au cavalier, qui doit en outre se procurer son cheval. D'où le caractère aristocratique de la cavalerie grecque, comme auparavant celle des guerriers montés sur des chars. L'élevage des chevaux, ou hippotrophie, est le privilège des familles nobles, qui sont en même temps des familles riches. À Athènes, on recrute les cavaliers dans les deux classes censitaires qui ont les plus hauts revenus; la seconde s'appelle précisément la classe des cavaliers *(hippeis)*.

Recrutement et hiérarchie

L'organisation de ces forces armées varie selon les États et les époques. À l'époque classique, nous la connaissons approximativement pour Sparte et pour Athènes. Le mot *lochos* désigne dans l'infanterie spartiate un corps nombreux, tandis que le même mot est employé à Athènes pour une unité plus petite. Les responsabilités de l'officier commandant un *lochos*, le *lochague*, sont donc différentes dans les deux armées. Toutefois, les principes d'organisation sont les mêmes partout : le soldat est encadré dans des unités d'importance croissante, dont les effectifs sont un multiple de 10. Le nom des officiers qui les commandent dérive d'ordinaire du terme désignant l'unité : ainsi l'énomotarque, à Sparte, commande une section ou énomotie; le lochague est à la tête d'un *lochos*; le triacatiarque, à Cyrène, est le commandant d'une compagnie de trois cents hommes; le taxiarque, à Athènes, est le chef d'un bataillon, ou *taxis*.

Les grandes unités sont confiées aux généraux, dont le titre varie : à Athènes, ce sont les stratèges, assistés de deux hipparques qui commandent la cavalerie; à Sparte, un des deux rois assume la direction des opérations, avec l'aide des chefs de corps ou polémarques. Le terme de stratège est le plus répandu pour désigner un officier général.

COUPE ATTIQUE
(vers 540 av. J.-C.)
Le chasseur porte sur l'épaule un bâton où il a suspendu le gibier abattu : un lièvre et un renard.

Le recrutement des troupes est étroitement lié à l'organisation sociale et politique de la cité. À Athènes, cette correspondance est rigoureusement assurée puisque chacune des dix tribus dont se compose le corps civique fournit à l'armée une *taxis*, ou bataillon, d'hoplites, commandée par un taxiarque élu appartenant à la même tribu. C'est ce taxiarque qui choisit les lochagues. C'est lui aussi qui désigne parmi les membres de sa tribu les soldats qui doivent servir lors des expéditions militaires. Même opération pour la cavalerie : chaque tribu fournit une *phylé*, ou escadron, de cent cavaliers commandée par un phylarque élu, dont les prérogatives sont analogues à celles du taxiarque. Le recrutement des cavaliers et des hoplites est fondé sur le principe censitaire : les citoyens qui n'ont pas de ressources suffisantes servent dans les troupes légères, et surtout dans la flotte.

Le citoyen reçoit une formation spéciale qui le prépare à porter les armes. Cette formation est particulièrement développée à Sparte, mais même la démocratie athénienne

CHASSE ET ÉDUCATION SENTIMENTALE

Le temps de l'éphébie, de dix-huit à vingt ans, marque le passage de l'enfance à l'âge adulte. Cette période de formation militaire se fait souvent hors les murs, dans un espace propice à la chasse, considérée comme le meilleur entraînement à la guerre. Le jeune chasseur s'y exerce à la bravoure, mais apprend aussi à se garder de l'excès et à ne pas transgresser les limites qui séparent les hommes tant des dieux que des bêtes. De nombreux récits montrent les dangers d'une activité qui se retourne contre ses acteurs lorsqu'ils ne savent pas en respecter les règles.

La chasse de Méléagre est exemplaire en ce sens. Un énorme sanglier dévaste la région de Calydon, et les plus nobles des jeunes gens se groupent pour en venir à bout. Atalante, vierge chasseresse, se joint à eux. Méléagre, amoureux, lui remet la dépouille du sanglier. Une dispute éclate, Méléagre tue ses oncles et il est lui même tué. Cet échec est significatif : la présence incongrue d'une femme, Atalante, a causé cette catastrophe. Car le temps de la chasse est aussi celui de l'affirmation des rôles sexuels, et l'accès à l'âge adulte débouche sur le mariage. Aussi les malheurs du chasseur ont-ils souvent une cause d'ordre érotique, révélant une incapacité à adopter un comportement sexuel jugé normal.

C'est ce que démontrent l'histoire d'Adonis, amant trop précoce d'Aphrodite, tué par un sanglier, celles d'Actéon et d'Orion, châtiés pour avoir offensé Artémis, et surtout l'aventure de Narcisse, dont la beauté provoque les passions. Or il est incapable d'y répondre. Ce refus de réciprocité est une faute grave envers Éros, qui punit Narcisse en lui inspirant un amour insensé. Un jour de chasse, il arrive, assoiffé, à une source et y aperçoit son reflet, dont il s'éprend, croyant avoir affaire à un autre. Il se noie en essayant de le rejoindre.

prend un soin particulier des futurs soldats. Elle a conçu à cette fin l'institution de l'éphébie. Telle qu'Aristote nous la décrit, l'éphébie se présente sous la forme d'un service militaire obligatoire pour tous les jeunes Athéniens de dix-huit à vingt ans, qui appartenaient aux classes censitaires fournissant cavaliers et hoplites. Ces jeunes gens, groupés par tribus sous le commandement de chefs élus par le peuple, sont soumis à une préparation militaire sous la direction d'instructeurs spécialisés. Ils prennent leurs repas en commun aux frais de l'État. Au cours de la seconde année de leur service, ils sont envoyés hors d'Athènes dans les forteresses de la frontière et ils font des manœuvres en rase campagne. À l'expiration de cette seconde année, ils reprennent leur liberté et sont désormais considérés comme des citoyens de plein exercice. Après quoi, de l'âge de vingt ans à celui de soixante, ils restent mobilisables.

Ainsi l'Athénien est-il soumis à des obligations militaires pendant quarante-deux ans. Les ressources en hommes de la grande cité lui permettaient de réunir, nous dit Thucydide, au début de la guerre du Péloponnèse, 13 000 hoplites de première ligne et 1 200 cavaliers, sans compter les troupes légères, les auxiliaires et les vétérans chargés de la défense des places. Sparte ne put jamais mettre en ligne des forces aussi considérables : à Platées, en 479, son infanterie lourde comptait bien 10 000 hommes, dont la moitié de Spartiates proprement dits ; mais, par la suite, elle n'atteignit plus de pareils effectifs et dut compter sur la valeur exceptionnelle de ses soldats pour compenser cette faiblesse numérique.

Une guerre aux règles définies

La tactique employée par les armées grecques vise à provoquer un choc de front entre les adversaires en rase campagne. Les armées ennemies se rangent en bataille dans un ordre bien déterminé : le corps de bataille au centre, les troupes légères et la cavalerie, quand il y en a, sur les flancs. Dans le corps de bataille, les hoplites sont alignés en ordre serré sur une profondeur de huit à douze rangs, les meilleures troupes à l'aile droite de la formation de combat. Cet usage s'explique sans doute par le fait que, le bouclier étant porté au bras gauche, le flanc droit est le plus vulnérable : il convenait donc de confier

CRATÈRE CHALCIDIEN *(550 av. J.-C.) Les peintres ont plus souvent représenté des duels que des batailles rangées. Ce choix n'est pas simplement esthétique; il correspond à l'idéologie héroïsante, conforme au modèle homérique.*

aux combattants d'élite le poste le plus exposé. Les officiers sont au premier rang, et le général lui-même prend souvent part à la bataille : on ne compte pas les chefs illustres qui sont morts au combat.

Avant d'engager les opérations, il est de règle de célébrer certains rites religieux. Dans la guerre comme en toutes choses, les Hellènes savent que les dieux et le destin décident du résultat : tout chef militaire est accompagné de devins et d'exégètes qui consultent les dieux et interprètent les signes qu'ils envoient.

Sitôt les présages favorables obtenus, l'action s'engageait. Après que les troupes légères, archers ou frondeurs, avaient harcelé la ligne ennemie en l'arrosant de projectiles, les hoplites entonnaient un vieux chant de guerre en l'honneur d'Apollon, le péan, puis s'ébranlaient pour l'assaut final. Le choc aboutissait à une série de corps-à-corps, à la lance et à l'épée, jusqu'à ce qu'un des deux adversaires lâchât pied et se débandât. Dans la mêlée, les qualités morales autant que les tactiques assuraient la victoire aux meilleurs : pour maintenir la cohésion d'une ligne d'attaque ou de défense, il fallait les sûrs réflexes que l'habitude de la manœuvre en commun fait acquérir à une unité bien entraînée, mais aussi un courage intrépide fondé sur l'esprit de sacrifice. Ces hautes vertus guerrières firent longtemps le renom des soldats de Lacédémone.

Pour mettre fin à la supériorité reconnue aux hoplites lacédémoniens, il fallut une révolution tactique, due au génie militaire du Thébain d'Épaminondas. Au lieu de mettre, conformément à la tradition, sa propre phalange à l'aile droite, il substitua à la formation en ligne une formation en coin, refusant sa droite et portant sa gauche en avant. À la pointe du dispositif il plaça ses hoplites sur cinquante rangs de profondeur. Cette masse compacte, « semblable à la proue d'une trière », ayant ainsi brisé d'abord la force principale de l'ennemi, il eut aisément raison du reste de l'armée adverse, qui avait disposé pourtant d'une nette supériorité numérique. L'invention de la phalange oblique, à laquelle Épaminondas joignit l'emploi de la cavalerie comme arme de choc, bouleversa des habitudes établies depuis le VIIe siècle et montra les ressources qu'un chef avisé pouvait trouver dans la manœuvre.

Quand l'un des adversaires avait pris la fuite, la cavalerie du vainqueur lui donnait la chasse, mais la poursuite était rarement poussée à fond. L'armée victorieuse, satisfaite d'avoir fait reconnaître à l'ennemi sa supériorité, dressait un trophée, mannequin couvert d'armes, qui était le symbole concret de son triomphe, et chantait le péan de victoire. On enterrait les morts et on rendait les siens à l'ennemi, qui, en sollicitant une trêve à cet effet, reconnaissait par là même sa défaite. Restait à tirer profit du succès en imposant au vaincu des conditions de paix avantageuses et à remercier les dieux en leur consacrant la dîme du butin sous la forme d'offrandes.

Ainsi conçue, la guerre pouvait apparaître comme une sorte de jeu sanglant ayant ses lois bien définies et permettant aux cités rivales d'apporter à leurs différends une solution incontestée. Il s'en faut toutefois de beaucoup que les conflits armés aient pris toujours ce caractère. En fait, les rencontres décisives ont été l'exception dans l'histoire des Hellènes et les guerres ont souvent traîné en longueur. La cause en fut surtout la remarquable incapacité des armées grecques à prendre d'assaut les villes fortes. C'est qu'une muraille vaillamment défendue était pratiquement imprenable, faute d'engins de siège appropriés.

LES ARMES DU HÉROS
(490 av. J.-C.)
Sur cette hydrie attique est rassemblée la panoplie du guerrier : cuirasse, épée, bouclier et casque à double cimier, comme en un mémorial ou un trophée.

Assiégeants et assiégés

C'est Denys l'Ancien de Syracuse qui, au début du IVe siècle, fit construire les premières machines de jet et développa les engins de siège, peut-être à l'imitation des Carthaginois. Il fallut attendre la révolution militaire du IVe siècle et Philippe de Macédoine pour que l'art des sièges, ou poliorcétique, se développât en Grèce propre.

Jusqu'alors, l'art de la défense avait progressé plus vite que celui de l'attaque, comme en témoigne la rédaction, vers 360, du *Traité sur la défense des places* par un officier arcadien, Énée le Tacticien. Les préceptes, les conseils, les stratagèmes qui forment la matière de cet ouvrage font comprendre pourquoi les armées grecques, avant le milieu du IVe siècle, échouèrent si souvent devant les villes fortes. Celles-ci s'étaient multipliées en Grèce propre depuis les guerres médiques.

Outre les villes fortifiées, les Grecs construisaient des forteresses afin de contrôler les points de passage obligés et de garantir les frontières. Ainsi l'Attique était protégée contre les invasions de ses voisins par un certain nombre de places fortes : Éleuthères, Phylé, Rhamnonte, dont les vestiges sont encore debout. La date de ces installations, qu'on ren-

LA FORTERESSE DE PHYLÉ
Occupant un plateau abrupt et commandant la route la plus courte d'Athènes à Thèbes, la forteresse de Phylé faisait partie de la série de défenses échelonnées sur les défilés de la bordure montagneuse de l'Attique.

contre aussi bien dans la montagne que dans les îles, est souvent difficile à déterminer, mais certaines d'entre elles, à en juger d'après l'appareil de leurs murs, remontent au moins au IVe siècle.

Tout ce dispositif de défense rendait difficile la tâche des envahisseurs, tant que l'art des sièges n'avait pas connu de nouveaux développements. Une campagne terrestre normale, au Ve siècle et dans la première moitié du IVe siècle, se déroule comme suit : après la déclaration de guerre, faite par l'entremise d'un héraut, le parti assaillant concentre ses troupes, y joint les contingents alliés et pénètre sur le territoire ennemi. La saison propice est le printemps ou l'été. On évite les campagnes d'hiver, où l'armée est exposée aux intempéries. Sitôt en territoire ennemi, l'armée ravage et pille systématiquement : elle brûle les fermes, s'empare du bétail, détruit les récoltes sur pied, coupe les arbres fruitiers et les vignes, va jusqu'à déterrer les gousses d'ail avec des bâtons pour être sûre d'avoir tout saccagé. Devant l'invasion, les paysans trouvent leur salut dans la fuite : les villes fortes sont là pour les accueillir, et le développement donné aux enceintes, embrassant souvent, en plus des quartiers urbains, de vastes zones non bâties, est fait précisément pour qu'elles jouent ce rôle de refuge. Si l'armée de l'envahisseur n'a pas trouvé devant elle les troupes de l'adversaire pour une rencontre décisive, elle arrive jusqu'aux murailles de la cité. La surprise, la trahison ou la peur peuvent parfois lui en ouvrir les portes. Dans le cas contraire, le seul espoir est de forcer la ville par le blocus, qui est difficile à maintenir efficacement pendant une longue durée : Athènes mit plus de deux ans (431-429) à réduire Potidée, en Chalcidique. D'ordinaire, après une démonstration sous les murs de la ville, l'assaillant, peu soucieux de s'exposer aux inconvénients d'un siège à conduire en plein hiver dans une région déjà dévastée et privée de ses ressources, rentrait chez lui et libérait ses troupes jusqu'au printemps suivant. Tel fut le schéma des opérations pendant de longues années durant la guerre du Péloponnèse, du moins tant que les Lacédémoniens n'eurent pas conquis, avec la position de Décélie, un point d'appui leur permettant de s'installer à demeure, même l'hiver.

À cette stratégie sommaire les États qui ne disposent pas d'effectifs suffisants pour une bataille rangée, ou qui refusent d'en courir le risque, répondent par un harcèlement qui peut prendre la forme d'embuscades. Plus efficace encore est la riposte maritime. Pendant la guerre du Péloponnèse, Athènes ne se fit pas faute de ravager à la belle saison les côtes du Péloponnèse. Elle nuisit de son mieux au commerce maritime de Sparte et de ses alliés. Ce grand conflit fut dans une large mesure la lutte d'une puissance terrestre contre une puissance navale, et Sparte ne l'emporta, en définitive, que lorsqu'elle eut réussi à briser la flotte athénienne. Le rôle capital joué par la marine de guerre est un des traits originaux de l'histoire grecque.

Le combat naval

Dès l'époque mycénienne, les Grecs utilisèrent leurs vaisseaux pour la guerre et la piraterie, deux activités connexes qui devaient aller de pair à leurs yeux jusqu'à l'époque hellénistique. Nous connaissons mal les vaisseaux mycéniens. Mais il n'est pas douteux que les barques en usage à cette époque permettaient déjà des traversées importantes : l'invasion de l'Égypte par les Peuples de la Mer, parmi lesquels il y avait des Achéens, le montre assez dès la fin du XIIIe siècle.

Aux temps homériques, nous sommes beaucoup mieux renseignés sur ces grandes galères non pontées, munies d'un éperon, avec gaillard d'avant et gaillard d'arrière, l'un et l'autre surélevés et bordés de rambardes. Les rameurs sont disposés sur un seul rang, appuyant leurs rames sur des tolets en forme de crocs plantés verticalement sur le plat-bord. Entre les deux files de rameurs, un passage surélevé ou coursie permet d'aller de la proue à la poupe. C'est là que se tiennent les soldats embarqués. Le navire est dirigé au moyen de deux longues rames disposées de part et d'autre de la poupe. Le pilote va de l'une à l'autre grâce au « banc de pied » qui lui est réservé et qui tient toute la largeur du navire – environ 2 mètres à cet endroit proche de la poupe.

UN NAVIRE DE GUERRE
(terre cuite grecque, IVe s. av. J.-C.)
L'étrave munie d'un éperon et les boucliers serrés le long du bastingage donnent une bonne idée de la réalité des équipements navals grecs.

Tel est le vaisseau long en usage dans la marine grecque du haut archaïsme. Il marche à la fois à la rame et à la voile. Le mât unique, amovible, se dresse au milieu du navire, fiché dans un trou de la coursie et maintenu dans un bloc de bois ou emplanture qui adhère à la quille. Une vergue horizontale, qu'on hisse avec des drisses de cuir, porte la voile carrée, unique, que l'on oriente au moyen d'écoutes et de bras de vergue. Les seules allures qu'autorise ce gréement sont vent arrière ou grand largue. C'est déjà presque le type de navire à cinquante rameurs, ou pentécontore, qui sera habituel aux VIIe et VIe siècles.

La tactique navale fut perfectionnée par les grands États maritimes et principalement par Corinthe. Cette importante cité, établie sur l'Isthme et regardant vers les deux mers, développa sa marine de guerre pour protéger son commerce et ses relations avec ses colonies : à cet effet, elle se constitua une flotte de navires d'un type nouveau, non pontés, plus bas sur l'eau, plus rapides et plus maniables, et mus par cinquante rameurs dont les rames passent dans des ouvertures pratiquées dans le plat-bord. Avec les barques à trente rameurs ou triécontores, elles furent l'ossature des escadres grecques archaïques et permirent l'expansion coloniale dans les mers lointaines.

RELIEF VOTIF ATTIQUE
(fin Ve s. av. J.-C.)
Offert en hommage à Athéna sur l'Acropole, ce relief, dans sa géométrie complexe, permet de mieux comprendre la disposition des rameurs sur les trières athéniennes.

Les dimensions de la pentécontore (de 30 à 35 mètres de long) représentent à peu près un maximum pour un navire normal en bois : dès qu'on dépasse cette longueur, on risque une rupture de la quille lors des efforts imposés au bateau par la navigation en haute mer. Pour gagner encore de la vitesse, il fallait augmenter le nombre des rameurs. Comment y parvenir sans allonger davantage le navire ? La solution était de superposer les rameurs : d'où les types de vaisseaux à deux et à trois rangs de rames, dières et trières, qui devaient connaître, ces dernières surtout, une faveur exceptionnelle à l'époque classique. Ce navire fin manœuvrier fut l'élément essentiel de la flotte athénienne au moment de sa plus grande puissance et mérite à ce titre une attention particulière.

La trière athénienne

La coque, longue de 35 à 38 mètres, est étroite : de 4 à 5 mètres au maître-couple, à hauteur de la ligne de flottaison. Le tirant d'eau n'atteint pas 1 mètre, le déplacement est de l'ordre de 80 tonneaux de jauge internationale. La coque, renforcée de préceintes, est munie d'un éperon. Les trois rangs de rameurs portaient de haut en bas les noms de thranites, zeugites et thalamites. Leurs rames passaient par des ouvertures percées dans le plat-bord. Les thranites étaient assis 2 pieds (environ 0,60 m) plus haut, et leur siège *(thranos)* était fixé juste contre la partie supérieure du plat-bord, à mi-chemin entre les bancs

des zeugites. Les thranites étaient donc décalés par rapport à ces derniers à la fois en hauteur, en longueur et en largeur. Pour compenser cette position extérieure, on avait muni la trière d'une galerie, large d'environ 2 pieds, qui faisait saillie au-dehors à la hauteur du plat-bord et reposait sur des supports rejoignant obliquement les préceintes. Le rebord de cette galerie, surmonté d'un garde-fou à claire-voie, portait aussi les tolets destinés aux rames des thranites. Quant aux thalamites, ils étaient assis dans la cale *(thalamos)*, exactement dans le plan des thranites, mais plus près de l'axe du bateau que les zeugites d'une largeur d'épaules et plus bas qu'eux d'environ 3 pieds (0,90 m). Leurs rames passaient, comme celles des zeugites, par des sabords percés dans le flanc du navire et situés à l'aplomb des tolets des thranites correspondants. Chacun obtenait ainsi la place nécessaire pour manœuvrer sa rame, sans être gêné par un voisin trop rapproché, avantage particulièrement appréciable dans la manœuvre, essentielle pour la sauvegarde du navire, qui consistait à rentrer rapidement les rames au commandement, quand un vaisseau ennemi s'approchait avec l'intention de les briser, et à les ressortir en hâte, sitôt le danger passé. Les sabords des thalamites n'étaient guère qu'à 0,50 mètre de la surface de l'eau, et ceux des zeugites à 0,90 mètre : pour éviter d'embarquer des paquets de mer, il fallait donc les obstruer au moyen d'une gaine de cuir qui, d'une part, était fixée à la coque et, d'autre part, enserrait étroitement la rame, tout en lui laissant la liberté de se mouvoir. Les thranites, eux, étaient à l'air libre, à 1,40 mètre ou 1,50 mètre au-dessus de l'eau. Au Ve siècle, on établit d'ordinaire au-dessus d'eux un pont supérieur destiné à la fois à les protéger des traits ennemis et à recevoir les soldats embarqués. On disposait sur les flancs du navire, avant chaque engagement, des pare-flèches en forte toile.

La trière athénienne a une chiourme de 170 rameurs : 62 thranites, 54 zeugites et 54 thalamites. L'état-major comprend le capitaine ou triérarque, l'officier-pilote, un second officier dit officier de proue, qui veille à l'avant du navire, le chef de chiourme, qui règle la nage avec l'aide d'un joueur de flûte, et probablement plusieurs quartiers-maîtres. Quelques hoplites ou archers embarqués, les épibates, complètent l'équipage, dont l'effectif normal est de deux cents personnes.

Avec un équipage bien entraîné, la trière pouvait filer 5 ou 6 nœuds (de 9 à 11 km à l'heure). La parfaite cohésion de la chiourme dans les manœuvres délicates ne s'obtenait qu'au prix d'un constant exercice. C'est la classe des thètes, celle des citoyens sans fortune, qui fournissait les rameurs. À l'occasion, on enrôlait aussi des métèques ou même des esclaves. Ces marins recevaient une solde quotidienne de 2 oboles à 1 drachme (6 oboles). Dans la dernière partie de la guerre du Péloponnèse, les amiraux lacédémoniens, qui disposaient des subsides perses, pratiquèrent une surenchère en matière de solde qui entraîna la désertion de nombreux rameurs au service d'Athènes.

L'Attique est pauvre en bois...

Le commandant de la trière, ou triérarque, est un riche citoyen qui a été désigné par les stratèges pour cet honneur. La triérarchie dure un an : elle consiste à assumer le commandement du navire, à le mettre en état de prendre la mer et à l'entretenir. La dépense est si considérable qu'on dut, à partir de 411, autoriser deux citoyens à s'associer pour y faire face et, ultérieurement, en 357-356, organiser le système des symmories, qui répartissait la charge entre un assez grand nombre de contribuables. Mais alors le principe fondamental de l'engagement physique et individuel au service de la cité était abandonné : le citoyen ne payait plus de sa personne, mais seulement de ses deniers, et son attitude à l'égard de la guerre en était profondément transformée. Les triérarques ne possédaient pas toujours les qualités et l'expérience d'un officier de marine : d'où l'importance de l'officier-pilote, qui lui était un homme du métier.

Entre les périodes d'opération, la coque de la trière était abritée dans des hangars spécialement aménagés à cet effet : des cales couvertes en plan incliné, débouchant directement sur le bassin du port. La trière y était halée sur des rouleaux, poupe en avant, après avoir été débarrassée de son gréement. Elle y restait au sec, ce qui permettait de nettoyer la coque des algues et des coquillages et de la calfater.

Le mât, les rames et le gouvernail (formé de deux longues rames de poupe) de la trière désarmée étaient mis à l'abri dans le hangar où reposait la coque. Les agrès, voiles et cordages – catégorie désignée dans les documents officiels comme « agrès à suspendre » – étaient rassemblés dans un bâtiment spécial, l'arsenal, ou skeuothèque.

Ulysse et les Sirènes
La résistance d'Ulysse attaché au mât désespère les Sirènes (femmes oiseaux), dont l'une se suicide. Bien que le thème qui décore ce vase (stamnos) *attique (vers 490 av. J.-C.) soit mythologique, l'image respecte le détail concret du navire et la disposition des rameurs.*

ATHÉNA ET POSÉIDON

Poséidon, dieu de la mer et oncle d'Athéna, est en compétition avec sa nièce pour le patronage d'Athènes, mais Athéna l'emporte en plantant sur l'Acropole le premier olivier, alors que Poséidon fait jaillir une source d'eau salée. D'autres parlent du premier cheval. C'est que cet animal fougueux appartient à Poséidon. Ce dieu est le père de Pégase – dont le nom signifie source –, le cheval ailé qui naquit du cou tranché de Méduse, et aussi du cheval Arion, qu'il eut d'une étrange Déméter arcadienne. Athéna, de son côté, invente le mors pour aider Bellérophon à dompter Pégase. Les deux divinités ont des sanctuaires communs et sont invoquées sous l'épithète de Hippiques, en particulier à Corinthe, dirigée par une aristocratie de « chevaliers ». Lorsqu'il s'agit du char, et non plus du cheval monté, on les retrouve encore. À Poséidon appartient l'attelage ; à Athéna, la maîtrise de la conduite, une technique qui peut faire appel à la ruse : Athéna enseigne au cocher la queue-de-poisson pour triompher d'un adversaire plus rapide ! Mais il faut les ménager tous deux, car Poséidon, embusqué au virage de la piste, sous le nom d'Effrayeur de chevaux, peut emballer l'attelage. À Olympie, les concurrents l'invoquent au départ de la course. Une complémentarité analogue s'exerce dans la navigation. Souverain des flots, qu'il peut déchaîner ou apaiser, Poséidon est le Sauveur de navires. Mais Athéna, toujours technicienne, préside à la construction du vaisseau et au pilotage. On a découvert au cap Sounion, sous le temple de Poséidon, un petit sanctuaire réservé à Athéna. L'association/opposition d'Athéna et de Poséidon autour du cheval et de la navigation, exemplaire du fonctionnement du polythéisme, fait partie de l'arrière-plan religieux nécessaire au bon déroulement tant des combats de la cavalerie que des expéditions et des batailles navales.

La construction des trières était confiée à des ingénieurs du génie maritime. Dans les documents officiels, le nom du navire est suivi de celui de son constructeur, dont la responsabilité est ainsi engagée. Les méthodes de travail permettaient d'aller vite lorsque la nécessité l'exigeait : on cite des cas où une flotte entière fut achevée en quelques mois. Le grand problème était de se procurer le bois nécessaire. L'Attique est pauvre en bois : il fallait en importer de Chalcidique ou de Macédoine. Les rois de Macédoine surent tirer parti de cette ressource et faire payer cher une amitié qu'Athènes avait grand intérêt à cultiver.

Les trières portaient chacune un nom, toujours féminin. Noms de divinités ou d'héroïnes : *Amphitrite, Thétis, Hébé, Galatée, Pandore* –, noms de vertus : *Justice, Force, Vertu, Liberté, Paix* –, épithètes laudatives : l'*Aimée*, la *Rapide*, la *Dorée*, la *Chanceuse* –, géographiques : la *Néméenne*, la *Délienne*, la *Delphienne*, la *Salaminienne*. Cette dernière ainsi qu'une autre trière, nommée la *Paralienne*, étaient spécialement chargées de porter les dépêches officielles de l'État. Quelle fierté dans le cœur des Athéniens lorsqu'ils descendaient au Pirée pour assister au départ de l'escadre pour une entreprise lointaine ou au retour de la flotte victorieuse après quelque succès retentissant !

Les opérations n'avaient lieu qu'à la belle saison : les tempêtes hivernales eussent été fatales à ces vaisseaux étroits, longs et non pontés. Les flottes passaient donc l'hiver dans quelque base navale et ne prenaient la mer qu'au printemps. Elles ne poussaient guère au large qu'en cas d'absolue nécessité (pour les grandes traversées vers l'Afrique ou l'Italie méridionale, par exemple). On évitait de naviguer la nuit et l'usage était même de toucher terre pour les repas.

À l'époque archaïque, en dépit de l'existence d'un éperon à la proue des navires de guerre, le combat naval tendait à se rapprocher du combat terrestre. Chaque vaisseau cherchait à se placer bord à bord avec un adversaire, et les hoplites embarqués s'attaquaient à ceux d'en face : la bataille se résolvait en une série de combats singuliers, navire contre navire, sans véritable manœuvre d'ensemble.

Dans le cours du Ve siècle, la tactique navale se transforma, en grande partie sous l'influence des amiraux athéniens, qui surent remarquablement tirer parti d'équipages bien entraînés. La manœuvre dite *diekplous* consistait à traverser en ligne de file les rangs des

LA CHUTE DE TROIE
(coupe attique, 490 av. J.-C.)
Le peintre de Brygos a accumulé les épisodes tragiques : Priam, assis sur l'autel d'Apollon, est massacré par Néoptolème, qui utilise le cadavre du petit Astyanax pour l'achever, tandis qu'un Grec entraîne de force Polyxène.

vaisseaux ennemis qui se présentaient de front : on cherchait au passage à briser les rames de quelques adversaires, mais surtout on obligeait l'escadre ennemie à une conversion génératrice de confusion et propice à une attaque à l'éperon. La manœuvre dite *periplous*, plus délicate encore, consistait à tourner à grande vitesse, toujours en ligne de file, autour de la flotte ennemie : le risque d'être attaqué de flanc était réel, mais chaque vaisseau pouvait en être garanti si le vaisseau qui le suivait se tenait prêt à éperonner tout navire attaquant son prédécesseur. À condition que la formation fût gardée et la vitesse constante, la manœuvre finissait par obliger l'ennemi à resserrer son dispositif au point que ses navires se gênaient mutuellement, ou à rompre son ordonnance de bataille, offrant ainsi une occasion favorable à l'assaillant.

D'autres batailles eurent le caractère d'une opération combinée, avec débarquement et participation à l'action d'une infanterie jetée sur le rivage.

Malheur au vaincu !

Avec ces forces terrestres et navales, les cités se firent la guerre sans relâche, et souvent sans pitié. Car les Grecs ont toujours admis que le droit du vainqueur sur la personne et les biens du vaincu était en principe sans limites. Le vainqueur peut, sans manquer aux lois de la guerre, massacrer la population ou la réduire en esclavage, s'emparer de la terre ou détruire les récoltes, s'approprier les richesses mobilières, incendier les villages et les villes, sous la seule réserve de respecter les domaines sacrés pour ne pas irriter les dieux.

Ce droit imprescriptible du plus fort, l'époque classique ne l'a pas mis en doute, même si, dans la pratique, elle a su lui apporter quelques tempéraments. Socrate lui-même, dans les *Mémorables* (IV, 2, 15), fonde sur cette évidence un de ses raisonnements : « Si un général, ayant pris d'assaut une cité ennemie qui s'est rendue coupable de quelque méfait, en réduit la population en esclavage, dirons-nous qu'il commet une faute ? — Assurément non ! – Ne dirons-nous pas qu'il agit conformément à la justice ? – Certes si ! » Le peuple athénien, en dépit de la modération et de la « douceur » dont il se targuait volontiers, se montra d'une extrême rigueur à l'occasion : il expulsa de leur patrie certains habitants de l'Eubée en 446, les Éginètes et les habitants de Potidée en 430, les Déliens en 422. L'année suivante, une autre ville de Chalcidique, Scioné, subissait un sort encore plus cruel : les Athéniens tuaient tous les hommes valides et réduisaient femmes et enfants à la servitude. De leur côté, les Spartiates exécutèrent les hommes pris à Platées en 427 et traitèrent de même ceux d'Hysiai, bourg d'Argolide, en 417-416.

Des considérations morales pouvaient intervenir à l'occasion pour adoucir des mœurs violentes que la tradition pourtant autorisait. C'est l'honneur de l'hellénisme que d'avoir su exprimer des scrupules d'humanité qui tendirent peu à peu à rendre les lois de la guerre moins impitoyables. Il y eut d'abord des influences religieuses, et en particulier celle de Delphes : le texte d'un serment amphictyonique cité par l'orateur Eschine dans son discours *Sur l'ambassade* contient l'engagement de ne « dépeupler » par la guerre aucune des cités qui participent à l'Amphictyonie pyléo-delphique. Ce serment semble avoir été respecté pendant tout le VIe siècle, période où l'oracle de Delphes jouit du plus grand prestige moral. Platon, dans le *Ménéxène*, attribue au respect de la solidarité hellénique la décision par laquelle les Athéniens épargnèrent les hoplites spartiates faits prisonniers à Sphactérie : « Ils estimaient que contre un peuple frère il suffit de combattre jusqu'à la victoire et qu'on ne doit pas, pour satisfaire au ressentiment particulier d'une cité, mettre en péril la communauté des Hellènes. »

La violence en elle-même finit par susciter la réprobation et le scandale chez certains esprits. C'est le cas chez Euripide, qui n'hésite pas, dans une pièce comme *les Troyennes*, jouée en 415, à condamner le principe de la guerre de conquête, en raison des malheurs et des souffrances injustes qu'elle entraîne. Ainsi se définit peu à peu l'idée nouvelle de la guerre juste, où la gloire n'est pas seulement liée à l'exercice des vertus militaires, mais aussi à la légitimité de la cause qu'elles ont à défendre.

Cette conception idéaliste du devoir militaire est très généralement admise à l'époque classique. Le « pacifisme » d'Aristophane, comme on l'appelle parfois d'un terme anachronique, ne conteste nullement l'obligation de servir sous les armes les intérêts de la patrie : ce que préconise l'auteur des *Acharniens*, de *la Paix* et de *Lysistrata*, c'est simplement une politique extérieure pacifique, contraire à celle des démagogues qui voyaient dans la poursuite de la guerre un moyen de satisfaire aux aspirations de leur clientèle par les soldes et indemnités militaires, les rentrées du tribut des alliés et l'installation des clérouquies hors de l'Attique. Aristophane a-t-il aperçu que la guerre, en appauvrissant les ruraux, ébranlait les assises mêmes du corps social et aboutirait fatalement à sa transformation profonde ?

CRUCHON ATTIQUE
(vers 460 av. J.-C.)
Emblème d'Athènes, la chouette d'Athéna est ici équipée comme un hoplite : elle est dotée de bras pour porter lance et bouclier, et sa crête s'est métamorphosée en double cimier.

Soldats-citoyens ou mercenaires ?

Or précisément cette crise sociale, dont Aristophane pressentait l'imminence et qui avait la guerre comme cause immédiate, devait entraîner une conséquence importante pour les traditions militaires helléniques : la réapparition du mercenariat, qui se manifeste dès la fin de la guerre du Péloponnèse. Le mercenariat traduit un profond déséquilibre social : pour que des hommes, en grand nombre, acceptent d'affronter la mort, non plus sous la contrainte du devoir civique, mais simplement pour servir le patron, quel qu'il soit, qui les paie, il faut bien que la société à laquelle ils appartiennent ne leur laisse pas d'autre choix. Le phénomène est d'autant plus remarquable que la solde des mercenaires, loin d'être élevée, semble au IVe siècle plutôt inférieure, d'ordinaire, à celle d'un ouvrier qualifié. Néanmoins, le nombre des soldats de fortune en service dans les armées grecques de l'époque est considérable : au début du siècle, au moins quarante mille, suivant des calculs récents, dont la moitié environ en Sicile, au service de Denys l'Ancien.

Certes, le mercenariat était apparu déjà à l'époque archaïque. À cette époque on trouve des mercenaires grecs dans les armées des pharaons saïtes, de Psammétique Ier à Amasis et au fils de celui-ci, Psammétique III, que le dévouement de ses soldats étrangers ne réussit pas à sauver de la défaite devant Cambyse. Outre les mentions de ces mercenaires que l'on trouve dans Hérodote, leur présence est attestée par les graffiti que certains d'entre eux ont gravés, en 591, sur les jambes des colosses sculptés à la porte du grand temple d'Abou-Simbel, en Nubie.

Toutefois, le mercenariat ne paraît pas avoir connu à l'époque archaïque un développement comparable à celui qu'il prit au IVe siècle. Sans doute l'exutoire de la colonisation suffisait-il aux miséreux et aux déracinés. Au Ve siècle du moins, le recrutement des mercenaires semble disparaître. C'est au cours de la guerre du Péloponnèse qu'il se manifeste de nouveau. Les hostilités se prolongeant, le nombre des soldats de métier qui louaient leurs services augmenta dans les pays grecs : c'est pourquoi, à la fin de la guerre, un si grand nombre d'entre eux se trouvèrent sans emploi et purent ainsi se mettre à la disposition de Cyrus le Jeune quand celui-ci tenta de renverser son frère Artaxerxès. La retraite des Dix Mille, en 401-399, après la bataille de Cunaxa, révèle à la fois le grand nombre et la valeur militaire de ces mercenaires.

Désormais, le rôle joué par ces soldats de métier va croître dans les armées grecques, au détriment des soldats-citoyens.

CASQUE CORINTHIEN
(vers 500 av. J.-C.)
De forme massive, ce casque hermétiquement fermé, qui ne laisse aucune prise aux coups, est subtilement orné d'une bordure ciselée. La dimension esthétique de la guerre se retrouve ici jusqu'au moindre détail.

LES DIEUX DE LA GUERRE

Une société en état de guerre permanent n'a pas trop de deux divinités pour présider au combat. Athéna et Arès s'opposent en tout point. Athéna est la fille de Zeus, de la tête duquel elle est sortie toute armée. Arès est fils d'Héra qui, par dépit, l'a conçu sans son époux, le même Zeus. La déesse est vierge. Le dieu mâle est porté sur le sexe. Il a fait bien des envieux le jour où il a été surpris dans les bras d'Aphrodite ! C'est pourtant un brutal. Au combat, sa furie est telle qu'il tue à tort et à travers, sans toujours bien distinguer les adversaires. À sa violence aveugle Athéna oppose l'intelligence tactique, la réflexion et la vigilance. Dans *l'Iliade,* ils s'affrontent plusieurs fois, et c'est toujours elle qui a le dessus, le blessant, lui faisant mordre la poussière et raillant sa stupidité. Il est le plus haï des dieux. Athéna est respectée de tous, en tous lieux. Divinité technicienne, elle sait s'approprier la violence nécessaire à la victoire et la domestiquer. Ce dont témoigne son épithète d'Areia (Arès au féminin). Et aussi son arme magique, l'égide métallique où s'étale la tête pétrifiante de la Gorgone, entourée de Panique, Épouvante et Discorde, puissances qui font aussi escorte à Arès. Outre ces deux professionnels, les cités savent, pour se défendre, recourir à leurs divinités attitrées.

LA VILLE ASSIÉGÉE
(Xanthos, monument des Néréides, 385 av. J.-C.)
Le monument funéraire d'un prince lycien est décoré de scènes de combat dont le style est grec mais la thématique orientale. On y voit, derrière leur rempart, les défenseurs d'une cité face à une armée entière qui les attaque.

Ces soldats de métier se montraient-ils plus impitoyables pour la population civile que ne l'étaient les troupes traditionnelles ? À vrai dire, les uns comme les autres pratiquaient le pillage, considéré comme un droit du vainqueur. Mais les contemporains voyaient avec effroi croître ces bandes de mercenaires, composées « d'apatrides, de déserteurs, d'individus coupables de toutes sortes de crimes » ; on leur reprochait « leurs exactions, leurs violences, leur mépris de la loi » ; on finissait par les considérer comme « les ennemis communs de tout le genre humain » (Isocrate, *Sur la paix*). La guerre avait été jusqu'alors l'affaire commune de chaque cité, de chaque citoyen. Désormais, les progrès de l'individualisme, le souci de se dérober aux risques ou aux obligations qu'imposait la solidarité civique, tout cela va de pair avec la constitution d'un marché international des mercenaires. L'offre et la demande croissent parallèlement. Il s'y ajoute la complication grandissante de la technique militaire, qui rend plus évidente la supériorité d'une troupe de métier sur une armée de citoyens. L'épopée d'Alexandre, en raison du rôle prépondérant qu'y joua l'armée nationale macédonienne, pourra masquer quelque temps la réalité de cette évolution. Mais quand ce chef génial aura disparu, on verra vite combien le développement des corps de mercenaires favorisait les desseins des généraux ambitieux : désormais, la guerre dans le monde hellénique cessera d'être l'affaire des cités pour devenir l'affaire des princes.

Chefs-d'œuvre de l'art grec

FRESQUE DU PÊCHEUR
(vers 1550-1500 av. J.-C.)
Les fresques de Théra – sauvegardées par l'éruption soudaine du volcan de Santorin – ont gardé toute leur fraîcheur. Le témoignage des œuvres minoennes est d'autant plus précieux que la peinture des époques ultérieures a presque totalement disparu. Ici, un jeune pêcheur s'avance, les bras chargés d'une lourde prise.

JOUEUR DE LYRE
(vers 2000 av. J.-C.)
Ces statuettes cycladiques en marbre, aux formes épurées, souvent qualifiées d'idoles – bien que leur fonction précise nous échappe –, proviennent en général de sépultures. Elles marquent le tout début de la sculpture grecque.

MASQUE FUNÉRAIRE
(XVIe siècle av. J.-C.)
Ce masque en feuilles d'or travaillées au repoussé recouvre le visage du défunt, dont il suggère les traits. La richesse des sépultures de Mycènes a frappé leur inventeur, Heinrich Schliemann, qui a cru voir dans ce visage celui du roi Agamemnon, mais les connaissances actuelles ne permettent plus cette identification.

LA PORTE DES LIONS, À MYCÈNES *(vers 1250 av. J.-C.)*
Ce haut-relief en calcaire surmonte le linteau de la porte d'entrée des remparts. Deux lions appuyés sur un autel se dressent de chaque côté d'une colonne de type minoen et défendent symboliquement la citadelle de Mycènes.

CRUCHE À DÉCOR POLYCHROME
(vers 1800-1700 av. J.-C.)
Le décor de cette poterie, dans le style dit de Camarès, est caractéristique de la liberté plastique et de l'inventivité des peintres, qui ont stylisé un décor végétal devenu, par ses spirales et ses volutes, quasi abstrait.

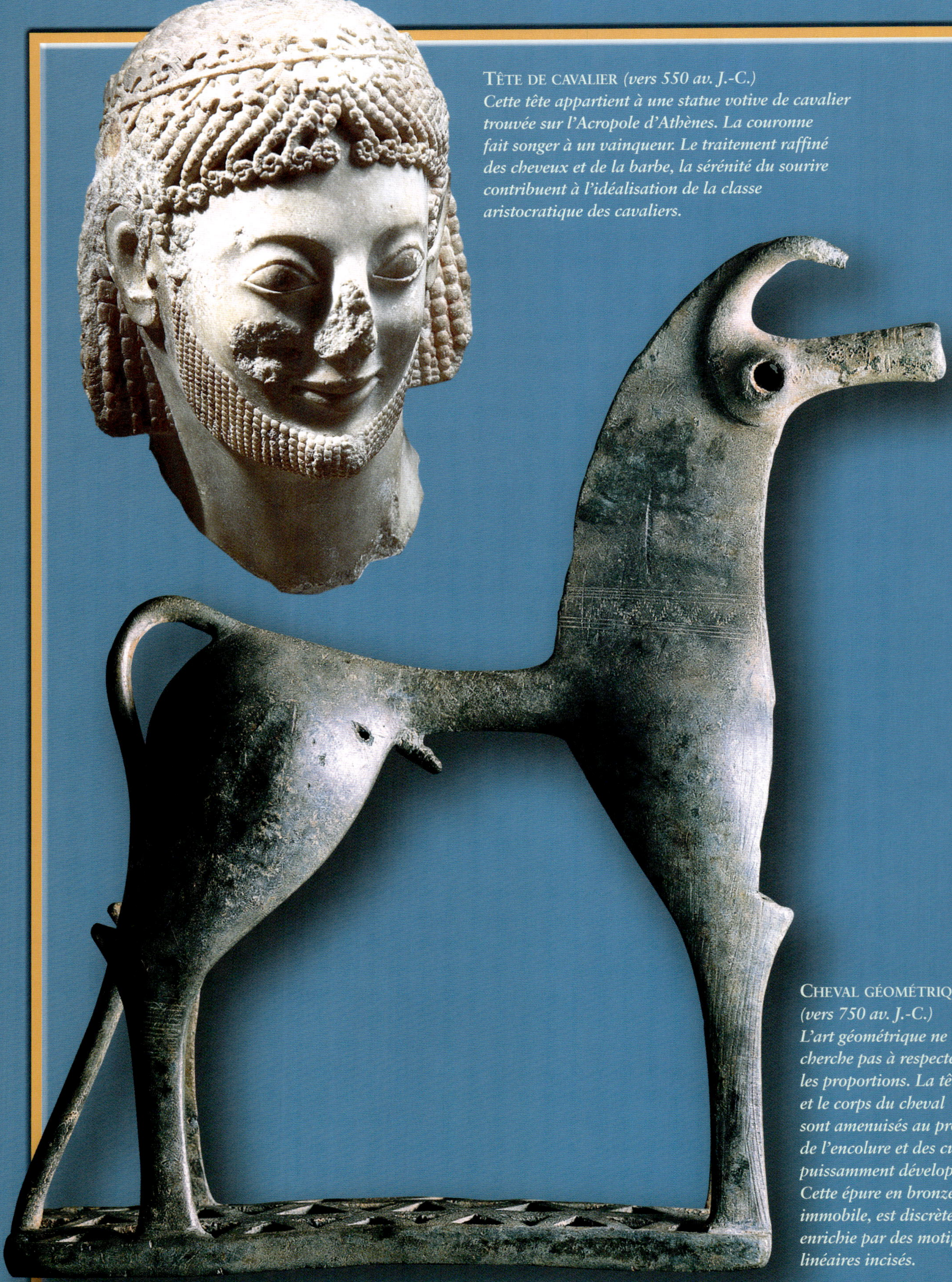

TÊTE DE CAVALIER *(vers 550 av. J.-C.)*
Cette tête appartient à une statue votive de cavalier trouvée sur l'Acropole d'Athènes. La couronne fait songer à un vainqueur. Le traitement raffiné des cheveux et de la barbe, la sérénité du sourire contribuent à l'idéalisation de la classe aristocratique des cavaliers.

CHEVAL GÉOMÉTRIQUE
(vers 750 av. J.-C.)
L'art géométrique ne cherche pas à respecter les proportions. La tête et le corps du cheval sont amenuisés au profit de l'encolure et des cuisses, puissamment développées. Cette épure en bronze, immobile, est discrètement enrichie par des motifs linéaires incisés.

Frise du trésor de Siphnos

(vers 525 av. J.-C.) La petite île de Siphnos, riche de ses mines d'argent, a consacré à Delphes un précieux édifice (trésor) de marbre, décoré de frises sculptées. Il passe à juste titre pour un chef-d'œuvre de la sculpture archaïque. On y voit, entre autres, le combat des dieux contre les géants (gigantomachie).

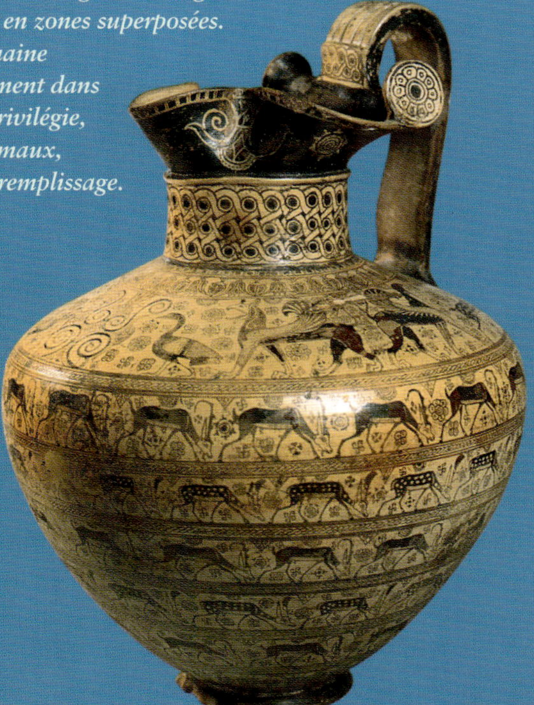

Cruche de style orientalisant

vers 540 av. J.-C.) Le décor peint de cette cruche à vin œnochoé) s'inspire de motifs orientaux : griffons, phinx, chèvres sauvages sont alignés égulièrement en zones superposées. La figure humaine pparaît rarement dans e style, qui privilégie, à côté des animaux, les motifs de remplissage.

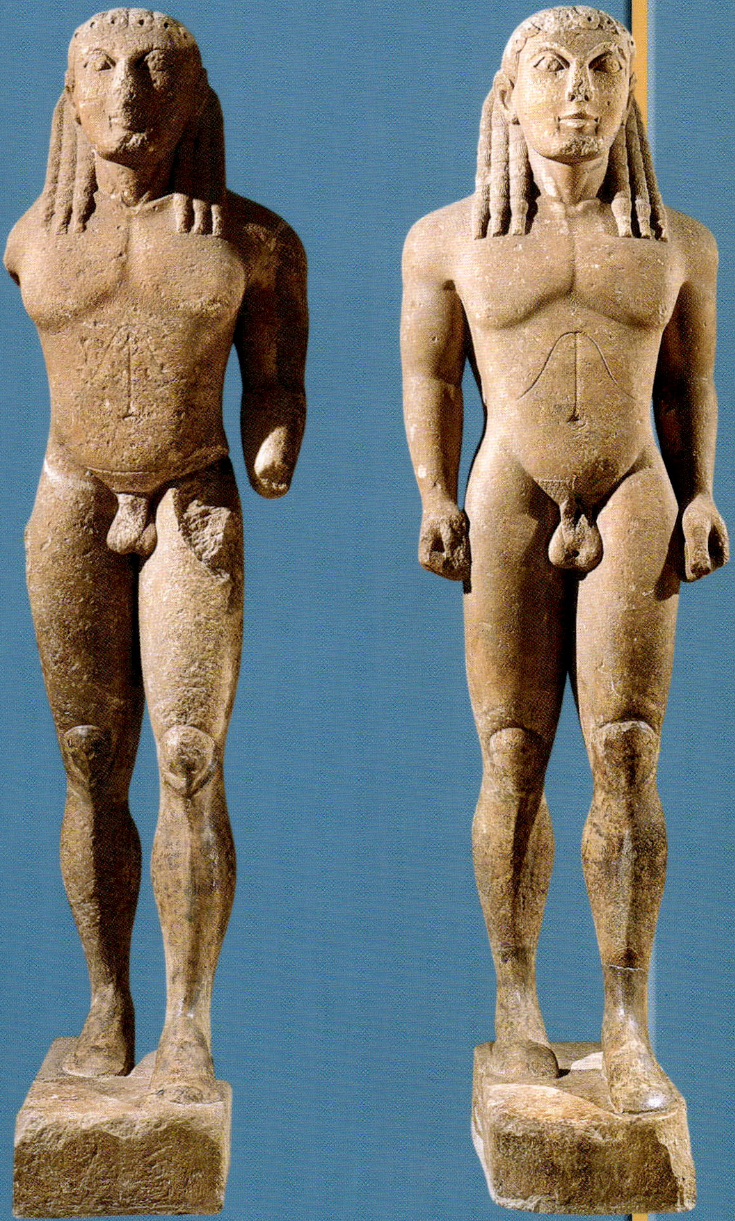

Deux jeunes hommes, ou couroi *(vers 580 av. J.-C.) Trouvées ensemble dans le sanctuaire de Delphes, ces deux statues argiennes, puissantes et massives, ont longtemps été interprétées comme la représentation des « plus heureux des hommes », Cléobis et Biton, morts dans l'éclat de la jeunesse. Aujourd'hui, on pense plutôt aux jumeaux divins Castor et Pollux.*

Amphore attique à figures noires *(vers 540 av. J.-C.)*
On doit au peintre potier Exékias quelques-uns des plus beaux vases attiques à figures noires. Sur cette amphore où est inscrit « Exékias m'a fabriquée », Achille et Ajax, loin des batailles, jouent aux dés. À la rigueur de la composition s'ajoute l'admirable minutie des détails incisés.

Le cratère de Vix *(vers 530 av. J.-C.)*
Découvert dans la tombe d'une princesse celte, cet imposant cratère de fabrication laconienne atteste le rayonnement de l'art grec dans les sociétés périphériques. Objet de prestige, il renvoie à la fois à la pratique grecque du banquet et, par son décor, à la mythologie (Gorgone) et au monde de la guerre (chars et hoplites).

La tombe du Plongeur
(vers 480 av. J.-C.)
Ce panneau au décor minimal a donné son nom à la tombe dont il forme le couvercle. Quant aux parois, elles sont ornées d'une série de banqueteurs. Cet ensemble de fresques à la détrempe, découvert en 1969 à Paestum, constitue un exemple exceptionnel de ce qu'a dû être la peinture dans les cités grecques.

'AURIGE DE
MOZIA (SICILE)
'vers 470 av. J.-C.)
'attitude comme 'e vêtement de cette statue en font ıne énigme. .a transparence le l'étoffe et la ouplesse des chairs, lus souvent éservées aux statues éminines, sont 'a marque l'un sculpteur xpérimenté. .a ceinture haute ı sans doute servi à aire passer les rênes l'un attelage, ce ui fait penser ı un rival sicilien de 'aurige de Delphes.

Tête de femme *(vers 490 av. J.-C.)*
Les potiers se font parfois modeleurs, donnant aux vases des formes variées : personnages, animaux ou objets. Cette superbe tête féminine est en fait une cruche. La chevelure minutieusement traitée en rangs de perles d'argile est enfermée dans une coiffe ornée de palmettes et de rinceaux.

Stèle funéraire de Dexiléos *(394 av. J.-C.) L'inscription gravée au pied de cette stèle indique le nom du défunt, tombé au cours d'un combat de cavalerie contre Corinthe. La représentation évoque cette lutte sur le modèle héroïque dans un style proche de celui du Parthénon.*

Lécythe, attique à fond blanc *(vers 430 av. J.-C.) La technique du fond blanc, réservée à cette date aux offrandes funéraires, permet l'utilisation d'une polychromie discrète, qui contraste avec la technique habituelle des figures rouges. Sur ce lécythe (flacon), le mort, assis de trois quarts devant sa stèle, semble perdu dans une rêverie mélancolique, comme insensible à la présence des visiteurs qui l'entourent.*

COUPE À FIGURES ROUGES *(vers 480 av. J.-C.) Sur les vases à boire, les peintres ont souvent représenté les jeux de la séduction et les plaisirs de l'amour. Ce médaillon de coupe, attribué au peintre Macron, est un bon exemple du degré de virtuosité auquel parvient la figure rouge au début du Ve s. : équilibre de la composition, complexité des plans superposés, souplesse des lignes.*

UN GUERRIER DE RIACE *(« Bronze B », vers 430 av. J.-C.) Les bronzes grecs de grande dimension sont rarissimes, car peu d'originaux ont échappé à la fonte. Il aura fallu le pillage de la Grèce par les Romains, un naufrage et le hasard d'une plongée pour que ce chef-d'œuvre de la statuaire classique retrouve sa place dans l'histoire de l'art. Ce guerrier héroïque a été trouvé en compagnie d'une autre statue de même type* *(voir p. 181-182)*.

LA FRISE DU PARTHÉNON *(vers 440 av. J.-C.) Le temple d'Athéna Parthénos, sur l'Acropole, est exceptionnel à bien des égards. La longue frise qui s'étire à l'intérieur du péristyle n'a pas d'équivalent connu. Elle représente la procession des Athéniens apportant, sous le regard des dieux, le vêtement destiné à parer la statue d'Athéna.*

L'Aphrodite de Cnide

(copie romaine d'un original des années 340 av. J.-C.)

Praxitèle fut le premier à oser représenter Aphrodite nue, ce qui choqua ses contemporains. Mais le succès fut rapide, et cette œuvre, dont on fit d'innombrables copies, s'est imposée comme le prototype du nu féminin. Les marbres mutilés qui nous sont parvenus donnent une idée inexacte de ce que pouvait être l'original, sans doute teinté et rehaussé de couleurs.

L'Enlèvement de Perséphon

(vers 350 av. J.-C.)

Parmi les découvertes archéologiques récentes, les tombes de Vergina (Macédoine) enrichissent notre connaissance de la peinture antique.

Le sujet (l'enlèvement de Perséphone par Hadès, le dieu des Enfers) semble bien approprié au décor d'un espace funéraire. Le traitement pictural est remarquable tant par la liberté de la touche et du coloris – qui donne une impression 'improvisation – que par la maîtrise de la perspective et du mouvement.

Mosaïque du palais de Pella
(fin du IVe s. av. J.-C.)
Les premières mosaïques sont faites non de petits cubes taillés, comme à Rome, mais de galets naturels. Certaines rappellent, par leur décor géométrique, des tapis textiles. D'autres, telle cette scène héroïque de chasse au lion, sont plus proches de la peinture.

Cratère de Derveni
(vers 320 av. J.-C.)
Ce somptueux cratère en bronze doré contenait les cendres d'un aristocrate thessalien dont le nom est gravé sur la lèvre du vase.
Au pied des anses, et comme assises sur l'épaule du cratère, quatre statuettes évoquent le cortège de Dionysos, que l'on retrouve, tourbillonnant, ciselé sur le pourtour.

Collier en or
Le travail de l'or est attesté continûment en Grèce depuis le monde minoen. Métal impérissable, l'or est souvent consacré aux dieux mais aussi réservé à la parure des femmes. Plus encore que l'orfèvrerie classique, les bijoux hellénistiques développent une technique raffinée, alliant la finesse du travail à la complexité des motifs.

CHAPITRE 6

Rites et dieux

Sous le signe de la pluralité

Pour la plupart de nos contemporains, la religion grecque, c'est essentiellement un ensemble de légendes dont nos poètes et nos artistes, depuis la Renaissance, ont souvent tiré parti, à l'imitation de leurs prédécesseurs grecs et latins. À ces souvenirs mythologiques se joignent les images de quelques sites grandioses, Delphes, l'Acropole d'Athènes, ou le cap Sounion. Les textes littéraires restent notre source la plus abondante, celle aussi qui risque le plus de nous induire en erreur. En effet, l'imagination des Grecs s'est toujours exercée avec prédilection sur les légendes relatives aux dieux, et cela sans le moindre scrupule à l'égard de la tradition. Les Grecs n'ont jamais connu de dogme immuable dans le domaine mythologique : la pluralité des lieux de culte, la dispersion de la population et le particularisme des cités grecques favorisaient la prolifération des légendes et leur extrême diversité. Conscients de ces variations, qui ne heurtaient pas leur sentiment du divin, les poètes ne se firent pas faute d'y ajouter encore à l'occasion. Plus tard, à l'époque hellénistique, érudits, mythographes, scoliastes et compilateurs se sont livrés à leur tour avec une extrême liberté à l'élaboration d'une mythologie déjà foisonnante et pleine d'incohérences acceptées. Or c'est chez ces auteurs tardifs, bien plus que chez Homère ou les Tragiques, que les écrivains latins ont puisé leur information avant de nous la transmettre. On voit par là combien les renseignements qu'ils nous donnent sont d'une interprétation difficile pour l'historien des religions. Seuls sont utilisables sans trop de réserve critique ceux de nos textes qui nous rapportent avec bonne foi et objectivité des traditions liées à des rites. Car plus que les légendes, c'est le fait de culte qui nous introduit dans la familiarité des Grecs d'autrefois et qui nous fait saisir directement leur comportement religieux.

STÈLE LACONIENNE
(550 av. J.-C.)
Un couple de divinités assis sur un trône reçoit les offrandes (coq, fleur, œuf et grenade) de deux fidèles représentés à plus petite échelle.

Nous connaissons les faits de culte par des sources diverses. Il y a d'abord le témoignage des textes littéraires. Ainsi les poèmes homériques renferment plusieurs scènes de prière ou de sacrifice, les tragédies attiques décrivent certains rites funéraires, Aristophane met en scène la célébration des dionysies rurales avec verve et précision. Hérodote au Ve siècle av. J.-C., Plutarque au début du IIe siècle de notre ère sont pleins de renseignements sur la vie religieuse des Grecs. Il y a enfin les compilateurs de basse époque, dont l'œuvre nous a été transmise fragmentairement par l'intermédiaire des lexicographes byzantins du Moyen Âge. Mais le trésor irremplaçable est pour nous Pausanias. Ce rhéteur du IIe siècle de notre ère, qui rédigea une description – ou périégèse – de la Grèce propre (Attique, Péloponnèse, Béotie et Phocide), accorde aux faits et aux traditions religieux la curiosité la plus vive. Comme ses itinéraires à travers chaque région lui font traverser les moindres bourgades, il s'attache à noter avec une conscience admirable les légendes qu'on y raconte et les faits de culte qu'il y remarque. Très respectueux des interdits qui frappent certains aspects des cultes, réser-

Le cap Sounion
Visible des navires qui abordent l'Attique ou s'en éloignent, le temple de Poséidon domine le cap Sounion. À la limite du territoire, le dieu des mers occupe dans le paysage une place fortement symbolique.

vés à la connaissance des seuls initiés, il se garde de révéler ces pratiques secrètes, mais il nous apprend qu'elles existent. Quant aux rites publics, il les énumère volontiers, parfois avec un grand luxe de détails, surtout s'il s'agit d'usages étranges ou surprenants. Ajoutons que la grande précision topographique de ses itinéraires a permis d'identifier sur le terrain nombre de monuments sacrés dont les ruines subsistent encore : sans lui, nous serions bien en peine de mettre un nom sur la plupart des bâtiments ou des offrandes dans les grands sanctuaires de Delphes ou d'Olympie, nous ignorerions tout de l'aspect intérieur des grands temples. On voit quelle dette immense les historiens de la religion grecque ont contractée à l'égard de Pausanias.

À côté des textes littéraires, les documents épigraphiques représentent une autre source d'information très riche et très variée : lois sacrées, dédicaces, inventaires d'offrandes et de trésors sacrés, relation de cures miraculeuses, oracles, décrets pris à propos des fêtes religieuses, calendriers sacrés, épigrammes funéraires, tous ces textes gravés sur pierre ou sur métal sont des documents bruts, qui ont été rédigés pour répondre à des préoccupations pratiques immédiates. D'où la valeur éminente de leur témoignage.

Quant aux documents archéologiques, ils appartiennent à deux catégories : les monuments d'architecture et les monuments figurés. Les ruines, plus ou moins intelligibles selon leur état de destruction, permettent de mieux connaître le plan des sanctuaires et la disposition des édifices sacrés. Les statues retrouvées nous restituent l'image divine ; les reliefs votifs ou funéraires nous montrent le fidèle en présence du dieu ou les survivants autour du disparu ; les décors sculptés des édifices religieux, frontons, métopes, frises ioniques continues, cimaises ou architraves ornées de scènes à personnages, déroulent à nos yeux des représentations qui comportaient toujours au moins une part d'enseignement pour le spectateur ; les peintures de vases, dans leur infinie variété, présentent quelques scènes rituelles d'un vif intérêt, mais aussi d'innombrables figurations mythologiques qui enrichissent singulièrement les indications des textes.

Tout exposé d'ensemble sur la religion grecque doit tenir compte de ces divers éléments pour en combiner les données.

Une religion sociale

À travers ces témoignages, la religion grecque classique nous apparaît comme étroitement liée au groupe social. L'homme grec classique ne se considère pas comme un individu isolé, c'est, pour reprendre le mot d'Aristote, un « animal politique » qui a conscience de n'accomplir vraiment sa destinée que par cette communication avec les autres. Nous l'avons constaté en analysant le phénomène de la guerre. Nous le verrons encore en étudiant l'organisation de la cité. Or la religion est l'élément psychologique essentiel qui assure la cohésion des groupes et leur durée.

Ce n'est pas à dire que le sentiment religieux élémentaire, sous sa forme individuelle et spontanée, ait été inconnu des Grecs. Bien au contraire, ils avaient un mot, peut-être emprunté au vocabulaire d'une langue préhellénique, pour exprimer ce mélange de respect et de crainte que l'homme conçoit devant tout ce qui lui paraît relever d'une force mystérieuse et surnaturelle. Ce sentiment, c'est le *thambos*. Il s'agit d'une appréhension directe de la présence divine qu'impose d'une façon inopinée un paysage grandiose, une lumière ou une ombre, un silence ou un bruit, un vol d'oiseau, le passage d'une bête, la majesté d'un bel arbre… C'est parce que les dieux se trouvent partout qu'ils sont si nombreux : le polythéisme a pour origine le sentiment très vif que la nature entière est pénétrée par le divin. D'où le grand nombre des lieux de culte, les autels rustiques, les tas de pierres, les arbres sacrés, les grottes de Pan, les offrandes aux nymphes, les héros anonymes, mais aussi la prolifération des sanctuaires où les divinités majeures sont honorées sous un aspect spécifiquement local.

ÉVOLUTION STYLISTIQUE OU RELIGIEUSE ?

Hérodote note que les Perses n'élèvent aux dieux ni statues, ni temples, ni autels, et qu'« ils n'ont jamais attribué de forme humaine à leurs dieux, comme le font les Grecs ». L'anthropomorphisme des dieux définit en effet la religion grecque. Mais d'autres formes sont attestées, animales ou non figuratives : tas de pierres, poteaux, bétyles. Il ne s'agit pourtant pas d'aniconisme (voir p. 112), puisque le dieu prend forme et qu'il n'existe pas d'interdit de la figuration. Ces formes non humaines sont-elles des survivances d'un passé primitif révolu ? Dans l'histoire de la statuaire grecque, on constate une évolution depuis la rigidité des *couroi* de l'époque archaïque jusqu'à l'expressionnisme hellénistique. Cela n'implique pas que l'on doive inscrire cette évolution stylistique dans un cadre évolutionniste plus vaste et universel, où la figuration du divin connaîtrait des commencements informes, liés à des éléments naturels – pierres, arbres –, puis des aspects animaux, et enfin la forme humaine. Une telle conception a été élaborée par les Pères de l'Église, qui, soucieux d'affirmer la supériorité du monothéisme, ont imaginé une évolution à partir d'un état considéré comme fruste, l'animisme, auquel aurait succédé le polythéisme, destiné à laisser la place à un dieu unique.

S'il ressentait le *thambos*, le Grec en déduisait donc qu'il avait affaire à quelque personnalité divine. Il en faisait part aussitôt à la communauté dont il était membre – ou, plus souvent, il identifiait cette divinité dont il venait d'éprouver le pouvoir avec une de celles que la communauté révérait déjà. Ainsi les cultes traditionnels conservaient vigueur et prestige ; parfois s'y adjoignait quelque nouveau culte. L'intervention du groupe social,

Ulysse et Athéna
(amphore attique,
vers 450 av. J.-C.)
Naufragé sur le rivage de Phéacie, Ulysse est accueilli et conseillé par Athéna. Honteux de sa nudité, le héros se dissimule derrière un branchage. Les regards échangés disent la complicité unissant la déesse à son protégé.

en transformant la réaction individuelle en un rite, donnait une valeur concrète et durable à ce qui n'avait été au départ qu'un sentiment fugitif. Inversement, la complicité dans une même croyance, la conviction d'être soumis à l'autorité d'un même dieu conféraient au groupe permanence et homogénéité.

Les relations entre les Grecs et la divinité prennent volontiers le ton personnel. Le dieu, comme le fidèle, est un individu : les liens qui s'établissent de l'un à l'autre évoquent parfois une sorte de complicité. Telle est bien, dans *l'Iliade*, l'attitude d'Athéna à l'égard de Diomède ou, dans *l'Odyssée*, à l'égard d'Ulysse. L'aide qu'elle leur accorde se nuance d'affection. La grandeur divine ne perd rien à ce commerce si direct avec les hommes : le mortel qui se sent l'objet d'une telle faveur ne saurait se commettre sans s'exposer aux pires châtiments. Il sait que les dieux sont d'une autre race et qu'ils sont plus puissants que nous. Mais il ne s'étonne pas de les rencontrer près de lui.

C'est dans cette perspective qu'il convient de replacer les légendes rapportant les amours des dieux avec les mortels, qui choquaient tant les Pères de l'Église. À l'époque classique, les rites d'hiérogamie, ou mariage divin, sont accomplis encore avec ferveur, et la croyance populaire leur accorde une valeur réelle. À Athènes, chaque année, on célébrait un rite où la « reine », épouse de l'archonte-roi, magistrat entouré du respect de tous, était unie à Dionysos, vraisemblablement représenté en l'occurrence par son époux. De même, les légendes montrant des humains admis à la table des dieux trouvent leur prolongement rituel dans les repas divins ou théoxénies, connus en particulier dans le culte des Dioscures.

LA TRIPLE HÉCATE
Divinité des rues et des carrefours, Hécate, à la façon d'Hermès, est représentée sous forme de pilier. Mais elle a trois visages, comme pour surveiller toutes les directions.

Des divinités anthropomorphes

Ainsi prit forme l'anthropomorphisme, trait fondamental de la religion chez les Hellènes. Il naquit de la conjonction de trois caractères qui distinguaient l'âme de ce peuple : le sens du divin, le rationalisme pratique, l'imagination créatrice. Pour se représenter d'une façon concrète la divinité dont ils appréhendaient directement l'existence, les Grecs la conçurent sous la forme humaine, en lui attribuant un niveau supérieur dans la hiérarchie sociale. Aujourd'hui, en particulier par les documents mycéniens, nous savons que le polythéisme hellénique était déjà bien vivant plusieurs siècles avant Homère. Mais il est vrai que les poèmes homériques et ceux d'Hésiode servirent de catéchisme à tout un peuple qui, accoutumé à les lire dès l'enfance, tira d'eux ses notions de base en matière religieuse.

Non moins que l'élaboration apportée par ces deux poètes, l'intervention des artistes, et singulièrement des sculpteurs, fut décisive pour la religion grecque. Très tôt, l'idée de la divinité s'est associée à la statue de culte que les Grecs ont désignée par un mot particulier, *agalma*. Ils entendent par là l'image divine, par opposition à la représentation d'un mortel, *eikôn*. L'*agalma* est à la fois la représentation du dieu et le signe de sa présence : la statue *est* le dieu, sans pourtant que celui-ci se confonde entièrement avec elle.

Encore fallait-il que ces images fussent aisément identifiables. L'évolution qui, désormais, entraînera l'art grec dans la voie du naturalisme jusqu'à l'apogée de la culture classique ne fera que renforcer dans la religion la tendance anthropomorphique. Elle l'aidera à se dégager à la fois des vestiges de l'aniconisme primitif, qui voyait un dieu dans des objets sans formes humaines, qu'il s'agisse de pierres brutes, de morceaux de bois, d'arbres même, et des séquelles du thériomorphisme, qui adorait des divinités animales ou des monstres. Ne négligeons donc pas ces survivances, mais constatons qu'elles sont

DANGEREUSE PROXIMITÉ

Il n'est pas bon pour un mortel de trop approcher les dieux. Tirésias l'a appris le jour où il a involontairement surpris Athéna se baignant. La déesse l'a frappé de cécité, malgré son amitié pour sa mère, la nymphe Cariclô. Mais elle a compensé cette infirmité en lui accordant le don de divination. Pour la même faute, Actéon a été métamorphosé en cerf par Artémis et dévoré par ses propres chiens. Souvent, la familiarité avec une divinité suscite la jalousie d'une autre : Aphrodite se venge du chasseur Hippolyte, qui n'honore qu'Artémis, et l'affection que cette déesse porte à son protégé n'empêchera pas sa mort tragique. Quant aux jolies filles qui attirent le regard de Zeus, leur sort est rarement enviable : transformée en vache, Io est persécutée par Héra, qui la fait harceler par un taon ; Danaé, enfermée dans un coffre avec son bébé, est jetée à la mer par son père. Les hommes ne sont pas à l'abri de ces faveurs redoutables. Aussi Anchise est-il terrifié lorsqu'il comprend que la belle jeune femme à laquelle il vient de s'unir est Aphrodite en personne. Il sait – car il est pieux et sage, comme le sera son fils Énée – que, dans les relations avec les dieux, ceux-ci mènent toujours le jeu et sont terriblement susceptibles envers quiconque méconnaît leurs prérogatives et ignore les limites.

peu de chose auprès du panthéon des dieux humanisés que l'intelligence exigeante des Hellènes, servie par la virtuosité des artistes, a su organiser en une société hiérarchisée, active, accessible, accueillante aux préoccupations morales et civiques et à une certaine forme de spiritualité.

À ces dieux qui, dès l'époque mycénienne, portaient déjà, pour la plupart, leur nom définitif, le Grec rendait un culte. Dans le détail, les prescriptions rituelles sont d'une complexité extrême. Du moins distingue-t-on les principaux actes du culte qui ont en commun quelques caractères bien définis : ce sont la prière, l'offrande, le sacrifice, les fêtes publiques, les jeux. Nous les étudierons successivement.

La notion de pureté rituelle

Il convient toutefois de définir au préalable la notion de pureté rituelle, qui intervient dans toutes ces opérations comme une condition préliminaire indispensable. C'est ainsi qu'avant tout geste pieux on doit prendre des précautions de propreté. Quand Achille, au chant XVI de *l'Iliade*, adresse une prière à Zeus, il choisit une coupe d'un grand prix, la purifie avec du soufre, la lave à grande eau, puis se lave lui-même les mains avant de faire la libation et de formuler sa prière. Ce qu'Homère nous montre en pratique, Hésiode, dans *Les Travaux et les Jours*, le traduit en précepte : « Jamais, à l'aube, il ne faut offrir ni à Zeus ni aux autres dieux des libations de vin sombre sans s'être lavé les mains : car alors ils ne t'écoutent pas et repoussent avec dégoût tes prières. » L'usage de ces ablutions rituelles se maintient à travers toute l'époque classique : de là la présence, à la porte des sanctuaires, d'un bassin d'eau lustrale mis à la disposition des visiteurs.

STAMNOS ATTIQUE
(vers-500)
La libation consiste à verser un liquide d'une cruche dans une coupe sans pied (phiale), puis de cette coupe sur le sol ou sur un autel. Ici, une femme verse le liquide de la libation dans la phiale que tient le guerrier au moment de son départ.

Parmi les souillures, l'une des plus graves est due au sang versé : à Hécube, sa mère, qui l'invite à faire une libation à Zeus, Hector, qui vient de se retirer momentanément du combat, répond qu'il ne saurait faire ni libation ni prière parce qu'il est éclaboussé de sang. De même, Ulysse, après le massacre des Prétendants, se hâte de purifier son palais en y faisant brûler du soufre. Il ne s'agit pas de le laver d'une faute, puisque l'homicide involontaire est soumis aux mêmes exigences rituelles que l'assassin : c'est le fait d'avoir versé le sang qui a provoqué la souillure, même si l'acte avait des motifs légitimes ou des excuses. Cette souillure doit être effacée pour éviter qu'elle ne se répande par contact avec celui qui en est affecté. Aussi le meurtrier est-il banni de la cité, jusqu'à ce qu'il ait été purifié.

De même que le sang, la mort est cause d'impureté. À Messène, dans le Péloponnèse, un prêtre ou une prêtresse dont un enfant venait à mourir devait se démettre de ses fonctions sacerdotales : ce deuil familial si proche entraînait une souillure qui rendait impropre au service des dieux. Il était, en général, interdit d'ensevelir les morts à l'intérieur des terrains sacrés (exception faite, bien entendu, pour les héros).

L'accouchement, sans doute à cause du sang, entraîne aussi l'impureté. Les lois de Cyrène portent que la présence d'une accouchée rend impurs la maison tout entière ainsi que l'homme qui se trouve sous le même toit. Un autre paragraphe envisage le cas d'une fausse couche : si le fœtus a forme humaine, l'impureté est semblable à celle qu'entraîne un décès ; dans le cas contraire, la fausse couche est assimilée à un véritable accouchement. Même les relations sexuelles pouvaient, dans certains cas, rendre rituellement impur. Il était interdit de faire l'amour dans les sanctuaires. La légende d'Atalante et de son mari Hippomène illustre cette interdiction : pour avoir cédé à leur passion mutuelle dans l'enceinte d'un lieu sacré, les deux époux furent châtiés par la colère divine, qui les transforma en lions.

LA PRIÈRE
(bronze, IVe s. av. J.-C.)
Découvert à la Renaissance, cet éphèbe aux bras levés a toujours été considéré comme un fidèle priant les dieux, bien que la position des mains soit due à une restauration moderne.

Les rites purificateurs en vigueur dans les cités grecques permettaient de remédier à ces proscriptions momentanées en restaurant la pureté requise. En même temps, ils conduisaient les esprits éclairés à s'interroger sur la valeur de cette pureté rituelle, qu'ils étaient tentés de prolonger sur le terrain moral. De là, dans la religion des Hellènes, une ambiguïté qui ne s'est jamais complètement dissipée entre l'éthique et le sacré. C'est pourquoi Apollon et Zeus, les grands dieux purificateurs, ont été en même temps ceux à qui on attribuait le rôle de protecteurs de l'équité et de la morale.

La prière d'abord

La prière est l'acte religieux élémentaire par lequel le fidèle entre en communication expresse avec un dieu, soit qu'il réponde ainsi à l'appel intérieur qu'il a ressenti, soit qu'il engage spontanément le dialogue. Dans les deux cas, en effet, c'est bien d'un dialogue qu'il s'agit. Le dieu répond ou non, à sa guise, mais du moins il a entendu ce que l'homme a formulé ouvertement. Aussi la prière est-elle proférée à haute voix.

Outre l'invocation, la prière comporte d'ordinaire l'expression d'une demande adressée au dieu dont on réclame la protection ; on lui rappelle parfois soit les bienfaits qu'il a déjà accordés auparavant et qui l'engagent, soit les gestes pieux dont le solliciteur s'est acquitté envers lui. Voici par exemple la prière que Pénélope adresse à Athéna, au chant IV de *l'Odyssée :* « Entends-moi, fille de Zeus à l'égide, Atrytonée [surnom d'Athéna] ! Si autrefois en ton honneur le sage Ulysse a fait brûler dans ce palais les cuisses de grasses victimes, génisse ou brebis, souviens-t'en aujourd'hui en ma faveur et sauve mon fils ! Des prétendants déjoue l'impudente entreprise ! » La prière est prononcée debout, devant la statue ou le sanctuaire, la main droite ou les deux mains levées, la paume tournée vers le dieu. L'agenouillement n'intervient guère que dans des rites magiques : Théophraste, dans ses *Caractères*, en fait un des traits distinctifs de l'homme superstitieux.

L'offrande, manifestation de piété

L'offrande accompagne souvent la prière. Elle peut être occasionnelle, comme les modestes dons que les fidèles déposent dans les sanctuaires rustiques : un fruit, une poignée d'épis, quelques fleurs, des gâteaux, la dépouille d'un gibier.

Outre l'offrande occasionnelle, il y a celles que l'usage prescrit : c'est le cas, par exemple, pour les libations, dont il convient de s'acquitter, selon les conseils d'Hésiode, chaque matin et chaque soir, en répandant à terre quelques gouttes de vin. On agissait de même au cours du repas avant de boire : le dieu recevait ainsi sa part privilégiée de la boisson qui allait réjouir le cœur de l'homme.

Dans d'autres cas, ce sont des objets précieux, et non des aliments, qu'on offre à la divinité. Les dons de vêtements sont fréquents : Hécube, à Troie, va déposer sur les genoux d'Athéna qu'elle implore le plus beau voile de sa garde-robe. Dans le calendrier des fêtes athéniennes, il n'en est pas de plus vénérable que celle des grandes panathénées, où, tous les quatre ans, la déesse reçoit le péplos tissé pour elle par les ergastines, jeunes filles des plus nobles familles d'Attique. C'est alors la cité tout entière qui prend part à l'offrande. Ainsi se constituent les trésors sacrés, alimentés par les dons publics comme par ceux des particuliers : vêtements, armes, vaisselle de métal précieux, bijoux, réserves d'or ou d'argent en lingots ou en numéraire, objets de toute sorte que la piété des fidèles consacre à la divinité. On les abrite dans les temples ou dans ces bâtiments spéciaux, fort analogues à des chapelles, et qu'on appelle des trésors. Prêtres et magistrats ont la garde de ces richesses et ils en sont responsables non seulement envers le dieu, mais aussi envers leurs concitoyens à qui ils rendent des comptes détaillés à leur sortie de charge. De là ces documents épigraphiques si curieux que sont les inventaires sacrés, énumérant les offrandes, avec leurs principales caractéristiques et leur poids.

Nombre de ces offrandes sont proprement des ex-voto : elles ont été consacrées pour attester la reconnaissance des fidèles envers leur dieu pour un service rendu dont l'inscription qui accompagne l'ex-voto fait souvent connaître la raison. Dans le sanctuaire du dieu médecin Asclépios, on consacre l'image en relief du membre ou de l'organe malades que le dieu a guéri. D'autres ex-voto rappellent des exploits athlétiques ou guerriers. Les grands sanctuaires d'Olympie ou de Delphes étaient remplis de statues d'athlètes vainqueurs. L'usage était d'offrir à la divinité la dîme de tout profit qui passait la mesure, chasse ou pêche, négoce ou butin guerrier. On le voit, de telles offrandes ne sont plus seulement un geste de piété : elles satisfont aussi l'orgueil du donateur qui rappelle à la postérité ses hauts faits.

On ne sera pas surpris, sachant l'importance de la guerre dans le monde grec, de constater que, parmi les ex-voto des cités, les plus nombreux se rapportent à des exploits guerriers. Non seulement chaque État grec célébrait ses victoires par des consécrations dans ses sanctuaires nationaux, mais encore il tenait à les immortaliser par des offrandes dans les lieux saints panhelléniques, où toute la Grèce pouvait les voir. On ne compte pas les consécrations entraînées par les guerres médiques. Athènes avait offert à l'Apollon de Delphes les dépouilles des Perses vaincus à Marathon, alignées sur un socle qui s'appuyait sur le mur sud de son trésor. À Delphes aussi s'élevaient en souvenir des défaites perses un deuxième ex-voto athénien pour Marathon, un mât orné d'étoiles d'or offert par les Éginètes et deux offrandes consacrées en commun par les cités coalisées, un Apollon tenant une proue en souvenir de la victoire de Salamine et un trépied porté par une colonne de bronze pour commémorer celle de Platées. Cette colonne de bronze, formée de trois serpents entrelacés, est partiellement conservée à Constantinople, où Constantin l'avait fait transporter. On y lit encore le nom des trente et une cités qui participèrent à la consécration.

Porteuse d'offrandes *(bas-relief en terre cuite, Mélos, VIe s.)*
Les offrandes végétales, fruits et fleurs, sont souvent transportées dans un panier plat par des femmes dont le nom, canéphores, signifie porteuses de corbeille.

Toutes ces manifestations de piété envers Apollon étaient autant d'occasions d'exalter la gloire des cités victorieuses et de rabaisser les vaincus.

Prière et sacrifice, tels étaient donc aux yeux des Grecs les deux actes essentiels du comportement religieux. Le sacrifice, à vrai dire, peut être considéré comme une forme particulière de l'offrande, mais, en fait, le sacrifice, et surtout le sacrifice public, occupe une si large place dans la vie religieuse des Grecs qu'il mérite une étude spéciale.

La place du sacrifice

Chaque sacrifice, public ou privé, est une opération complexe qui obéit à des règles fixées par une longue tradition. Il consiste à offrir solennellement à la divinité, en se conformant aux rites, des biens consommables, graines, végétaux, boissons ou victimes animales. En ce sens, les libations de lait et de vin ou l'oblation de gâteaux sont déjà des sacrifices, à condition qu'elles soient faites selon les rites qui déterminent la nature, l'époque et la procédure de ces offrandes. Mais si les sacrifices sans effusion de sang existent dans un certain nombre de cultes, les sacrifices sanglants, avec égorgement (ou

PROCESSION SACRIFICIELLE
(peinture sur bois, 530 av. J.-C.)
Sur ce panneau corinthien, une procession de femmes s'avance solennellement vers un autel dont l'inscription précise qu'il est consacré aux Nymphes. Elles conduisent un bélier et portent des offrandes végétales.

même parfois écartèlement) d'une victime animale, sont de beaucoup les plus nombreux et les plus importants : dans l'acception courante, ces derniers seuls sont envisagés et l'on ne conçoit guère de sacrifice sans victime.

Les principaux moments de la cérémonie sont clairement distingués. Autour d'un autel, on dispose en ordre les animaux à sacrifier : ils forment une hécatombe, étymologiquement composée de cent bœufs, mais le mot a pris très anciennement, et déjà chez Homère, un sens moins précis et désigne simplement des victimes nombreuses, qu'il s'agisse de bovins ou de petit bétail. Les assistants se lavent les mains pour se purifier et prennent des grains d'orge. Le prêtre d'Apollon prononce une prière, on répand les grains d'orge, qui sont une première offrande, puis on égorge les victimes en leur relevant le mufle, de façon que le sang jaillisse en l'air vers l'autel. On dépèce ensuite les animaux morts. Les cuisses sont mises à part, enveloppées de graisse et brûlées dans le feu allumé sur l'autel, tandis que le prêtre y fait des libations de vin. Une fois ces morceaux consumés, le reste de la viande est découpé, mis à la broche et rôti sur-le-champ : après quoi, un festin réunit tous les assistants, qui consomment en commun ces viandes. On retrouve dans la plupart des sacrifices sanglants ces caractères essentiels : une ordonnance solennelle, des gestes de purification, une prière, l'égorgement des victimes devant l'autel, la crémation d'une partie de l'animal, des libations, enfin la consommation immédiate du reste des chairs par les assistants.

Dans certains cultes, la consommation de la chair des victimes est proscrite et l'animal est entièrement brûlé (c'est ce qu'on appelle une crémation intégrale, ou holocauste) : c'est le cas, d'ordinaire, dans les sacrifices qui accompagnent un serment, dans certains rites expiatoires, dans les cultes des divinités de la terre et des dieux infernaux et dans la plupart des cultes héroïques et funéraires. Certains savants modernes ont interprété ces différences comme un indice que les divinités du polythéisme hellénique appartiendraient à deux grandes catégories, celle des divinités du ciel, ou « ouraniennes », et celle des divinités d'en bas, ou « chthoniennes ». Les premières seraient secourables, les secondes redoutables. Le rituel employé pour les unes serait donc un rituel d'hommage confiant et de participation. Le rituel chthonien, au contraire, serait un rituel d'« aversion », destiné à écarter la menace d'une puissance hostile. De là l'importance du banquet sacrificiel dans le premier, où les fidèles partagent avec le dieu la chair de la victime, tandis que, dans le second, la victime entière est abandonnée à la divinité.

Mais il s'en faut que cette dualité revête toujours un aspect aussi rigoureux qu'on l'a dit. Certaines divinités présentent, suivant les lieux, tantôt des caractères ouraniens, tantôt des caractères chthoniens. Zeus, le dieu du ciel par excellence, apparaît comme un dieu de la terre lorsqu'on l'invoque sous le nom de Zeus Meilichios, qui a la forme d'un serpent : nous savons qu'on lui offrait des holocaustes. Héraclès recevait à Thasos un double culte, l'un conforme au rituel divin (c'est-à-dire ouranien), l'autre selon un rituel héroïque et chthonien. On aurait donc tort de fonder une interprétation trop systématique de la religion grecque sur une distinction qui n'est pas toujours observée dans la pratique.

Là encore, le caractère essentiellement local des cultes doit être souligné. Pour les sacrifices sanglants du type le plus fréquent, les prescriptions varient sensiblement d'un sanctuaire à l'autre, et même selon les divers aspects d'un même dieu. La nature des victimes peut être précisée soit négativement, soit positivement. À Thasos, plusieurs règlements cultuels du Ve siècle interdisent de sacrifier à certaines divinités des porcs ou des chèvres. La même interdiction se retrouve à Délos. En revanche, à Cyrène, on recommande de sacrifier à Apollon Apotropaios, un chevreau roux. À Lampsaque, sur l'Hellespont, on immolait au dieu local, Priape, des ânes, tandis qu'à Sparte, Enyalios, dieu de la guerre, recevait des sacrifices de chiens. Le porc est habituellement choisi pour les cérémonies purificatrices ou expiatoires. La recommandation ultime que fit Socrate avant sa mort, telle que Platon la rapporte dans le *Phédon*, montre qu'on sacrifiait un coq à Asclépios. Par ces quelques exemples, on voit l'extrême variété des rites : les transgresser, offrir une victime non conforme à l'usage, c'était commettre un sacrilège, pour lequel des sanctions pécuniaires et religieuses étaient prévues.

LA CUISINE DU SACRIFICE
(hydrie ionienne, vers 540 av. J.-C.)
Le traitement des viandes sacrificielles occupe l'épaule de cette hydrie. À la flamme de l'autel, on fait rôtir les broches, tandis que les viandes sont bouillies au chaudron ; tout à droite, on enfile les morceaux sur d'autres broches.

Le prêtre, gardien du rituel

La complexité même de ces pratiques donne à l'opération sacrificielle un caractère technique très accusé. On comprend que, pour éviter des erreurs tenues pour sacrilèges, on ait recouru à l'intervention de spécialistes. Ce n'est pas un hasard si, en grec, le verbe qui veut dire sacrifier, *hiereuein*, est étroitement apparenté au nom du prêtre, *hiereus*. Le prêtre ou la prêtresse, généralement unique, est attaché à un sanctuaire pour y veiller à l'exécution du rituel. Choisi par élection ou par tirage au sort parmi les meilleures familles de la cité, il exerce des fonctions analogues à celles d'un magistrat. Il jouit d'un prestige qui se traduit par des places d'honneur dans les cérémonies publiques et bénéficie de certains avantages matériels, comme l'attribution d'une part privilégiée sur la viande des victimes, la perception d'une redevance en argent sur les sacrifices ou des exemptions d'impôts. Au reste, les prêtres sont des citoyens comme les autres et ne forment nullement une caste sacerdotale. La société hellénique n'a jamais connu de séparation rigoureuse entre le civil et le sacré.

Ces faits mettent en lumière, ici encore, le caractère fondamentalement social de la religion grecque : l'importance capitale attribuée au rituel, legs de la tradition élaborée par les ancêtres, et le rôle joué par le prêtre pour préserver cette tradition montrent que cette religion est essentiellement l'affaire du groupe. Le groupe familial a ses cultes propres : culte du foyer ; culte d'Apollon Patrôos et de Zeus Herkeios, auxquels les familles des futurs archontes d'Athènes devaient prouver qu'elles participaient ; culte d'Agathos Daimôn, le « bon démon domestique », représenté sous la forme d'un serpent, auquel on faisait une libation de vin pur à la fin du repas quotidien ; culte d'Hermès ou d'Hécate Prothyraia, à la porte de la maison. Le groupement plus large appelé phratrie est organisé autour de cultes communs, avec des fêtes particulières, comme celle des apaturies dans les villes ioniennes. Les tribus, division principale du corps civique, tirent à Athènes leur nom d'un héros local, qu'on appelle pour cette raison le héros « éponyme », et rendent des honneurs religieux à ce patron. Même les dèmes attiques, qui ne sont que des unités administratives à base territoriale dont l'institution fut tardive, ont eu leurs sanctuaires et leurs cultes, tout comme les bourgades des autres États grecs.

Quant à la cité elle-même, elle est, comme on l'a dit, le « cadre par excellence » de la vie religieuse. Ses sanctuaires et ses cultes sollicitent l'intérêt du citoyen, qui ne se sent membre du corps civique que dans la mesure où il participe à ses croyances communes. Le serment des éphèbes athéniens le montre clairement : « Je combattrai pour défendre les sanctuaires et la cité [...]. J'honorerai les cultes ancestraux. » Même les femmes sont engagées dès l'enfance dans ces obligations religieuses au service de l'État.

Mais il y avait aussi autre chose. La solennité et l'éclat des fêtes réjouissaient un public dont les distractions étaient rares et la vie quotidienne austère : le peuple admirait à cette occasion la dignité des magistrats, la prestance des cavaliers qui caracolaient, la beauté des porteuses d'offrandes ou canéphores et la bonne apparence des victimes promises au sacrifice.

Les fêtes : entre profane et sacré

Toute fête commençait par une procession. Loin d'assister passivement au défilé, les badauds ne se gênaient pas pour en commenter les détails, échangeant au besoin des lazzi avec les membres du cortège. Dans certains cas, ces plaisanteries étaient même de règle, comme lors de la procession d'Éleusis, où les spectateurs, groupés autour d'un pont, accablaient les pèlerins d'obscénités traditionnelles, dites géphyrismes ou « plaisanteries du pont ». Les « brocards des chariots » lancés du haut des voitures à l'occasion des anthestéries et des lénéennes, fêtes de Dionysos en Attique, ont joué un rôle dans les origines de la comédie. Réglées dans leur déroulement par des ordonnateurs, personnages officiels qu'on remarque sur la frise du Parthénon tournés en sens inverse de la marche, ces processions parcouraient rues et places pour aboutir dans le sanctuaire, sur l'esplanade qui entourait l'autel.

Autel monumental de Syracuse
(228 av. J.-C.)
Sur cet immense autel de près de 200 m de long, on procédait aux grands sacrifices publics qui permettaient de nourrir toute la cité lors de l'immolation de troupeaux de cent victimes (hécatombes).

Après la procession venait le sacrifice qui avait lieu près d'un autel. L'autel est destiné à recevoir le feu qui consumera tout ou partie de la victime. Ce peut être simplement un emplacement réservé, ou un trou creusé dans le sol, ou un petit tas de terre en forme de dôme, sans aucun appareil architectural. On l'appelle alors d'ordinaire du même nom que le foyer, *eschara* : c'est la forme habituelle des autels pour les divinités chthoniennes, les héros et les défunts. Mais on trouve aussi ce type très primitif d'autel dans d'autres cultes : ainsi, à Olympie, le grand autel de Zeus, qui n'a laissé aucune trace sur le terrain, était un monticule formé uniquement par l'accumulation des cendres des sacrifices.

Mais la plupart des autels étaient en pierre, monolithes ou maçonnés. Ils avaient la forme d'une table, cylindrique ou rectangulaire, dont la face supérieure recevait le feu sacrificiel. À côté des autels modestes, simples cubes de pierre portant parfois le nom de la divinité gravé sur une face latérale, il y eut dans les sanctuaires importants des autels monumentaux. Les dimensions de ces autels monumentaux peuvent être considérables. Dès l'époque archaïque, ils atteignent un développement, en plan, de 20 à 30 mètres de long sur 6 à 13 mètres de large. Aux temps classiques, on retrouve des dimensions du même ordre au temple d'Héra à Agrigente, au temple d'Aléa Athéna à Tégée. À l'Olympieion d'Agrigente, l'autel, aussi colossal que le temple, mesurait 56 mètres sur 12. L'époque hellénistique a encore accru ces dimensions, puisque le roi de Syracuse, Hiéron II, au milieu du IIIe siècle, fit construire dans sa capitale un autel de la longueur d'un stade olympique, soit 192 mètres !

L'autel, en règle, est situé en plein air. Il y avait à cela deux raisons : d'abord la fumée des sacrifices eût vite rendu irrespirable l'atmosphère d'un bâtiment clos, et, d'autre part, il fallait ménager autour de l'autel la place nécessaire pour la foule des assistants. En revanche, aucun lien rigoureux n'existe entre l'autel et le temple : le plus important des deux, contrairement à ce qu'on croit souvent, n'est pas le second, mais le premier. On ne conçoit pas de temple sans autel, mais les Grecs ont connu des sanctuaires sans temple, où l'on se contentait de sacrifier sur un autel en plein air. Ce fut le cas pour Zeus à Olympie pendant toute l'époque archaïque. Sur l'Acropole d'Athènes, l'autel d'Athéna n'était situé ni devant le Parthénon, ni devant la cella orientale de l'Érechthéion, mais devant l'emplacement autrefois occupé par le temple archaïque d'Athéna.

Autour de l'autel, on laissait libre le plus souvent une esplanade suffisante pour accueillir les acteurs et les spectateurs du sacrifice. En avant de la table d'autel, on scellait, soit dans le sol, soit dans la dalle même (dite *prothysis*) où se tenait le prêtre sacrificateur, un anneau de fer qui servait à attacher les victimes. Il arrive que l'archéologue retrouve en place cet anneau, humble détail qui aide à évoquer, autour de l'autel où brûlait le foyer sacré, les animaux de l'hécatombe, le groupe du prêtre, des magistrats et des serviteurs, puis la foule des citoyens formant cercle. Flammes et fumée montaient dans le ciel clair, et l'odeur de l'encens se mêlait à celle des chairs grésillantes, tandis que le chant de la flûte et les hymnes d'un chœur accompagnaient le déroulement de la cérémonie. La façade d'un temple aux frontons bariolés, les colonnades d'un portique, les offrandes et les statues de bronze étincelant au soleil, les frondaisons d'un bois sacré, les pentes d'une montagne proche ou le vaste horizon marin servaient de cadre pour ces fêtes de plein air.

Un culte spectaculaire

Les cérémonies du culte admettaient aisément une certaine forme élémentaire de fiction dramatique. On la trouve plus développée dans le rituel de Delphes : là, tous les huit ans, se déroulait un véritable « mystère », le steptérion, qui commémorait une antique légende delphique, le meurtre du serpent Python par Apollon. L'action, qui comportait l'incendie de la « hutte de Python » édifiée pour la circonstance, était accompagnée par la flûte, dont Plutarque signale les effets imitatifs, rappelant les sifflements du serpent. Dans d'autres cas, c'étaient des danses, plus ou moins chargées d'une signification symbolique, qui accompagnaient le sacrifice.

PHALLOPHORIE
(coupe attique, vers 540 av. J.-C.)
Cet échafaudage fantastique de mâts phalliques portés à dos d'homme, surmonté par un gigantesque satyre, lui-même chevauché par un cavalier, évoque, sans aucun réalisme, des processions dionysiaques.

Aucun culte n'a accordé plus d'importance à ces représentations rituelles que le culte de Dionysos, dieu de la végétation, et plus spécialement de la vigne et du vin. Le rituel dionysiaque comportait des chœurs chantant et dansant, ainsi que des processions. Les chœurs exécutaient en l'honneur du dieu un hymne d'un genre particulier, nommé dithyrambe. Les processions, joyeuses et bruyantes, promenaient l'image d'un sexe mâle, le

L'ÉTRANGER DANS LA CITÉ

Les historiens ont longtemps pensé que Dionysos venait de Thrace ou d'Orient... jusqu'à ce que le déchiffrement du linéaire B révèle sa présence à Mycènes. Il est donc bien grec. Mais il se plaît à prendre la figure de l'étranger, à affirmer sa différence. Par sa naissance déjà, car, bien que fils d'une mortelle, Sémélé, il est dieu pour avoir été recueilli dans la cuisse de Zeus, son géniteur. Et son culte opère un brouillage des catégories qui fondent la cité, inversant les rôles, mélangeant illusion et réel. À côté du vin et de l'ivresse, des festivals dramatiques et des processions phalliques, majoritairement masculins, la transe et la possession semblent davantage réservées aux femmes. Pour Dionysos, celles-ci doivent sortir des gynécées et célébrer le dieu par des danses extatiques, errer dans les montagnes en hiver, comme le font tous les trois ans une délégation d'Athéniennes, qui rejoignent sur le Parnasse les thyiades de Delphes. En certains lieux est attestée aussi l'omophagie (manducation de viande crue) après capture d'un animal sauvage, déchiqueté à mains nues. La possession donne aux bacchantes – les fidèles de Bacchos/Dionysos – des forces surhumaines. Le non-respect de ces pratiques rituelles peut mettre la cité en danger. C'est ce que disent les mythes : lorsque les femmes refusent ou sont empêchées de s'adonner aux rites étranges que réclame le dieu, il se venge en les frappant d'une terrible folie, une *mania* incontrôlable, et ce sont alors leurs propres enfants que déchirent ces ménades (« délirantes »). La cité athénienne semble avoir su juguler le côté paroxystique du ménadisme féminin, dont elle décrit les ravages... chez les autres. Mais elle n'a pas manqué d'accorder son dû à ce grand dieu, et ses vases montrent de sages ménades tournant autour d'une étrange effigie composée d'un masque de Dionysos fixé à un poteau.

phallos, symbole de la fécondité et du renouveau universel. Dionysos incitait les fidèles à l'extase mystique, aux contorsions violentes, à l'enthousiasme sans frein : le vin y était certes pour quelque chose, mais aussi une tradition rurale la tradition des fêtes gaillardes qui suivent les rudes travaux de l'été et de l'automne. Les membres du cortège (ou *thiase*) dionysiaque s'assimilaient volontiers aux légendaires compagnons du dieu, les satyres ou chèvre-pieds, et en adoptaient le costume, masque barbu et camus, peau de chèvre autour des reins, munie d'une queue et d'un *phallos* postiche. Selon Aristote, c'est du dithyrambe qu'est issue la tragédie, dont le nom (proprement « chant du bouc ») évoque le bouc, *tragos*, animal consacré à Dionysos. On attribuait au poète attique Thespis l'initiative d'avoir fait dialoguer un acteur avec le chœur et son chef, introduisant ainsi dans l'hymne lyrique du dithyrambe un élément dramatique qui se développa rapidement.

Quant à la comédie attique, qui eut sa place un peu plus tard à côté de la tragédie et de l'antique dithyrambe, elle est sortie, nous dit Aristote, des processions phalliques et des chants et lazzi qui les accompagnaient. Les chœurs de satyres, qui, dès le début du VIe siècle, forment sur les vases attiques le cortège de Dionysos, n'ont pas moins favorisé la naissance de la comédie, qui convenait à leur caractère impudent et lascif, que celle de la tragédie. Comme la tragédie, la comédie resta un élément important des fêtes dionysiaques en Attique. Usant fort librement de la licence que leur accordait la tradition de faire rire par tous les moyens, même les plus audacieux, les poètes ne se privèrent pas de brocarder à l'occasion le dieu qui patronnait leur art. Héraclès lui-même, tout fils de Zeus qu'il fût, est fréquemment dépeint comme un ivrogne et un goinfre : il apparaît sous ce jour dans l'*Alceste* d'Euripide, qui n'est pas une tragédie mais un drame satyrique, c'est-à-dire une pièce où l'élément burlesque a sa place.

Les concours dramatiques représentent un élément très répandu des fêtes religieuses, et leur rôle a été essentiel dans la vie sociale et morale des Hellènes. Ces concours sont d'abord et originairement des compétitions athlétiques. Les premiers jeux qui nous soient connus sont ceux qu'Achille, au chant XXIII de *l'Iliade*, organise à l'occasion des funérailles de Patrocle. D'autres jeux funèbres apparaissent dans les légendes épiques. C'est un fait que, d'ordinaire, les concours grecs sont organisés dans le cadre des cérémonies sacrées.

Il y avait des jeux partout dans le monde hellénique, rattachés aux cultes les plus divers. Le plus souvent, il s'agit de simples compétitions athlétiques, où la jeunesse rend hommage à la divinité de ses qualités de force et d'adresse.

Le vainqueur aux jeux apparaît donc comme le favori des dieux autant que comme un individu doué de qualités physiques exceptionnelles : de là l'usage de consacrer une offrande après la victoire dans le sanctuaire du dieu qui patronnait le concours. Or, parmi tous les jeux qui sollicitaient l'ambition des athlètes, quatre attiraient particulièrement les foules : ceux d'Olympie, de Delphes, de l'Isthme et de Némée. Par l'éclat de leurs fêtes, par la qualité des concurrents qui s'y affrontaient, par le nombre et la variété des spectateurs, ils méritaient vraiment le nom de jeux panhelléniques par lequel on les désigne d'ordinaire. Laissant de côté l'aspect technique et sportif de ces jeux, nous n'évoquerons pour l'instant que leur importance religieuse.

LES BOXEURS
(amphore panathénaïque, 324 av. J.-C.)
Lors des jeux en l'honneur d'Athéna, le vainqueur recevait comme prix une amphore de ce type, pleine d'huile, et décorée sur une face d'une effigie d'Athéna, sur l'autre d'une scène représentant l'épreuve où il avait triomphé, ici le pugilat.

Les jeux panhelléniques

Les jeux Olympiques, en l'honneur du Zeus d'Olympie, étaient les plus célèbres. Depuis 776, ces Jeux étaient célébrés tous les quatre ans en plein été (juillet-août). À l'époque classique, les fêtes duraient sept jours. Quelque temps avant l'ouverture des Jeux, des députés, les spondophores, étaient envoyés dans toutes les cités grecques pour annoncer l'événement. En l'honneur de Zeus, on observait alors une trêve sacrée qui suspendait les guerres intestines pour la durée des fêtes olympiques. Une ville de tentes et de baraquements s'élevait pour quelques semaines autour du sanctuaire.

Le premier jour des Jeux était consacré aux sacrifices et à la prestation du serment olympique par les concurrents. Ceux-ci devaient être grecs, de naissance libre et indemnes de toute condamnation. C'est aussi une prescription religieuse qui interdisait aux femmes l'entrée du sanctuaire et l'assistance aux épreuves : une seule exception était faite en faveur de la prêtresse de Déméter, Chamyné. La prestation du serment, particulièrement solennelle, avait lieu sur l'autel de Zeus Horkios, protecteur des serments, dont la statue se dressait dans le bouleutêrion (siège du sénat local) et tenait un foudre dans chaque main pour en frapper les parjures. Sur les quartiers d'un verrat sacrifié pour la circonstance, les athlètes, leurs pères et leurs frères juraient de respecter les règlements du concours. En cas de fraude, les « juges des Grecs », ou hellanodiques, frappaient le coupable d'une forte amende et l'excluaient des Jeux à perpétuité. Avec le produit de l'amende, ils érigeaient une statue de Zeus en bronze ; ces Zeus, les zanes, étaient alignés dans le sanctuaire, près de l'entrée du stade, au pied de la terrasse des Trésors. On peut voir encore en place quelques-unes des bases qui les portaient.

Après la fin des épreuves, qui duraient cinq jours, la dernière journée était consacrée à la distribution des récompenses. En présence d'une foule immense qui les acclamait, les vainqueurs, qu'on appelait les olympioniques, avançaient à l'appel de leur nom pour recevoir leur prix : une simple couronne d'olivier sauvage, tressée avec le feuillage de l'arbre sacré qu'Héraclès, nous dit Pindare, avait rapporté du pays des Hyperboréens pour le planter à Olympie. Ces couronnes étaient disposées sur une somptueuse table à offrandes incrustée d'ivoire et d'or, œuvre de Colotès, disciple et collaborateur de Phidias. Aux yeux des Grecs, il n'y avait pas d'honneur plus grand que la couronne olympique, remportée devant la Grèce assemblée dans le sanctuaire du roi des dieux.

LE STADE D'OLYMPIE
Sur cette piste d'apparence modeste s'affrontaient les champions de toutes les cités grecques, sous le regard passionné de leurs concitoyens.

Ainsi le désir de gloire, l'appétit de louanges, l'orgueil national et la piété sincère envers le dieu excitaient à la fois l'ardeur des concurrents. Les spectateurs étaient poussés en outre par la curiosité de voir de près des hommes célèbres, car aux athlètes se joignaient écrivains, philosophes, rhéteurs ou artistes, désireux de profiter de ce grand concours de peuples pour faire connaître leurs ouvrages par des lectures publiques ou pour obtenir des commandes. Les badauds se désignaient quelque illustre visiteur : Thémistocle, Alcibiade, Platon, dont le passage à Olympie est expressément attesté... Hérodote y lisait ses *Histoires*, aux applaudissements de la foule qui, à cette occasion, nous dit Lucien, donna pour titres aux neuf livres de l'ouvrage les noms des neuf Muses. À se côtoyer pendant quelques jours, à prendre part aux mêmes sacrifices, à vibrer d'un même enthousiasme, des hommes venus de tous les points du monde hellénique donnaient un contenu plus concret à la notion même d'hellénisme. Celle-ci s'est donc renforcée dans ces grands rassemblements religieux périodiques que les Grecs nommaient des panégyries.

À Delphes, les jeux Pythiques avaient été institués en l'honneur d'Apollon après la première guerre sacrée, en 582. Ils s'enrichirent peu à peu des mêmes épreuves athlétiques qu'à Olympie. Mais leur originalité resta d'accorder une place considérable aux concours musicaux, dont la tradition était très ancienne à Delphes : on contait qu'Homère et Hésiode avaient voulu tous deux prendre part au concours et qu'ils en avaient été écartés l'un et l'autre, le premier parce qu'il était aveugle et ne pouvait jouer de la cithare, le second parce que, tout bon poète qu'il fût, il n'était pas assez bon citharède.

Les fêtes avaient lieu tous les quatre ans, la troisième année de chaque olympiade, donc deux ans après les jeux Olympiques, vers la fin de l'été (août-septembre). Quelque temps auparavant, les Delphiens envoyaient des délégations, les théores, dans les diverses régions du monde grec pour y annoncer la prochaine ouverture des *Pythia*. Ces théores étaient reçus et logés, dans chaque cité souveraine, par des correspondants officiels chargés de faciliter leur mission et que l'on appelle les théorodoques. Le prestige d'Apollon, la renommée de son oracle ajoutaient à l'attrait des Jeux et amenaient à Delphes des foules comparables à celles qui affluaient à Olympie.

Les jeux Isthmiques et les jeux Néméens avaient lieu tous les deux ans, en alternance avec ceux d'Olympie et de Delphes, c'est-à-dire la deuxième et la quatrième année de chaque olympiade. Les premiers étaient célébrés en l'honneur de Poséidon dans son sanctuaire de l'isthme de Corinthe. L'époque des jeux était le printemps (avril-mai). On les annonçait officiellement et il y avait à cette occasion une trêve sacrée que l'on respecta même en pleine guerre du Péloponnèse. Le prix décerné aux vainqueurs fut d'abord une couronne de pin, bientôt remplacée, dès avant l'époque de Pindare, par une couronne d'ache. D'ache aussi était la couronne des jeux Néméens, dans le sanctuaire de Zeus à Némée, en Argolide. Bien que le souvenir du fameux lion tué par Héraclès restât attaché à la petite plaine de Némée, c'est Zeus qu'on y vénérait dans un enclos planté de cyprès.

Le champion, favori des dieux

L'AURIGE DE DELPHES *(bronze, 1,80 m, vers 470 av. J.-C.) La taille imposante de ce cocher permet d'imaginer la dimension de l'attelage complet, offert en remerciement de sa victoire par Polyzalos, tyran de Gela, en Sicile.*

L'admiration que suscitaient les victoires aux Grands Jeux était particulièrement vive quand un même athlète remportait la couronne dans le cycle des quatre fêtes successivement : il portait alors le titre de périodonique, ou « vainqueur du cycle ». La renommée de tels champions traversait les siècles et pouvait, dans des circonstances favorables, faire accéder l'athlète au rang des dieux. L'exemple de Théagénès de Thasos le montre bien. Ce fils d'un prêtre d'Héraclès passait pour avoir pour père véritable le demi-dieu lui-même, légende qu'expliquait sans doute un rite d'hiérogamie. Boxeur invincible pendant vingt-deux ans, il collectionna les succès : neuf fois vainqueur à Némée, autant de fois à l'Isthme, trois fois couronné aux jeux Pythiques, il connut l'apogée de sa carrière en triomphant à Olympie en 480 à la boxe et en 476 au pancrace. On lui éleva des statues à Olympie, à Delphes et dans l'île de Thasos, sa patrie.

Mais le plus curieux n'est pas tant l'extraordinaire série de ses triomphes sportifs que la promotion religieuse dont il bénéficia après sa mort, dans des circonstances que Pausanias a rapportées en détail : « Quand Théagénès ne fut plus, un de ses ennemis avait l'habitude de venir toutes les nuits battre de verges sa statue de bronze, s'imaginant qu'il maltraitait ainsi Théagénès en personne. La statue mit fin à ces violences en écrasant l'homme, et les enfants de la victime traduisirent en justice la statue pour meurtre. Les Thasiens la firent jeter à la mer, appliquant la loi de Dracon qui frappe d'exil même les objets inanimés, si d'aventure l'un d'eux écrase un homme. Par la suite, la terre à Thasos fut frappée de stérilité. Les Thasiens députèrent à Delphes, et l'oracle leur enjoignit de faire rentrer ceux qu'ils avaient chassés. Mais le retour des exilés ne mit pas fin à la stérilité du sol. Les Thasiens revinrent donc consulter la Pythie. Alors celle-ci leur répondit : "Du grand Théagénès vous avez négligé la mémoire." Ils étaient bien embarrassés, ne sachant par quel moyen récupérer la statue de Théagénès, quand, dit-on, des pêcheurs ramassèrent la statue dans leur filet et la ramenèrent au rivage. Les Thasiens la restaurèrent à son emplacement primitif et ils ont gardé la coutume de lui offrir des sacrifices comme à un dieu. »

Nous saisissons là sur le vif, à propos d'un illustre athlète, comment la gloire acquise dans les Jeux, preuve éclatante de la faveur divine, pouvait, dans des circonstances privilégiées, élever l'homme au rang des dieux. Toutefois, cette promotion n'intervenait qu'après la mort : c'est que les Grecs considéraient les défunts avec une révérence particulière. À côté de la religion des Olympiens, le culte des morts revêt chez eux une importance considérable. Il nous faut l'étudier maintenant.

Le culte des morts

Dans la société mycénienne, société aristocratique, nous ne connaissons le culte des morts que par les tombeaux et leur mobilier. L'architecture monumentale des tombes à coupoles, la richesse du contenu des tombes à fosse et certains indices révélant l'existence d'un culte funéraire montrent assez quel souci les Mycéniens avaient d'honorer leurs défunts. Mais nous ignorons comment ils se représentaient leur destinée dans l'au-delà. Homère, lui, croit à une forme de survie : c'est chez lui que la notion d'âme (psyché) apparaît pour la première fois clairement exprimée dans notre civilisation. Distincte du corps, elle s'en sépare au moment suprême pour s'envoler vers le séjour des morts, chez Hadès. Elle est l'image *(eidolon)* de ce que le vivant a été, mais une image sans consistance ni poids, capable pourtant de souffrir encore et de regretter la vie. Ces ombres errent dans une prairie d'asphodèles, quelque part sous la terre, au-delà des portes du séjour des morts, l'Hadès, où règne le dieu du même nom. Les honneurs funèbres, et en particulier la crémation, sont une condition nécessaire pour que l'âme accède à ce séjour et y goûte un morne repos. Une telle conception de l'outre-tombe n'offre guère de consolation aux mortels. Les héros d'Homère aiment la vie et s'affligent à l'idée de la perdre : mais le sentiment de l'inéluctable leur inspire une sorte de pessimisme résigné.

Le mort et son double *(amphore attique, vers 490 av. J.-C.) Deux guerriers ailés – Hypnos et Thanatos, dieux du sommeil et de la mort – enlèvent le cadavre d'un héros mort au combat. Au-dessus voltige une figure minuscule, ailée et armée : son double vital s'échappant de son corps.*

Est-ce seulement pour apporter quelque soulagement à ces âmes désolées ? Est-ce plutôt conscience obscure que les défunts, dans leur étrange survie, disposent d'un pouvoir surnaturel dont les vivants pourraient pâtir ? Quelle qu'en soit la raison, c'est un fait que les nécropoles géométriques et celles du haut archaïsme gardent la trace d'un culte funéraire : dans les cimetières attiques, on trouve des cendres de sacrifices près de la tombe, et le grand vase qui la surmonte a servi pour des libations. En outre, une grande pierre plantée dans la fosse ou près d'elle lui sert de marque, *séma*. Cette pierre deviendra la stèle funéraire par une évolution propre au monde hellénique. On inscrivit d'abord le nom du mort sur le bloc à peine dégrossi, puis, vers la fin du VIIe siècle, en Attique, on se fit plus exigeant : la stèle bien taillée, haute et étroite, légèrement pyramidante, fut désormais fichée dans une base plus large. Déjà auparavant, vers le milieu du siècle, on avait eu l'idée, en Crète, d'orner les stèles funéraires, comme à l'époque mycénienne, d'une représentation figurée, d'abord gravée en creux : une femme avec un fuseau, un guerrier en armes. Dieu ou mortel ? Il s'agit plus probablement des morts, sous une forme idéalisée, à qui les vivants rendent hommage. Par la suite, de telles représentations se multiplient. En Attique au VIe siècle, les tombeaux les plus

La mort en mer
(stèle funéraire attique, début du IVe s. av. J.-C.) Les armes posées au sol et la proue du navire près duquel se tient cet homme affligé suggèrent une mort en mer et la disparition du cadavre, qui n'a pu être enseveli. La stèle perpétue le nom (Démocléides, fils de Démétrios) et le souvenir de l'absent.

luxueux s'ornent de bas-reliefs avec l'image du mort. Ce portrait ne vise nullement à la ressemblance physique, qu'à cette époque les Grecs ne songeaient pas à rechercher : il représente idéalement le défunt, dans la plénitude de la force et de la beauté, comme si la mort lui avait conféré une jeunesse éternelle. Le défunt s'est transformé en héros, au sens religieux du terme, qui désigne un homme rangé après sa mort parmi les immortels.

Ce phénomène d'héroïsation est capital dans la pensée hellénique. Fondé sur la révérence et la crainte qu'inspire spontanément la mort, il ne fit que se développer depuis le haut archaïsme jusqu'à l'époque hellénistique. L'idée que le défunt, dans le monde nouveau auquel il accède, jouit d'une nouvelle dignité, Aristote l'a formulée en termes très clairs : « Non seulement nous croyons que les morts jouissent de la félicité des bienheureux, mais encore nous jugeons impie de tenir à leur sujet des propos menteurs ou diffamatoires, parce que nous pensons que c'est outrager des êtres devenus meilleurs et plus puissants. »

Ce titre de « bienheureux » *(makarios)* était-il vraiment réservé à tous ? Il était tentant de le croire, mais non moins tentant de s'assurer par quelque garantie, acquise durant la vie terrestre, que l'on jouirait ainsi du bonheur éternel. Cette précaution bien naturelle explique le succès de l'orphisme et des mystères. L'orphisme est une doctrine philosophique et eschatologique que les Anciens attribuaient au poète mythique Orphée. Bien qu'Hérodote, Euripide, Aristophane et Platon en aient fait mention expressément, cette doctrine reste pour nous très obscure : elle s'exprimait dans des poèmes attribués au chanteur thrace, dont on évoquait la touchante histoire, le génie musical et poétique, la participation avec les Argonautes à la conquête de la Toison d'or, le deuil inconsolable à la mort d'Eurydice et la mort tragique sous la fureur des ménades du mont Pangée. Il passait pour avoir enseigné aux hommes un idéal de vie ascétique, fondé sur l'abstinence de toute viande, le refus des sacrifices sanglants, l'interdiction d'ensevelir un mort avec un vêtement de laine. En outre, l'orphisme proposait une eschatologie, décrivant le sort qui attend les hommes dans l'autre monde, où les coupables seront rudement châtiés, tandis que les justes jouiront d'un séjour enchanteur dans les îles des Bienheureux. Peut-être l'orphisme enseigna-t-il aussi la migration des âmes ou métempsycose.

Le mystère d'Éleusis

Les mystères, rattachés au culte de Déméter, passaient pour avoir été institués par la déesse elle-même. « Lorsque, après le rapt de Coré, dit Isocrate dans le *Panégyrique*, Déméter dans sa course errante fut parvenue chez nous, elle se sentit bien disposée à l'égard de nos ancêtres qui lui avaient rendu des services dont seuls les initiés ont le droit d'entendre parler. Elle leur fit alors deux présents, les plus précieux qui soient : l'agriculture, qui nous a permis de vivre autrement que les bêtes sauvages, et les mystères, qui font concevoir aux fidèles de réconfortantes espérances sur ce qui les attend au terme de la vie et dans l'éternité des siècles. » À l'initié, qu'on appelait un myste, on faisait manipuler des objets et réciter des formules ayant trait à un symbolisme sexuel, puis on présentait un spectacle également symbolique, sorte de drame sacré qui évoquait la quête douloureuse de Déméter errant à la recherche de sa fille disparue, ainsi que diverses autres scènes. La présentation au public d'un épi de blé complétait la cérémonie. Les allusions indignées des Pères de l'Église, dont certains, comme Clément d'Alexandrie, avaient peut-être eux-mêmes reçu l'initiation éleusinienne avant de se convertir au christianisme, forment l'essentiel de nos sources sur ces mystères dont le secret a été fort bien gardé.

DÉMÉTER, TRIPTOLÈME ET PERSÉPHONE
(relief d'Éleusis, IVe s. av. J.-C.)
Le jeune Triptolème, fils du roi d'Éleusis, est pris en charge par les deux grandes déesses, comme l'est à son tour quiconque se fait initier aux mystères.

Nous connaissons mieux, en revanche, l'aspect social et non secret de ces cérémonies qui, à l'époque classique, font partie des grandes fêtes d'Athènes. Elles sont réglées par des prêtres qui appartiennent traditionnellement à deux grandes familles éleusiniennes : l'hiérophante à celle des Eumolpides, le dadouque et le héraut sacré à celle des Kérykes. Elles sont complexes et réparties en petits mystères, célébrés à Agra, un faubourg d'Athènes, au bord de l'Ilissos, en février, et grands mystères, célébrés à Éleusis fin septembre. Ces derniers durent plusieurs jours, avec défilés, auxquels participent officiellement les éphèbes, bain des futurs initiés dans la mer au Pirée, purifications, prières publiques, transport en procession d'Athènes à Éleusis par la Voie sacrée (c'est alors que prenait place l'épisode des géphyrismes, ou plaisanteries du pont), veillée nocturne à Éleusis autour du sanctuaire des Deux Déesses, sacrifice solennel et enfin l'initiation proprement dite. Celle-ci avait lieu dans une salle spécialement construite à cet effet, le télestérion.

Les étrangers (mais non les Barbares !) pouvaient participer aux mystères au même titre que les Athéniens. Toutefois, le caractère national du culte n'était aucunement perdu de vue : un haut magistrat, l'archonte-roi, avait pour premier devoir d'assurer la célébration des mystères d'Éleusis. L'État athénien veillait aussi à procurer au sanctuaire les fonds indispensables pour le service des deux déesses.

Prophétie et divination

Réserve faite pour les Grands Jeux, dont nous avons déjà parlé, les seuls cultes qui bénéficièrent d'une large audience dans le monde hellénique furent ceux de divinités pourvues de dons oraculaires et, vers la fin de l'époque classique, celui du dieu guérisseur, Asclépios.

Le grand nombre des oracles et la confiance qu'on accordait à leurs prédictions restent un sujet d'étonnement. C'est pourtant un fait indiscutable que les Grecs, si volontiers sceptiques et raisonneurs, firent grand usage des consultations oraculaires, tant dans les affaires publiques que pour leurs intérêts privés. Les historiens ne manquent pas de signaler les oracles et l'influence qu'ils ont exercée sur les actions des hommes. Des inscriptions nous ont conservé des réponses oraculaires à partir de la fin du Ve siècle. Voici, par exemple, l'une des plus anciennes, découverte à Trézène et relative au culte d'Asclépios : « Euthymidas a consacré [cette offrande] en souhaitant apprendre à quelles conditions il doit se rendre auprès du dieu quand il aura fait les ablutions rituelles. *[Réponse :]* Après avoir sacrifié à Héraclès et à Hélios, après avoir vu un oiseau favorable. »

SCÈNE DE HIÉROSCOPIE *(amphore attique, 520 av. J.-C.) Avant son départ pour la guerre, le combattant consulte les entrailles des victimes (hiéroscopie). Il examine les signes inscrits par les dieux sur le foie que lui présente un jeune esclave, tandis qu'un vieillard désigne le lieu de la divination.*

On le voit, cette consultation fait allusion à la divination par les oiseaux. Prophétie et divination sont, en effet, étroitement liées, et les Grecs ont pratiqué l'une comme l'autre. La divination, ou science des présages, intervenait chez eux constamment. Une loi sacrée d'Éphèse, datant de la seconde moitié du VIe siècle, donne des indications, malheureusement fragmentaires, sur les règles qui permettaient d'interpréter le vol des oiseaux : ce genre de divination était si populaire que le mot même d'oiseau, *ornis*, avait fini par signifier présage.

Il y avait bien d'autres formes de divination : par les signes célestes, coups de tonnerre, mouvements du sol, ou même une simple goutte de pluie ; par les songes, véhicule fréquent des apparitions célestes dès l'époque homérique et procédé normal pour recueillir les conseils du dieu dans plusieurs sanctuaires, ceux d'Asclépios spécialement. Par l'examen des entrailles des victimes, du foie, dont on tirait des indications favorables ou défavorables. La flamme même qui brûlait sur l'autel fournissait aussi des présages : les devins d'Olympie avaient pour charge d'interroger le feu du grand autel de Zeus. La volonté divine se manifestait aussi, au dire des Grecs, par d'autres moyens dont la naïveté ou la vulgarité nous étonnent : un mot entendu par hasard et qui, par quelque biais, fût-ce par un calembour, s'adaptait à la situation présente, ou même un simple éternuement.

À côté de ces présages matériels et fortuits, les prédictions sous une forme verbale élaborée ne manquaient pas : elles émanaient d'hommes qui avaient reçu de la divinité le don de prophétie. S'il s'agissait de femmes, on les appelait des sibylles : Pausanias leur consacre tout un chapitre (X, 12), dont Michel-Ange a pu s'inspirer en partie pour peindre au plafond de la chapelle Sixtine les sibylles de Delphes, d'Erythrées en Asie Mineure et de Cumes en Italie méridionale. Les prophètes mâles étaient désignés sous le nom générique de *bakis*. On colportait les recueils de leurs prophéties versifiées, que des commentateurs ou exégètes se chargeaient d'appliquer aux occasions particulières, comme on fit dans nos pays pour les prophéties de Nostradamus.

Présages et recueils d'oracles ne pouvaient répondre à tous les besoins. Dans l'embarras, les particuliers, mais aussi les cités s'adressaient aux sanctuaires où fonctionnait un oracle et lui posaient la question qui les préoccupait. De tels oracles, qui prophétisaient sur demande, étaient nombreux dans le monde hellénique et il s'en créa de nouveaux jusqu'à l'époque romaine. Mais tous ne jouissaient pas de la même réputation, loin de là.

À Dodone, dans une vallée reculée des monts d'Épire, à une vingtaine de kilomètres au sud-ouest du lac de Janina, Zeus rendait ses oracles au pied du mont Tomaros, par la voix des chênes et du vent.

L'oracle de Delphes

Mais aucun oracle ne pouvait rivaliser avec celui de Delphes, le sanctuaire d'Apollon, accroché au flanc sud du Parnasse, sous la falaise des roches Phédriades. Partout des pentes abruptes ou des rochers à pic : c'est bien Pythô la rocheuse, comme l'appelle l'*Hymne homérique à Apollon*. Delphes est à près de 600 mètres d'altitude, le sommet des Phédriades dépasse 1 200 mètres, et le Kirphis en face atteint presque 900 mètres. Tel est le site où prospéra l'oracle le plus fameux du monde antique.

Apollon, dieu de toute science, resta la plus haute autorité religieuse et morale, celle qui indiquait les moyens efficaces de mettre fin à quelque calamité nationale en effaçant les traces de la souillure qui la causait : ainsi fit-il pour Thasos à propos de Théagénès, dont nous avons déjà parlé. Souverain mainteneur des traditions religieuses, expert en

LES ORACLES

Certains oracles sont des prescriptions, parfois même tout un ensemble de lois – comme celles qu'Apollon dicte à Lycurgue; d'autres sont tournés vers l'avenir et aident le consultant à prendre une décision. Ceux qui sont conservés par la tradition littéraire sont plus complexes : ils se présentent souvent comme des réponses peu claires. Dans nombre de cas, la prophétie ne se comprend qu'après coup, une fois que l'événement annoncé a eu lieu. L'exemple de Thémistocle est célèbre. Au cours des guerres médiques, les Athéniens consultent la Pythie, qui répond : « Imprenable sera la muraille de bois. » Certains comprennent qu'il faut se barricader sur l'Acropole derrière un mur de planches, mais Thémistocle déduit qu'il faut quitter Athènes et utiliser la flotte pour résister aux Perses. La victoire de Salamine lui donne raison. De même, quand Crésus consulte pour savoir s'il doit combattre les Perses, il lui est répondu qu'« il détruira un grand empire ». Crésus fait la guerre, mais c'est son propre empire qu'il détruit ! Ainsi, ce n'est pas l'oracle qui explique l'avenir, mais les faits qui rendent l'oracle compréhensible. C'est une parole divine à retardement. Une fable d'Ésope met en scène un esprit fort qui veut prendre le dieu à son propre jeu et prouver qu'il ment. Le héros se présente, tenant dans sa main – cachée sous son manteau – un moineau, et il demande : « Ce que je tiens est-il vivant ou inanimé ? », bien décidé à faire un sort à l'oiseau selon la réponse du dieu. Mais celui-ci, qui n'est pas dupe, répond, indigné : « Je sais bien qu'il dépend de toi que ce que tu tiens soit vivant ou inanimé ! » Dans ce récit exemplaire – prouvant que les Grecs n'ont pas toujours cru aux oracles –, la réplique du dieu est sans ambiguïté, alors que la question était à double sens. Pour une fois, l'énigme est dans la question, non dans la réponse.

TEMPLE D'APOLLON, À DELPHES
Au pied des roches Phédriades (les Brillantes), Apollon a choisi d'installer son sanctuaire après l'avoir débarrassé du dragon Python. À flanc de coteau, la terrasse du temple, reconstruit au IVe s., ne garde plus que le soubassement énigmatique de ce qui fut un haut lieu de l'oracle.

rites de purification, l'oracle prit en outre à son compte une certaine forme de sagesse. Deux maximes étaient inscrites dans l'entrée du temple : « Connais-toi toi-même » et « Rien de trop ». Conseils de morale pratique ? Mise en garde contre la démesure, l'*hybris* à laquelle succombèrent tant de tyrans ? Ou pensée plus profonde, préconisant l'introspection et l'ascèse ? Ce n'est pas auprès du clergé de Delphes ni dans les réponses de l'oracle qu'il faut chercher des éclaircissements ! Il suffit à la gloire de l'Apollon delphique que Socrate et Platon, après Eschyle et Pindare, aient médité sur ses maximes : le dieu s'est bien montré par là, comme on l'appelle dans la *République*, « le directeur de conscience traditionnel de tous les hommes ».

Comment consultait-on l'oracle ? Nous ne le savons encore qu'imparfaitement. On n'avait licence de le faire qu'à certains jours favorables, assez peu nombreux pour qu'on fît queue dans le sanctuaire. Les Delphiens pouvaient accorder, en échange de services rendus au dieu ou à leur cité, le privilège de la promantie, c'est-à-dire de la priorité pour la consultation. Les consultants acquittaient une somme d'argent, le *pélanos*, ainsi nommée parce qu'elle remplaçait le gâteau rituel (sens propre du mot *pélanos*) qui avait servi primitivement d'offrande préalable. Cette taxe était sensiblement plus lourde quand la consultation était faite pour une cité et non pour un particulier. Puis on offrait un sacrifice, une chèvre selon Plutarque. Avant de l'immoler, on l'aspergeait d'eau froide : si elle ne tremblait pas sous cette douche, on considérait que le dieu refusait de répondre, et la consultation n'avait pas lieu. Dans le cas contraire, les consultants, après avoir remis par écrit le texte de la question qu'ils souhaitaient poser au dieu, étaient introduits dans le temple où l'oracle allait être rendu.

L'état de destruction dans lequel se trouve le temple n'a pas permis de reconnaître avec précision la disposition des lieux. On sait seulement qu'il y avait, comme dans la plupart des grands temples grecs, un vestibule et une grande salle, au fond de laquelle s'ouvrait le local oraculaire. Il était situé en contrebas, puisque les textes nous disent qu'on y descendait. S'agissait-il vraiment d'un souterrain ou descendait-on seulement quelques marches ? Il semble que les consultants n'accédaient pas à la partie la plus reculée, qui était proprement l'*adyton*, le lieu d'accès interdit, où se tenait la Pythie. Le rôle de cette prophétesse, qui était l'instrument du dieu, n'est pas entièrement éclairci. Choisie parmi les Delphiennes, elle vivait chaste et retirée à partir du moment où on l'avait désignée pour cette fonction. Lors des consultations, elle s'asseyait dans l'*adyton* sur un trépied, auprès d'une pierre sacrée en forme de dôme qu'on appelait le nombril *(omphalos)* et qui passait pour marquer le centre de la terre. Assise sur le trépied, la Pythie mâchait des feuilles de laurier et buvait l'eau d'une source sacrée, Cassotis, qui jaillissait au-dessus du temple et qui passait pour reparaître dans l'*adyton* après un parcours souterrain. Puis la prophétesse entrait dans une sorte de transe et balbutiait des mots confus. Comme la plupart des oracles delphiques qui nous ont été conservés sont en vers, force est bien d'admettre que les vaticinations de la Pythie subissaient une élaboration ultérieure avant d'être transmises aux intéressés. On suppose que les responsables de cette mise en forme étaient des fonctionnaires sacerdotaux qu'on appelait les prophètes. Une copie de chaque oracle était gardée dans les archives du sanctuaire.

LA CONSULTATION DE L'ORACLE *(coupe attique, vers 430 av. J.-C.)*
Devant une prêtresse au nom mythique, Thémis, assise sur un trépied, se tient le roi d'Athènes Égée, venu consulter Apollon à propos de sa stérilité. La scène donne une idée de ce que pouvait être la consultation de la Pythie.

Au flanc du Parnasse, au pied de la haute falaise des Phédriades, dominant la vallée du Pleistos, sur une terrasse orientée vers le sud, se déploie le site de Delphes et les édifices du sanctuaire, tels que l'on peut les reconstituer d'après les fouilles et les travaux de l'École française d'Athènes. Le sanctuaire principal est consacré à Apollon. Une succession de terrasses étagées autour du grand temple, plusieurs fois reconstruit, et dont l'état actuel remonte au IV*e siècle av. J.-C., reçoit les trésors édifiés par de nombreuses cités pour abriter les offrandes consacrées à Apollon. Chacun de ces petits bâtiments, parfois pour nous anonymes, exhibe aux yeux de tous la richesse et la prospérité des donateurs. En contrebas : le gymnase et, plus à l'est, le petit sanctuaire d'Athéna Pronaia, « qui précède le temple* (naos) *» d'Apollon, quand on arrive d'Athènes.*

SANCTUAIRE D'APOLLON A
- *Temple d'Apollon* 1
- *Théâtre* 2
- *Trésors du théâtre/chapelles de Dionysos* 3
- *Leschê (parloir) des Cnidiens* 4
- *Portique d'Attale* 5
- *Trésor (des Acanthiens ?)* 6
- *Char des Rhodiens* 7
- *Statues des rois Eumène et Attale* 8
- *Autel d'Apollon* 9
- *Trésors anonymes* 10
- *Taureau des Corcyriens* 11
- *Les Navarques* 12
- *Base de Marathon* 13
- *Cheval dourien* 14
- *Les rois d'Argos et les Épigones* 15
- *Base des Tarentins (chevaux et captives)* 16
- *Trésor des Sicyoniens* 17
- *Trésor des Siphniens* 18
- *Trésor des Thébains* 19
- *Trésor des Potidéates* 20
- *Trésor des Athéniens* 21
- *Bouleutêrion* 22
- *Trésor des Corinthiens* 23
- *Trésor des Cyrénéens* 24
- *«Agora»* 25

PORTIQUE OUEST B

STADE C

GYMNASE D
- *Xyste* 1
- *Bassin du loutron* 2
- *Cour péristyle de la palestre* 3

MARMARIA E
- *Temple d'Athéna Pronaia* 1
- *Trésor dorique* 2
- *Trésor éolique, dit de Marseille* 3
- *Tholos* 4

Delphes
A
B
C
1
2
3
4
5
6
7
8
9
10
11
12
13
14
15
16
17
18
19
20
21
22
23
24
25

ASCLÉPIOS SOIGNE UNE MALADE *(relief en marbre, Ve s. av. J.-C.) À droite, sous le regard de sa fille, la déesse de la santé Hygie, le dieu Asclépios touche l'épaule de la malade endormie. À gauche, trois fidèles sont en prière ; leur taille réduite les distingue des dieux auxquels est consacré cet ex-voto.*

Nombre de ces prophéties, formulées d'une manière obscure, justifient le surnom de *Loxias*, l'Oblique, qui fut donné à l'Apollon de Delphes. Cette obscurité même, comme l'emploi de la forme versifiée, souligne bien l'originalité de l'oracle, à savoir son caractère fondamentalement verbal. Même si, parmi nos textes, beaucoup sont des faux forgés *post eventum*, ces faux n'auraient reçu aucune créance s'ils n'avaient pas été conformes au type habituel des oracles rendus à Delphes. Nous devons donc admettre que la procédure esquissée plus haut était la procédure normale des consultations pythiques. À côté de celle-ci, il en existait d'autres, comme la consultation par tirage au sort. Dans ce cas, le dieu choisissait entre deux solutions (parfois entre plusieurs) préalablement formulées par le consultant. La Pythie intervenait-elle aussi dans cette affaire ? Ce n'est nullement assuré.

Dieux guérisseurs…

L'espoir de la guérison a toujours été un des plus puissants motifs de la croyance religieuse. Les Grecs, en cas de maladie, se tournaient naturellement vers leurs dieux. Le dieu local, quel qu'il fût, représentait un premier recours. Mais Apollon, plus spécialement, apparaissait comme un guérisseur, et plusieurs de ses épithètes cultuelles, *Paean, Epikourios, Alexikakos, Akésios*, font allusion à cette qualité. Certains héros jouèrent aussi ce rôle : il y avait en Attique au IVe siècle un Héros Médecin qui n'était connu que sous ce nom. À partir de la fin du Ve siècle, la vogue de ces guérisseurs fut éclipsée par une divinité spécialisée dans cet office, Asclépios.

Vénéré à Épidaure, en Argolide, dans un sanctuaire d'Apollon, Asclépios y prit bientôt la première place. Sa renommée grandit grâce à des guérisons spectaculaires. C'est alors, dans les trente dernières années du Ve siècle, que la médecine clinique se constitue grâce à Hippocrate de Cos. D'Épidaure le nouveau culte se répand dans le monde grec avec une étonnante rapidité : à Athènes et au Pirée (où Aristophane dans le *Ploutos*, joué en 388, situe la guérison de Ploutos aveugle), à Delphes, à Pergame, à Cyrène, à Cos, la patrie d'Hippocrate, où se développe une importante école de médecine. La foi des pèlerins et leurs espérances se renforçaient à la lecture des cures miraculeuses accomplies par le dieu, telles qu'elles étaient rappelées par des inscriptions du IVe siècle que Pausanias a vues et qui ont été retrouvées en partie : soixante-six miracles d'Asclépios nous sont ainsi rapportés en détail, allant de la guérison d'une fille muette ou de la délivrance d'une femme grosse depuis cinq ans à l'évacuation d'un calcul ou d'un ver solitaire. On voit même le dieu pousser la bienveillance jusqu'à réparer miraculeusement un vase brisé dans une chute !

Dieux protecteurs

Cette revue sommaire des principaux actes du culte nous a montré combien le peuple grec, aux époques archaïque et classique, se sentait proche de ses dieux. Ceux-ci, dans leur pluralité presque infinie, se manifestaient partout à lui, dans les forces de la nature comme dans la vie sociale. Cette polyvalence de la divinité est un des traits du polythéisme hellénique que la mythologie rationaliste, en aménageant un Olympe hiérarchisé et en spécialisant systématiquement les fonctions divines, a le plus obscurci à nos yeux. Toutefois, elle apparaît bien dans le cas des grandes divinités civiques, ou, comme on dit, poliades, qui occupent le premier rang dans les cités. À Athènes, c'est Pallas ; à Argos et à Samos, c'est Héra ; à Sparte, à Milet, à Cyrène, c'est Apollon ; à Éphèse, c'est Artémis ; à Thasos, c'est Héraclès ; à Lampsaque, c'est Priape, etc. On constate qu'à travers la variété des légendes et des traditions cultuelles la divinité majeure, quelle qu'elle soit, assume à peu près partout les mêmes fonctions essentielles de protectrice du groupe social. Cela se traduira, à l'époque hellénistique, par la participation personnelle du dieu à l'administration de la cité, lorsque, en l'absence de tout citoyen capable de pourvoir aux frais de la magistrature suprême, le dieu lui-même (avec son trésor sacré) revêtait cette magistrature éponyme et figurait à ce titre, pour un an, en tête des documents officiels.

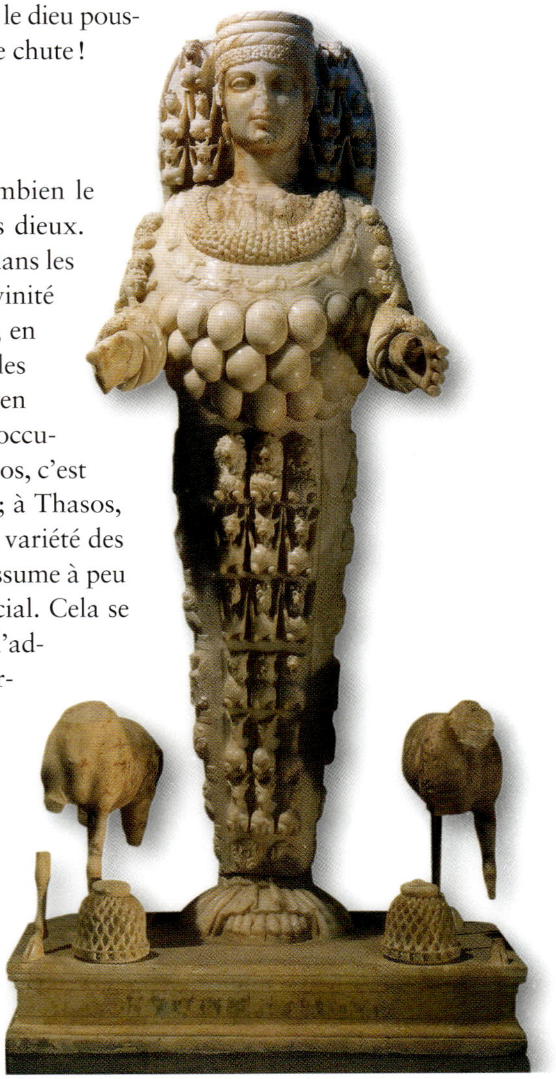

Un panthéon accueillant

Ainsi, pour l'homme grec, l'univers matériel comme l'univers mental sont tout pénétrés de sacré. À côté des grands dieux panhelléniques, il y a la multitude des dieux mineurs, attachés à un coin de terre. Parmi eux, les héros forment une catégorie nombreuse et originale. On a longtemps discuté pour savoir s'il s'agissait d'anciens dieux déchus de leur statut divin ou de mortels qui avaient accédé à la condition d'immortels. Suivant le cas, l'une ou l'autre explication est la bonne. Les fondateurs des cités coloniales reçurent fréquemment des honneurs héroïques, qu'on leur rendait près de leur tombeau, souvent placé au centre de la ville, sur l'agora. Avec le temps, on en vint à proposer de tels honneurs à des vivants. C'est ce que les gens de Thasos voulaient faire pour Agésilas, ce qui leur valut, nous dit Plutarque, une réponse ironique de ce roi : « Les Thasiens, à qui Agésilas avait rendu de grands services, lui élevèrent un temple et le placèrent au rang des dieux, puis ils lui envoyèrent une ambassade pour l'en informer. Agésilas leur demanda si leur patrie avait le pouvoir de transformer les hommes en dieux. Comme ils répondaient que oui : "Eh bien, leur dit-il, transformez-vous vous-mêmes en dieux ! Et si vous y parvenez, alors je veux bien croire que de moi aussi vous pouvez faire un

ARTÉMIS D'ÉPHÈSE *(copie romaine) La déesse protectrice d'Éphèse est vénérée sous la forme déconcertante d'une effigie d'aspect archaïque et oriental : présentation frontale, robe étroite aux motifs animaliers et multiples protubérances que l'on interprète souvent comme étant des mamelles.*

dieu !" » La réaction d'Agésilas, Spartiate attaché aux traditions, montre que l'apothéose des vivants répugnait à la conscience religieuse des Grecs classiques. Mais plus tard, à l'époque hellénistique, le procédé se généralisa et devint flagornerie pure.

Autre moyen d'enrichir un panthéon déjà foisonnant : la divinisation des allégories. Chez Homère déjà apparaissent des figures divines de ce genre comme les Moires ou Destinées, ou Éris, la Discorde. On sait quelle place tiennent dans l'œuvre d'Hésiode Diké, la Justice, ou Mnémosyne, la Mémoire. La tendance à diviniser les abstractions ne fit que croître aux temps classiques et l'on éleva des temples à Thémis, la Loi divine, à Némésis, la Vengeance divine, comme on consacra des autels à Eiréné, la Paix, et à son fils Ploutos, la Richesse. Une foi religieuse si accueillante à des formes nouvelles de la divinité ne devait pas se montrer hostile aux divinités étrangères, sauf dans la mesure où leur intervention mettait en danger les fondements mêmes de l'État. Les Grecs, au cours de leur longue histoire, n'ont guère cessé d'accueillir de nouveaux dieux. C'est un trait bien remarquable de cette pensée que son aptitude à retrouver le connu sous l'inconnu. C'est pourquoi Hérodote nous présente, au livre II de ses *Histoires*, un si curieux tableau de la religion égyptienne où chaque divinité est aussitôt assimilée à un dieu grec : Neith, c'est Athéna ; Bastit, c'est Artémis ; Isis, c'est Déméter ; Râ, c'est Hélios ; Outo, c'est Léto ; Seth, c'est Arès ; Osiris, c'est Dionysos ; Khonsou, c'est Héraclès ; Hathor, c'est Aphrodite ; Amon, c'est Zeus.

Traité d'alliance entre Athènes et Samos
(stèle attique, 403 av. J.-C.)
Sur le relief placé en tête du décret proclamant l'accord entre ces cités, les deux déesses tutélaires – Athéna pour Athènes et Héra pour Samos – se serrent la main en signe d'alliance.

Lorsqu'une équivalence avec un dieu grec préexistant ne se laissait pas découvrir, une divinité étrangère pouvait encore trouver accès dans le panthéon hellénique à condition que son aspect ne heurtât point les habitudes de l'œil, sinon de la pensée. Ainsi, la déesse carienne Hécate, admise par les Grecs comme gardienne des portes dès l'époque archaïque, fut chantée par les poètes, depuis Hésiode jusqu'à Euripide : de grands artistes comme Myron contribuèrent à fixer sa triple image. En revanche, un culte phrygien, celui de Sabazios, qui comportait des mystères et qui se rapprochait du culte de Dionysos, fut toujours regardé avec défiance, au moins à l'époque classique.

ORPHISME ET PYTHAGORISME

Orphée est un musicien thrace, membre de l'expédition des Argonautes. Le pouvoir de son chant est tel qu'il charme les animaux les plus sauvages et déplace les arbres et les pierres. Lorsque son épouse Eurydice meurt, il parvient à fléchir les dieux et à ramener des Enfers celle qu'il aime : s'il ne s'était retourné pour la regarder, elle serait restée à son côté. Dans le mysticisme grec, Orphée occupe une place centrale, par ses mystères, liés à la croyance en une forme de salut après la mort, et par les textes sacrés, hymnes et théogonie, qu'on lui attribue. Les orphiques refusent le meurtre et considèrent comme tel le sacrifice animal que pratiquent les Grecs. Ils s'abstiennent donc de toute consommation de viande, se mettant ainsi à l'écart de la cité, où le sacrifice organise le partage entre les hommes et les dieux. On a trouvé dans des tombes d'Italie du Sud des feuilles d'or où sont inscrits quelques vers servant à guider le défunt dans l'au-delà ; à Derveni, au nord de Corinthe, un long papyrus cosmogonique accompagnait le mort.

Quant à Pythagore, philosophe du VIe siècle venu d'Ionie, il a fait école à Crotone, en Grande-Grèce. Actifs au Ve siècle, les pythagoriciens s'imposent un régime alimentaire excluant la viande, comme les orphiques, mais aussi les fèves. Ils croient à la réincarnation des âmes (métempsycose), et l'on raconte que Pythagore se remémorait ses vies antérieures et se souvenait d'avoir combattu pendant la guerre de Troie. L'enseignement de Pythagore n'a pas laissé de trace écrite ; il est entièrement oral, sous forme de préceptes réunis par ses disciples.

Ces deux sectes, orphiques et pythagoriciens, ont souvent fait l'objet de railleries faciles, stigmatisant leur mode de vie marginal et le charlatanisme éhonté de certains de leurs adeptes.

Enfin, outre les dieux traditionnels, les héros, les allégories et les dieux étrangers, les Grecs faisaient aussi une place dans leurs croyances à ce qu'ils appelaient les démons. Le mot démon peut très bien s'appliquer à un dieu et apparaît parfois, chez des écrivains récents aussi bien que chez Homère, comme un simple équivalent de *théos*, « dieu ». Mais il sert aussi et surtout pour qualifier des êtres surnaturels peu différenciés et d'un rang inférieur par rapport aux grands dieux traditionnels : chez Hésiode, les hommes de l'âge d'or, ailleurs tel ou tel mort divinisé, ou encore l'Agathos Daimôn, démon favorable du foyer familial, que l'on représente volontiers sous la forme d'un serpent. Ainsi s'offre un large champ à l'imagination créatrice en matière de foi religieuse. Cette variété, cette imprécision, ces incertitudes n'ont certainement pas peu contribué à la vitalité de la religion grecque, qui pouvait aisément renouveler ou enrichir son contenu spirituel tout en bénéficiant de la permanence des rites : elle repose sur des traditions, mais elle ne connaît pas de dogmes.

Dans une religion sans dogmes, sans caste sacerdotale, sans livres sacrés, une grande liberté est laissée à l'appréciation individuelle. Les Grecs ne se firent pas faute d'en profiter. Platon, dans les *Lois*, châtie l'athéisme avec la dernière énergie parce qu'il le considère comme une erreur intellectuelle qui met en danger les principes mêmes de la cité idéale. Mais, dans la réalité historique, on n'a guère mis en cause les athées que dans la mesure où ils entendaient se soustraire aux obligations qui s'imposaient au citoyen. L'incroyance ne devenait un crime que lorsqu'elle tournait à l'impiété.

Pour exciter la colère de l'État en matière de religion, il fallait soit une raison politique à laquelle l'incrédulité ne fournissait qu'un prétexte, soit un sacrilège effectif, comme la parodie des mystères d'Éleusis à laquelle participa Alcibiade, ou la mutilation des hermès qui déchaîna la colère des Athéniens à la veille du départ pour l'expédition de Sicile. Dans ces cas-là, la justice athénienne sévissait avec rigueur : la conscience populaire avait le sentiment que la profanation commise par le coupable, si elle n'était pas punie d'une manière exemplaire, provoquerait la colère divine et que toute la cité en pâtirait. Plus qu'un délit d'opinion, c'est donc un crime contre la solidarité civique qu'on entendait frapper.

Le cas de Socrate

Tel fut le cas dans le procès de Socrate, en 399. Le philosophe fut accusé, on s'en souvient, de corrompre la jeunesse, de ne pas croire aux dieux de la cité et d'introduire des divinités nouvelles. L'accusation était soutenue par un jeune homme sans notoriété, Mélétos, assisté d'un homme politique, Anytos, qui avait joué un rôle important dans le parti démocratique. Socrate fut condamné par 280 voix contre 220, le tribunal étant composé de 500 juges : à 30 voix près, il était acquitté. Pourquoi cette condamnation d'un sage que la Pythie avait désigné comme le plus savant des hommes ? Comment expliquer une décision de justice qui, depuis les pamphlets de Platon et de Xénophon en faveur de Socrate, passe pour la honte inexpiable de la démocratie athénienne ? Les circonstances du procès permettent de répondre aisément.

Les honnêtes bourgeois qui composaient le tribunal de l'héliée ont retenu, non sans hésitation, contre Socrate le grief d'avoir contribué à former quelques-uns des froids ambitieux dont Athènes avait tant souffert depuis quinze ans : Alcibiade, le promoteur de l'expédition désastreuse de Sicile, puis le conseiller trop habile de Lacédémone contre sa propre patrie ; Critias, le cynique et avide chef des Trente, qui fit périr tant d'Athéniens après avoir renversé la démocratie. Les relations qui les unissaient l'un et l'autre à Socrate étaient connues de tous, et les juges étaient excusables de reporter en partie sur le maître la responsabilité des erreurs commises par les disciples. D'autant que, durant leurs années de jeunesse, les amis de Socrate n'avaient nullement dissimulé leurs préjugés en faveur de Sparte, considérée comme une cité mieux gouvernée qu'Athènes ; une curiosité philosophique et une virtuosité dialectique que l'exemple de leur maître avait largement développées et qui leur conféraient dans le dialogue une supériorité si nette que l'interlocuteur en prenait forcément ombrage ; enfin – et ce n'était pas le moins important – une tendance avouée à l'homosexualité, l'amour « dorien » si en honneur à Lacédémone, dont on s'entretenait volontiers dans leur petit groupe, et qu'on y pratiquait sans aucune gêne. Or l'Athénien moyen,

SOCRATE
(copie romaine)
Socrate était célèbre pour son front de taureau et son nez camus : une laideur qui le faisait comparer à un satyre. Alcibiade ajoutait que, tel le vieux Silène (voir illustration page ci-contre), père des satyres, son enveloppe grotesque dissimulait une sagesse divine.

LES TROIS AMOURS

Le récit que Platon, dans le *Banquet,* attribue à Aristophane, est appelé à tort « mythe de l'androgyne ». Initialement, raconte le poète comique, les humains étaient des êtres sphériques munis de quatre bras et de quatre jambes et qui se déplaçaient en faisant la roue. Il y avait trois sexes, les mâles, les femelles et les androgynes. Inquiets de leur puissance, les dieux décidèrent de les couper tous en deux. Depuis, chacun cherche sa moitié pour s'unir à elle : c'est le désir amoureux. Les ex-androgynes recherchent le sexe opposé ; les mâles et les femelles, leurs semblables respectifs. Ainsi s'expliquent l'hétérosexualité et les deux types d'homosexualité. Pour l'auteur de cette fable, l'homosexualité masculine constitue la forme supérieure. Elle est une preuve de virilité et qualifie l'homme politique. Le point de vue que Socrate développe ensuite n'est pas fondamentalement différent. L'amour est désir de fécondité et d'immortalité. Il peut se réaliser dans les corps pour aboutir à la procréation. L'amour homosexuel doit chercher plus haut sa finalité, en s'élevant de l'amour des beaux corps à celui des belles âmes et, de là, à la contemplation de la beauté même. Et l'amant doit féconder l'esprit de celui qu'il aime. Socrate a-t-il converti ses contemporains à l'amour « platonique » ? Rien n'est moins sûr.

comme il apparaît bien à la lecture d'Aristophane, éprouvait pour ce vice autant d'horreur que de mépris : il y voyait, outre le dérèglement de l'esprit et des sens, le signe de ralliement d'une « fraternité » aristocratique, d'un compagnonnage à visées politiques dont la démocratie devait à bon droit se défier. Tous ces jeunes gens trop contents d'eux, pour la plupart issus des familles les plus riches d'Athènes, n'excitaient guère la sympathie de qui n'appartenait pas à leur cercle. Ainsi l'accusation de corrompre la jeunesse paraissait-elle reposer sur des bases sérieuses. Socrate représentait-il un danger pour l'équilibre moral et politique de la démocratie athénienne ? On peut sans hésiter répondre que oui. À lire les premiers dialogues de Platon, Socrate apparaît comme un très habile sophiste, capable de mettre en échec les plus retors. De cette arme qu'il manie en virtuose Socrate se sert pour mettre son interlocuteur en contradiction avec lui-même et lui démontrer qu'il n'est plus sûr de rien. Après avoir détruit, il faudrait reconstruire : or Socrate ne conclut jamais. Il conduit à douter, mais ne propose aucune certitude. Certes, sa noble vie de penseur et de citoyen, sa participation sans réticence au service militaire et aux charges civiques, son désintéressement, sa pauvreté, son respect religieux de la loi, son attachement à la pensée droite et à la vérité, fût-ce au prix de sa propre tête, offrent des exemples admirables. Mais qui, parmi ses contemporains, le voyait tel, à l'exception de ses intimes ? Le public retenait de lui l'apparence extérieure, la pittoresque silhouette évoquant un silène, l'habileté à manier les questions embarrassantes, le doute perpétuellement soulevé. Il le confondait aisément avec les philosophes de la nature, comme Anaxagore, autrefois condamné pour impiété, ou avec les sophistes, comme Protagoras, lui aussi banni en raison de son scepticisme destructeur. Socrate faisait, il est vrai, fréquemment allusion à cette voix intérieure, à ce démon familier qui le conseillait dans les circonstances difficiles et dont il considérait l'intervention comme la manifestation d'un dieu. Mais comment les cadres de l'État, qui tous reposaient sur l'exacte et bénévole participation aux cultes, pourraient-ils subsister si les citoyens de demain, ébranlés dans leurs convictions par l'enseignement de Socrate, se mettaient à douter de tout, sans disposer d'autre recours que cette étrange voix secrète qu'un seul vieillard prétendait entendre dans son cœur ?

Je ne sais si ces arguments furent mis en avant par ses accusateurs, mais on peut tenir pour probable que nombre de ses juges les prirent en considération, avant de mettre dans l'urne de bronze, où étaient recueillis les votes, le jeton à tige pleine qui acquitte ou le jeton à tige creuse qui condamne. Que deux cent vingt d'entre eux, sur les cinq cents membres du tribunal, aient préféré la tige pleine, aimant mieux libérer un juste que de faire un exemple apparemment utile à l'État, c'est à l'honneur de la démocratie athénienne. Quant aux autres, ils ont cru servir la cité, sans doute à tort, et à coup sûr il était trop tard : car l'esprit de libre examen, pour lequel Socrate a tant fait, avait gagné déjà trop de têtes pensantes pour que la vieille religion survive avec l'ordre social dont elle était la garantie et le reflet.

SILÈNE *(cruche attique, 480 av. J.-C.) Mi-homme, mi-animal, le dieu Silène, philosophe et prophète souvent ivre, aurait été le précepteur de Dionysos.*

Les panthéons

UN DIEU SANS NOM
Pour ce grand bronze découvert en mer, au large de l'Attique, on hésite. Le bras droit brandit-il le trident ou la foudre ? S'agit-il de Poséidon ou de Zeus ? C'est en effet l'attribut, aujourd'hui manquant, qui permet d'identifier le dieu.

La religion grecque est polythéiste. Le divin s'y manifeste à travers une pluralité de puissances. De surcroît, chaque divinité peut être invoquée sous différents aspects, marqués par des épithètes : Athéna est ainsi *Parthénos* (Vierge), *Ergané* (Artisane), *Polias* (Civique), *Niké* (Victorieuse), etc. Bien qu'il soient individualisés par leur apparence, leurs attributs, voire leur caractère – à l'exception de certains groupements de divinités féminines, Charites, Muses, Heures... –, les dieux sont, plutôt que des personnes, des puissances qui interviennent dans le monde des hommes selon des modes d'action et dans des domaines spécifiques. Hermès délimite l'espace et trace les passages ; il préside à toutes les formes d'échange et de transfert – les voyages et le commerce, la descente vers le monde des morts. Mais ces puissances sont également complémentaires. À cet Hermès de l'extérieur répond Hestia, la déesse du foyer, de l'espace domestique et intérieur. Corrélativement, dans chaque secteur, plusieurs divinités agissent selon des modalités particulières. La guerre relève à la fois d'Athéna, pour l'intelligence tacticienne, et d'Arès, pour la violence destructrice. Sur cette multiplicité de dieux, l'ensemble des Olympiens se détache. Ils sont douze, mais pas toujours les mêmes. À Athènes, la frise du Parthénon aligne Hermès, Dionysos, Déméter, Arès, Héra, Zeus, Athéna, Héphaïstos, Poséidon, Apollon, Artémis et Aphrodite. Mais, ailleurs, Hadès et Hestia peuvent remplacer Arès et Dionysos. Il est vrai que ce dernier, fils d'une mortelle, Sémélé, mais né de la cuisse de Zeus, occupe une place à part. Divinité du vin, de la folie, du théâtre et de l'illusion, Dionysos incarne les forces du désordre, qu'il faut savoir reconnaître pour se les concilier. Son étrangeté même est indispensable à l'identité de la cité et à son équilibre.

Chaque cité possède son propre panthéon, organisé, selon diverses combinaisons, autour de sa divinité poliade (civique) : Héra à Argos, Artémis à Sparte, Zeus à Cos. Parfois, ce titre n'a été obtenu qu'à la suite d'une compétition. À Athènes, Athéna l'a emporté sur Poséidon. Les dieux se partagent le monde, mais selon des modalités variées définies par les hommes.

La naissance d'Athéna *Héphaïstos vient de fendre d'un coup de hache le crâne de Zeus : Athéna, toute armée, en surgit sous les yeux de Poséidon et des Ilithyes, déesses de l'accouchement. Pour avoir enduré les douleurs de l'enfantement, Zeus chérit tout particulièrement sa fille.*

Monnaie de Sélinonte *Les monnaies frappées par les cités peuvent représenter la divinité poliade, ou encore le héros fondateur. Ici, il s'agit d'une divinité locale, le dieu-fleuve Sélinos, faisant libation devant l'autel qui lui est consacré.*

Relief de Thasos *À l'entrée du sanctuaire, Hermès, bras tendu, salue les Charites (les Grâces romaines), divinités du don et de l'échange. Le dieu des passages est ici à sa place, en action, pour recevoir la procession des fidèles comme il accueille les trois déesses.*

Les Olympiens au Parthénon *Sur la frise du Parthénon, douze dieux assis reçoivent l'hommage du peuple athénien. Les jumeaux Apollon et Artémis, que l'on voit ici siégeant avec Poséidon, sont encadrés par Athéna, Héphaïstos et Aphrodite.*

LE CORPS DES DIEUX

À la différence des dieux égyptiens, les dieux grecs sont anthropomorphes : conçus à l'image du corps humain, mais d'un corps fictif, sublimé dans l'éclat de la jeunesse ou dans la plénitude de la maturité. La statuaire exprime cette idéalisation d'abord dans la géométrie des *couroi* archaïques, puis par le canon mathématique de l'âge classique. Cependant, à côté de ces dieux au surcorps éclatant, sont attestées des formes abstraites : poutres, pierres brutes, quadrangulaires ou coniques. Il existe également quelques cas de zoomorphisme : Zeus en serpent, Déméter chevaline. Enfin, deux divinités, Hermès et Dionysos, les plus proches des hommes, s'en écartent parfois en recevant des formes simplifiées : pour l'un, le pilier hermaïque doté d'une tête et d'un phallus ; pour l'autre, un simple masque qui, fixé à une colonne, compose une effigie éphémère.

Le retour d'Héphaïstos *L'Olympe a connu des conflits. Chassé par sa mère Héra, Héphaïstos, tenant ses outils, est ici ramené par Dionysos. Le pouvoir du vin a brisé la rancœur du forgeron.*

Ensemble, ils réintègrent la communauté des dieux, qui retrouve son harmonie.

CHAPITRE 7

Le citoyen dans la cité

Qu'est-ce que la cité ?

Si le Grec des temps archaïque et classique est un soldat, c'est pour répondre à l'appel de sa cité. S'il participe à la religion de ses pères, c'est essentiellement dans le cadre de la cité. La notion de cité, création originale et vivace du peuple grec, a dominé toute son histoire et toute sa pensée. Transmise à Rome, remodelée par elle et enrichie à son usage, elle fut léguée à l'Europe tout entière qui en tira, pour une large part, la conception moderne de l'État. C'est assez dire quelle est son importance dans l'histoire de notre civilisation. Essayons d'analyser le contenu de cette notion.

Selon Aristote, la cité est le résultat de l'union politique réalisée entre plusieurs villages. Des exemples historiques célèbres illustrent bien cette thèse, comme le fameux synœcisme ou réunion des bourgs de l'Attique pour en faire la cité d'Athènes, opération que l'historiographie grecque attribue à Thésée. La conséquence habituelle en était la formation d'un centre urbain plus important, siège du nouvel État. C'est pourquoi on identifie d'ordinaire la cité politique avec la ville dont elle porte le nom. Mais il pouvait très bien arriver qu'aucune concentration urbaine n'accompagnât l'accord passé entre les villages : la cité n'en était pas moins réalisée aux yeux des Grecs par la volonté commune de ses habitants. Les conditions nécessaires en toute rigueur pour définir une cité étaient donc : un territoire commun bien délimité, un minimum d'organisation politique reconnu par les cités voisines et enfin, ce qui aux yeux des Grecs n'était pas le moins important, un embryon d'histoire, c'est-à-dire au moins une légende de fondation avec un culte qui s'y rattache.

CULTE HÉROÏQUE ET CITÉS

De nombreuses cités grecques honorent un héros fondateur. Ce phénomène n'est pas réservé aux colonies. Les héros interviennent en général au début de l'histoire de la cité, comme à Mégare, fondée par l'Argien Corobeos : exilé pour meurtre, il a reçu d'Apollon l'ordre de quitter Delphes en emportant sur son dos un trépied sacré et de fonder une ville à l'endroit où celui-ci tombera. Corobeos a son tombeau sur l'agora de Mégare. Parfois, le héros joue un rôle dans le développement de la cité, comme Thésée à Athènes : il en réorganise le territoire et délivre les Athéniens du joug crétois et du Minotaure. Les cultes héroïques sont souvent ancrés au centre-ville. Sur l'agora de Thasos, un petit monument abrite l'inscription funéraire de Glaucos, l'un des habitants de Paros venu au VIIe siècle fonder cette colonie. À Corinthe, l'agora s'est établie sur une ancienne nécropole, et les tombes redécouvertes forment le support de cultes héroïques. La découverte de tombes mycéniennes à l'époque archaïque a souvent donné lieu à l'élaboration de cultes en l'honneur de ces héros du temps passé. Alors que les morts ordinaires sont enterrés hors des murs de la cité, la présence de ces défunts exceptionnels dans l'espace public leur donne un statut particulier, aux origines de la cité.

Sauf pour les cités plus considérables, Sparte et Athènes en Grèce propre, Rhodes dans les îles, Syracuse ou Cyrène outre-mer, le territoire des cités ne se compose guère que d'un petit bassin cultivable autour de l'agglomération principale, avec quelques pacages de montagne ou quelques îlots côtiers. La campagne est mise en valeur soit par des paysans

Une rue de Corinthe
Bordée de trottoirs, cette vaste avenue de 7,50 m de large qui mène au port – le Léchaion – longeait des boutiques et des monuments publics, et menait aux propylées ouvrant sur l'agora. À l'horizon, la puissante citadelle de l'Acrocorinthe domine le paysage.

libres groupés en villages et cultivant leurs propres terres, soit par la main-d'œuvre servile d'un grand domaine rural. Le régime foncier varia beaucoup suivant les régions et les époques. Un Cimon, un Périclès possédaient des terres fort étendues qui leur rapportaient des revenus considérables. Ces riches propriétaires résidaient d'ordinaire à la ville, bien qu'ils eussent sur leurs terres des maisons assez semblables aux manoirs des seigneurs homériques. Probablement construites en briques crues, elles n'ont pas laissé de traces appréciables. Exposée au midi, la maison comporte plusieurs pièces de séjour et une chambre à coucher pour les maîtres, avec les pièces de service pour la cuisine et le bain ; des magasins aménagés pour y conserver les fruits des récoltes, céréales, légumes secs et grains ; des locaux séparés pour les esclaves hommes et femmes ; enfin des abris pour le cheptel mort et vif. Les fermes des paysans libres étaient évidemment bien plus modestes.

Dans certaines régions, où la sécurité était mal assurée, villages et manoirs devaient se fortifier. Une simple tour de pierre formant fortin pouvait suffire à décourager l'agresseur : le paysan libre, toujours soumis aux obligations militaires, gardait chez lui ses armes et pouvait répondre aussitôt aux ordres de mobilisation.

L'idéal autarcique

On cultivait partout les céréales, orge surtout, blé si possible. La terre grecque s'y prête mal, mais l'idéal de la cité étant l'autarcie économique, on désirait d'abord tirer du sol les galettes, les bouillies et le pain qui représentaient la base de l'alimentation. Des fèves, des lentilles, des pois chiches, quelques légumes verts, de l'ail et des oignons, voilà les produits du jardin. Le verger était planté de figuiers, qui prospéraient particulièrement en Attique, de cognassiers, de poiriers, de pommiers. L'olivier, arbre sacré d'Athéna, fournissait olives et huile en abondance, comme aujourd'hui encore dans la Grèce entière. Les plantes aromatiques, thym, cumin, basilic, origan, étaient appréciées pour la cuisine. La vigne tantôt s'élevait en treilles, tantôt s'alignait en rangs. Moutons et chèvres paissaient dans la montagne. Quelques vaches et bœufs, rares et jalousement réservés pour les grands sacrifices, aidaient le cultivateur dans sa tâche. Les ruches fournissaient le miel, qui tenait lieu de sucre.

LA CUEILLETTE DES OLIVES *(amphore attique, vers 520 av. J.-C.) Le travail agricole est rarement représenté, de même que le paysage, ici réduit à quelques signes évoquant l'activité décrite : le ramassage des olives, dont la production est vitale pour l'Attique.*

Résine et poix provenaient des forêts de résineux, ainsi que le bois pour les navires : mais la production de la Grèce propre ne suffisait pas et il fallait faire largement appel à l'importation. On faisait pousser du lin en Élide, seule région de la péninsule assez arrosée pour cette culture : ailleurs, on devait l'importer d'Asie Mineure ou d'Égypte. Pour la laine, les troupeaux grecs fournissaient l'essentiel : chaque maison filait et tissait ses vêtements d'usage, et c'était l'occupation principale des femmes. Seuls les produits de luxe venaient de l'étranger et faisaient l'objet d'un commerce. Il en était de même pour les cuirs : sandales ou manteaux en peaux de bique, bonnets contre la pluie, outres et sacoches étaient fabriqués dans la famille, sauf en ville, où l'on s'adressait aux artisans spécialisés.

À la campagne, les exploitations les plus importantes étaient les carrières et les mines. Les gisements d'argile d'Attique ou de Corinthie fournissaient la matière première à de nombreux ateliers de potiers. Les carrières de marbre du mont Pentélique près d'Athènes, celles d'Aliki dans l'île de Thasos étaient exploitées à l'air libre. Celles de l'île de Paros, dans les Cyclades, étaient surtout souterraines : leur marbre, d'une blancheur exceptionnelle, était fort recherché pour la statuaire. L'extraction se faisait à la lueur des lampes. Les diverses pierres à bâtir donnaient lieu à une exploitation analogue : on connaît les fameuses carrières ou latomies de

Syracuse, qui virent l'agonie des prisonniers athéniens après le désastre de Sicile. Près de Cyrène, en Libye, on voit encore en maints endroits les bancs de calcaire coquillier dont furent détachés les blocs destinés aux monuments de la grande ville africaine.

Les mines de fer et de cuivre sont mal connues. En revanche, on est mieux renseigné sur les mines de métaux précieux, qui ont retenu l'attention des écrivains anciens. Elles firent la prospérité de Thasos. Sur le mont Pangée en Thrace, les mines d'or de Scapté-Hylé, la « Forêt affouillée », étaient exploitées par les indigènes, mais pour le compte de Grecs. Mais les mines les plus importantes furent celles du Laurion, à l'extrémité sud-est de l'Attique. Plusieurs milliers de travailleurs serviles étaient employés à l'extraction et au traitement du minerai, dont on tirait sur place des lingots de plomb et de l'argent assez épuré pour servir à la frappe des célèbres monnaies d'Athènes, les « chouettes du Laurion ». Un des ateliers monétaires était installé sur place.

Vase à parfum
(Grèce de l'Est, vers 610 av. J.-C.)
Pour les vases à parfum, les potiers se plaisent à multiplier les formes insolites – animaux familiers ou parties du corps. Ici, une sandale au laçage complexe enserre un pied délicat.

La ville archaïque et classique

Si la cité tire sa subsistance du labeur des campagnards, c'est néanmoins à la ville que se traitent les affaires importantes, pour les particuliers comme pour l'État. Comment se présente une ville grecque à l'époque archaïque et classique ? Si modeste qu'elle soit, elle apparaît comme la capitale d'un État : on y trouve des sanctuaires pour les cultes publics, des fortifications assurant la défense des citoyens contre les attaques du dehors, une grand-place ou agora servant de marché et de lieu de réunion pour les assemblées politiques, des fontaines pour l'alimentation en eau, indispensable à toute vie, et enfin des bâtiments administratifs et judiciaires. Autour de ces bâtiments publics, dont la plupart sont concentrés sur l'acropole ou autour de l'agora, se développe le réseau des rues, dans un désordre qui, avant le ve siècle, révèle l'absence totale de tout plan d'ensemble. C'est seulement après les guerres médiques et à l'image de ce qui se passa pour la reconstruction de Milet (détruite par les Perses en 494) que l'on vit apparaître les premières préoccupations d'urbanisme avec l'emploi du plan orthogonal, dit aussi en damier. Toutefois, ces innovations n'intervinrent que dans les villes nouvelles et ne modifièrent pas la physionomie des anciennes cités.

Au reste, l'extrême diversité des sites urbains ne favorisait guère au départ l'adoption généralisée d'un tracé logique.

Les maisons particulières contrastent avec la somptuosité habituelle des monuments publics par leurs dimensions modestes et leur extrême simplicité. Leurs murs de brique crue ou de torchis, qui reposent sur un socle bas de maçonnerie, rendent facile le travail des voleurs ou « perceurs de murailles ». Les indications tirées des textes et les résultats des fouilles d'Olynthe nous permettent d'imaginer la maison grecque. Détruite en 348 par les troupes de Philippe, la ville n'a pas été réoccupée depuis : les archéologues américains ont dégagé ses ruines avec méthode, si bien que le plan détaillé de plusieurs quartiers est désormais connu. Il s'agit de quartiers neufs, dont le plan avait été établi vers la fin du ve siècle. Aussi les maisons jointives sont-elles distribuées non pas en groupes informes comme dans les cités plus anciennes, mais en ensembles rectangulaires, délimités par le quadrillage de rues en damier : c'est déjà le système des blocs, qui se généralisera à l'époque hellénistique et que les Romains appelleront des îlots, ou *insulae*. Tandis que les maisons d'Athènes, par exemple, devaient rarement avoir des murs se recoupant à angle droit, celles d'Olynthe dessinent en général un carré plus ou moins régulier (en moyenne de 17 m de côté). Sur ce terrain, une cour s'ouvre au milieu de la façade méri-

Mosaïque de Délos
(maison du Trident, IIe s. av. J.-C.)
Les décors domestiques ont rarement été conservés en Grèce. À Délos, au IIe s. avant notre ère, plusieurs maisons attestent une tradition raffinée de la mosaïque, géométrique ou figurée, qui n'a rien à envier aux mosaïques romaines.

dionale et sert de dégagement pour les pièces du rez-de-chaussée qui l'entourent sur trois côtés. Le côté nord de la cour est couvert par un portique *(pastas)* sous lequel s'ouvrent les pièces de séjour de l'appartement privé. Un ensemble office-cuisine-salle de bains *(oikos)* et une pièce de réception *(andrôn)* avec son antichambre occupent le reste du rez-de-chaussée. Un étage, accessible par un escalier de bois, surmontait souvent l'aile nord et donnait sur une galerie courant au-dessus de la *pastas*. Il semble que les pièces de l'étage aient été l'appartement des femmes.

La maison individuelle était la règle dans la Grèce classique. La haute maison à plusieurs étages ne se développera qu'à Rome. Quelques privilégiés de la fortune occupaient de grandes villas aux pièces nombreuses, vastes cours à portiques et jardins. Mais, là encore, le luxe était discret : les mosaïques de sol qu'on a dégagées à Olynthe dans les plus riches maisons et qui sont les plus anciennes que l'on connaisse sont faites de cailloux noirs et blancs, sans aucune recherche. Les parois étaient blanchies à la chaux ou décorées d'un enduit de couleur aux motifs simples. Jusqu'à l'époque classique, le vrai faste est réservé aux dieux.

Une démonstration « aristocratique »

À la ville comme à la campagne, le plus gros du travail manuel est exécuté par les esclaves. Tout d'abord, ils effectuent l'essentiel des tâches ménagères dans chaque maison, où un minimum de personnel servile apparaît comme indispensable : seul un gueux ne possède aucun esclave. Outre ces besognes domestiques, ce sont aussi des esclaves qui assurent la marche des entreprises artisanales, puisqu'on ne peut guère parler d'industrie que dans quelques cas très rares.

Au reste, un certain mépris s'attache au travail manuel : le terme même d'ouvrier, *banausos*, est affecté d'une nuance défavorable, comme l'est, plus encore, celui de *kapélos*, qui désigne le petit commerçant. Qui exerce une activité de cette sorte, même si elle touche à l'art authentique, ne jouit guère de considération dans la société grecque, même dans la plus démocratique comme celle d'Athènes. La véritable occupation digne d'un homme libre, c'est de participer aux affaires publiques.

Ainsi, et contrairement à ce qu'on pourrait croire, dans la pratique, une cité « démocratique » comme Athènes n'accordait guère plus de considération au travail artisanal que des cités aristocratiques.

On voit par là le caractère essentiellement aristocratique de la cité grecque, même quand elle se proclame un État populaire. Les notions de démocratie et d'aristocratie ne se conçoivent chez les Hellènes que rapportées au seul corps des citoyens, qui participent plus ou moins largement aux affaires de l'État. Or ce corps des citoyens, loin d'englober la majeure partie des habitants, représente en fait une minorité privilégiée. Toutes les grandes cités grecques offrent le même tableau. Les citoyens sont seuls titulaires non seulement des droits politiques, mais aussi des principaux droits civils, comme celui de posséder des biens immobiliers, terres ou maisons. À côté d'eux, les étrangers domiciliés, les « cohabitants » (c'est le sens propre du mot métèque), jouissent d'un statut spécial leur assurant certaines garanties : ils participent aux charges financières et militaires qu'impose l'État, mais n'ont aucun droit politique. Enfin, la population servile est souvent aussi nombreuse que les citoyens et parfois davantage.

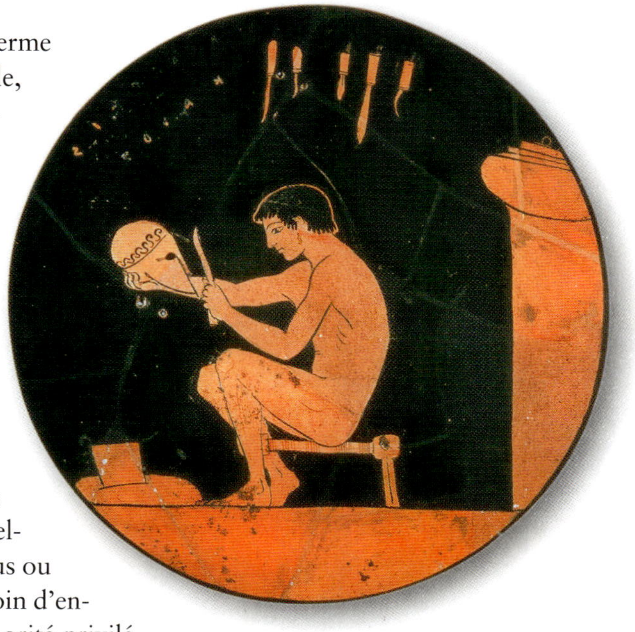

L'ARMURIER
(coupe attique, 480 av. J.-C.)
Cet artisan, appliqué à polir un casque de bronze au décor ciselé, travaille pour les citoyens soldats, qui sont aussi les banqueteurs auxquels cette scène est offerte au fond d'une coupe à boire.

Esclaves, hilotes, métèques et périèques

À côté des esclaves proprement dits, on trouve en Thessalie, en Crète, et dans l'État lacédémonien une classe de serfs attachés à la terre. À Sparte, ce sont les hilotes, descendant, semble-t-il, des populations soumises par les Doriens à leur arrivée en Laconie ou lors de la conquête de la Messénie : réduits à une complète servitude, ils cultivaient les lots de terre que l'État attribuait à leurs maîtres spartiates. Chaque année, on proclamait l'état de guerre avec les hilotes, pour entretenir chez ces exploités une crainte salutaire : les jeunes Spartiates, lorsqu'ils étaient soumis à l'épreuve de la cryptie, avaient le droit de tuer tout hilote rencontré dehors pendant la nuit. Cette autorité discrétionnaire permettait aux citoyens d'être déchargés de toute tâche autre que la préparation à la guerre. Toutefois, autour des riches cultures de Laconie et de Messénie, réservées aux seuls Spartiates et mises en valeur par les hilotes, les régions frontières de l'État lacédémonien étaient occupées par des habitants appelés les périèques (« ceux qui habitent alentour ») : ils n'étaient pas citoyens, mais pouvaient librement s'adonner aux travaux agricoles, à l'artisanat et au commerce, à la différence des Spartiates, sous la seule obligation de servir aux côtés de ces derniers dans l'armée lacédémonienne. Ils semblent avoir bénéficié des droits civils (à la différence des métèques dans les autres cités grecques) et se montrèrent en général de loyaux sujets de Sparte.

La condition des esclaves est en principe partout la même. L'esclave n'est qu'un « instrument animé » à la disposition de son maître. Les textes juridiques, comme les actes d'affranchissement que nous possédons en grand nombre pour l'époque hellénistique, le désignent par les termes « un corps masculin » ou « un corps féminin », comme si c'était bien un objet, et non une personne. C'est qu'en perdant la liberté il a perdu la qualité d'être une personne, et cela quelle que soit son origine, grecque ou barbare. C'est pourquoi on n'admet son témoignage en justice que s'il est soumis à la torture : la contrainte de la souffrance paraît indispensable pour lui faire dire la vérité.

L'esclave n'a ni vie personnelle ni vie familiale. Les femmes servent au plaisir de leur maître sans réserve ni scrupule : les captives troyennes, Briséis, Andromaque, Cassandre, ont subi cette humiliation. La distinction entre l'homme libre et l'esclave resta dans la société grecque une distinction fondamentale. Comme, en raison des risques entraînés par la guerre, la menace de l'esclavage pesait sur tout homme libre, la destinée humaine, déjà soumise par nature à tant de périls, en paraissait plus pathétique encore aux yeux des Grecs : leurs poètes ne se sont pas privés d'exploiter cette source du tragique.

ESCLAVE ENDORMI *(terre cuite, vers 350 av. J.-C.) La posture de cet esclave aux traits négroïdes, blotti contre une amphore à vin, correspond aux préjugés souvent exprimés dans la comédie : ivrogne et paresseux, l'esclave (ainsi que la femme) est chargé de tous les défauts auxquels l'homme libre prétend échapper.*

Esclaves ou hilotes, métèques ou périèques, citoyens avec leur famille, nous ne sommes guère en mesure de chiffrer le pourcentage de ces divers éléments dans la population des cités. Voici toutefois, pour donner un ordre de grandeur, les évaluations approximatives pour Athènes et Sparte, chacune envisagée à l'époque de sa plus grande prospérité. Athènes, au début de la guerre du Péloponnèse, vers 432, devait compter environ 40 000 citoyens (soit, avec leurs familles, près de 150 000 personnes), de 10 000 à 15 000 métèques (soit, avec les familles, 40 000 personnes) et près de 110 000 esclaves, sur une population totale de 300 000 âmes. L'État lacédémonien, juste après les guerres médiques vers 480-470, comptait sans doute 5 000 Spartiates (soit 15 000 personnes avec les familles), 50 000 périèques et de 150 000 à 200 000 hilotes, donc environ 250 000 âmes. Beaucoup de cités moyennes devaient avoir un nombre de citoyens proche de ce chiffre de 10 000 qu'Aristote considère comme un idéal. Compte tenu du fait que, parmi ces habitants privilégiés, plus d'un se trouvait écarté des affaires par la négligence, l'incapacité ou la maladie, on voit quel cadre restreint était celui de la cité grecque : au milieu d'une population composée en grande partie de personnes civilement et politiquement incapables, tous ceux qui jouaient un rôle, si minime fût-il, se connaissaient au moins de vue.

Qui sont les citoyens ?

Ces citoyens seuls dépositaires des droits qui, aux yeux des Grecs, permettent à l'homme d'être vraiment un homme, tiennent de leur naissance leur qualité de citoyen : leur père au moins, parfois aussi leur mère, comme l'exigeait pour Athènes une loi de Périclès, appartenait déjà au corps privilégié. C'est donc le sang qui confère le droit de cité. La collation de ce droit à des étrangers reste un privilège dont les États grecs ne se montraient

« NÉS DU SOL »

Comment les Athéniens peuvent-ils se dire les enfants d'Athéna, la *Parthénos,* irréductiblement vierge ? Le mythe résout cette contradiction en faisant intervenir le demi-frère d'Athéna, Héphaïstos. Habituellement, les deux divinités vivent en bonne entente, présidant ensemble aux activités des artisans. Mais, un jour, Héphaïstos est pris d'un désir violent pour Athéna, qui, robuste guerrière, repousse sans peine l'assaut du dieu bancal. Elle ne peut cependant éviter que le sperme d'Héphaïstos ne souille sa cuisse. Dégoûtée, elle s'essuie avec ce qu'elle a sous la main, en tant que patronne des travaux féminins : un flocon de laine, qu'elle jette au sol. La Terre le recueille et fait croître en son sein un bébé qu'elle remet, au jour de sa naissance, à Athéna, qui l'élève avec tendresse sur l'Acropole. L'enfant, Erichthonios – doté, comme beaucoup de créatures chthoniennes, d'un corps de serpent – devient roi d'Athènes. Les Athéniens, descendants de cet ancêtre mythique, à la fois « nés de la Terre » et fils de leur déesse poliade, se disent donc tous frères, ce qui fonde leur égalité. Bien des cités préfèrent penser leur rapport au territoire qu'elles occupent en se rattachant à un héros fondateur, venu d'ailleurs avec quelques pionniers. Les Athéniens ont choisi l'autochtonie : ils se veulent nés du sol même et se vantent volontiers de leur race « sans mélange », disent-ils, malgré les migrations qu'a connues la Grèce. Ils savent pourtant que la réforme de Clisthène a intégré au corps civique des étrangers, et même des esclaves. La cité ménage d'ailleurs une place à l'étranger : sur le plan religieux, le culte de Dionysos manifeste la nécessité de rendre son dû à l'autre, au différent, voire à l'étrange. Et, sur le plan juridique, les métèques, étrangers domiciliés qui jouent un rôle économique important, ont un statut spécifique et même une place dans l'armée.

pas prodigues : elle récompensait des mérites éminents ou s'expliquait par des circonstances exceptionnelles. Ainsi le peuple d'Athènes admit dans ses rangs, en 409, l'homme qui avait tué Phrynichos, un chef du parti oligarchique qui s'était fait détester. En 406, pour récompenser les métèques qui avaient servi comme rameurs à la bataille des Arginuses, un décret leur conféra en bloc la citoyenneté. Enfin, en 405, dans le désarroi qui suivit la défaite d'Ægos-Potamos, les Athéniens accordèrent le droit de cité aux Samiens, qui leur restaient fidèles dans ces temps difficiles. Mais d'ordinaire, à Athènes comme ailleurs, le peuple est jaloux de ses prérogatives civiques et, loin d'en étendre volontiers la jouissance à des catégories nouvelles d'habitants, il tient au contraire à en prévenir l'extension : ainsi s'explique la loi de Périclès qui restreignait le droit de cité aux Athéniens nés de père et de mère eux-mêmes athéniens. Quant à Sparte, elle se montrait beaucoup plus rigoureuse encore. Hérodote déclare que le devin d'Élis Teisaménos et son frère sont les seuls hommes au monde qui aient jamais reçu à Sparte le droit de cité, et il fallut pour cela la confiance extrême que les Lacédémoniens plaçaient dans l'oracle de Delphes, qui prédisait à Teisaménos cinq grandes victoires : désireux de se l'attacher, ils en passèrent par les exigences du devin en accordant pour lui et pour son frère le privilège exorbitant qu'il réclamait.

Le viol de Cassandre *(coupe attique, 430 av. J.-C.) Au moment de la prise de Troie, Ajax fait violence à Cassandre, qu'il arrache à la statue d'Athéna (une effigie d'aspect archaïque), où elle cherchait refuge. Les Grecs se sont complu à montrer la frayeur de la femme menacée ou poursuivie par un homme ou un dieu mâle.*

La naissance, à elle seule, ne suffit pas : encore faut-il que l'enfant soit reconnu officiellement par son père et admis dans les cadres sociaux de la cité. Tant que cette formalité n'est pas accomplie, on peut toujours abandonner l'enfant en l'exposant. L'usage était de placer le bébé qu'on abandonnait dans une marmite de terre, en y joignant quelques objets, bracelets ou colliers, qui pourraient éventuellement servir à le faire reconnaître s'il avait la chance de survivre. À Sparte, la décision de laisser vivre le nouveau-né n'appartenait même pas au père, mais à un conseil d'anciens de la tribu qui, après examen de l'enfant, autorisaient à l'élever s'il leur semblait vigoureux et bien conformé ; sinon, ils le faisaient jeter dans un gouffre du Taygète. À Athènes, la cérémonie des amphidromies, qui avait lieu après la naissance, marquait l'entrée officielle du nouveau-né dans la famille : les femmes de la maison, qui avaient assisté à la naissance, prenaient l'enfant dans leurs bras et le portaient en courant autour du foyer domestique. C'était à la fois un rite de purification pour la souillure entraînée par l'accouchement et un rite d'admission du bébé dans le culte familial. Le dixième jour, l'enfant recevait son nom, à l'occasion d'un banquet où l'on conviait la famille et les amis. À ces cérémonies domestiques s'ajoutait une première présentation à ce groupement mi-religieux, mi-politique, intermédiaire entre la famille et la tribu, que l'on appelle la phratrie. Désormais, l'enfant avait une existence légale.

L'apprentissage de la cité

L'éducation que l'enfant va recevoir varie du tout au tout selon qu'il s'agit de Sparte ou d'Athènes (sur les autres cités, nos renseignements sont très insuffisants). Le jeune Spartiate, sitôt atteint l'âge de sept ans, entre dans un système complexe d'éducation collective organisé par l'État. Il passe de classe d'âge en classe d'âge, dirigé par des maîtres et des moniteurs, soumis à des exercices réguliers, à des épreuves souvent pénibles et à une discipline rigoureuse qui tend à développer la résistance physique et la force morale, afin de faire du jeune homme un soldat. Cette éducation se prolongeait jusqu'à l'âge de trente ans : même le mariage ne dispensait pas le jeune Spartiate de la vie en commun avec ses camarades. La place accordée à la formation intellectuelle dans ce système se bornait au chant choral, à l'étude des poètes nationaux et à l'enseignement d'une morale civique exigeante et limitée. D'où une défiance à l'égard de la rhétorique qui surprenait les autres Grecs, si portés à cultiver l'art de la parole, et qui les remplissait d'admiration pour ces sentences brèves et ramassées qu'on appelait les apophtegmes lacédémoniens.

LE MAÎTRE D'ÉCOLE *(coupe attique, vers 480 av. J.-C.) Debout devant le maître, qui tient un rouleau où l'on peut lire le début d'un poème épique, un jeune garçon récite sa leçon, sous le regard de son pédagogue, assis à droite. Les enfants de bonne famille ne sortaient jamais seuls, même pour aller à l'école.*

Le jeune Athénien, vers l'âge de six ou sept ans, échappe à l'exclusive compagnie des femmes dans le gynécée et se rend à l'école, accompagné par un esclave qu'on appelle le pédagogue. Les maîtres d'école sont établis à leur compte et reçoivent des parents de l'enfant le prix de leurs services. Le grammatiste enseignait à lire, à écrire et à compter, puis faisait apprendre par cœur les poèmes d'Homère, d'Hésiode, de Solon ou de Simonide. Le maître de musique enseignait à toucher de la lyre et même de la cithare, celle-ci d'un maniement plus complexe, qui requiert une technique peu compatible avec les traditions d'une éducation libérale. En tout cas, la musique jouait un rôle capital dans l'éducation du jeune Grec. Enfin, le maître de gymnastique ou pédotribe, dans des bâtiments spécialement aménagés à cet effet qu'on appelait les palestres, enseignait à l'enfant les principaux exercices athlétiques. À partir de quinze ans, le jeune homme fréquente les gymnases publics, à l'Académie, au Lycée ou au Cynosarges, où il trouve à sa disposition des installations analogues à celles des palestres privées, avec en outre une piste de course, des jardins et des salles de réunion où philosophes et sophistes se plaisent à rencontrer leurs disciples après les exercices du corps. Après les deux années d'éphébie, les jeunes gens continueront à venir au gymnase, lieu favori d'entraînement, de délassement et de rendez-vous.

LES LUTTEURS
(relief attique, vers 510 av. J.-C.) Cette scène de lutte décorait la base d'une statue funéraire. À côté des lutteurs arc-boutés figuraient aussi un coureur sur le départ et un lanceur de javelot. Les exercices de la palestre sont l'occasion d'exhiber la beauté des corps juvéniles masculins, qui a tant inspiré les sculpteurs et les peintres.

On ne peut éviter ici une allusion aux relations amoureuses entre très jeunes gens et hommes faits, que l'on désigne sous le nom de pédérastie. On se tromperait gravement toutefois en croyant que la pédérastie était généralement répandue dans la société grecque et qu'elle n'y soulevait aucune réprobation. Certes, la morale sexuelle des Hellènes n'a jamais été rigoureuse, sauf en ce qui concerne l'épouse adultère et son complice. Mais, si les mœurs admettaient sans réserve l'entretien d'une concubine ou la fréquentation des courtisanes, elles n'étaient pas partout aussi indulgentes lorsqu'il s'agissait d'amour contre nature. Il faut reconnaître ici une différence entre les États. Dans certaines cités doriennes, à Sparte, en Crète, ainsi qu'à Thèbes, où les adolescents étaient confiés aux soins d'adultes chargés de les former au métier des armes, cette « camaraderie militaire » favorisait, depuis une époque fort ancienne, la naissance d'amitiés « particulières ». Ces liens personnels furent parfois encouragés pour renforcer la cohésion morale des troupes d'élite : c'était le cas, par exemple, dans le Bataillon sacré des Thébains, à l'époque d'Épaminondas. Les philosophes ont cherché par la suite une explication utilitaire à cet usage : Aristote, dans sa *Politique*, imagine que c'est pour remédier à la surpopulation que la législation, en Crète, autorisait l'homosexualité. Mais, à Athènes et dans le reste du monde grec, elle était le privilège d'une petite minorité que l'opinion condamnait. Aristophane fustige à tout propos ceux de ses compatriotes dont la pédérastie était notoire : il ne l'eût pas fait aussi volontiers s'il n'avait été assuré de rencontrer l'audience favorable du public. La pédérastie sévissait dans l'aristocratie et non dans le peuple. C'est pour flatter cette riche clientèle que les potiers attiques, vers la fin de l'archaïsme, inscrivirent sur leurs vases des acclamations en l'honneur de quelques beaux garçons. À l'époque de la guerre du Péloponnèse, c'est dans les sociétés secrètes ou hétairies aristocratiques que l'homosexualité recrutait des adeptes. Les lois d'Athènes étaient sévères pour l'incitation des adolescents à la débauche : le viol même d'un esclave était puni comme celui d'un enfant libre, tant c'était l'acte lui-même que la morale publique condamnait.

L'essence de la cité

La cité grecque a une double essence, géographique et humaine : elle correspond à la fois à un territoire déterminé, généralement d'un seul tenant, et à un groupe d'hommes, le corps des citoyens. De ces deux aspects d'une même entité politique, le second est le plus important : la cité grecque, c'est d'abord l'ensemble des hommes qui la composent. C'est pourquoi le nom officiel qu'elle porte dans les textes n'est pas un nom de pays ou de ville, mais un nom de peuple : on ne dit pas Athènes, mais les Athéniens ; Sparte, mais les Lacédémoniens ; Corinthe, mais les Corinthiens, et ainsi de suite. Dans des circonstances exceptionnelles, les Grecs estimaient que l'essentiel n'était pas la terre, mais les hommes, et ils tenaient la cité pour sauve, même après la perte du territoire, si le corps civique était préservé et pouvait faire renaître ailleurs ses traditions et ses cultes. Au moment où les Perses occupèrent Athènes en 480, Thémistocle, au nom des Athéniens réfugiés à Salamine, menaça l'amiral spartiate Eurybiade, qui commandait la flotte grecque, d'abandonner la coalition s'il se refusait à livrer bataille : « Si tu ne fais pas ce que je propose, nous allons sans délai partir avec nos familles pour Siris en Italie, ville qui depuis longtemps est nôtre et où, selon les oracles, il nous faut fonder une colonie. » Le chantage réussit et eut pour conséquence la victoire de Salamine. Mais si les Athéniens avaient mis leur projet à exécution, la cité athénienne aurait seulement changé de territoire et, par conséquent, de nom, mais les hommes qui la composaient auraient gardé sur cette nouvelle terre la dignité de citoyens d'une cité grecque.

LA BELLE MORT ET L'ORAISON FUNÈBRE

« Au jeune guerrier tombé dans la mêlée d'Arès, le corps déchiré par le bronze aigu, tout convient; de ce qu'il donne à voir tout est beau. » Ainsi parle Priam dans *l'Iliade,* exprimant l'idéal de la mort héroïque, la belle mort, qui imprègne toute l'épopée homérique. L'horreur des combats, décrite dans bien des passages, est ici gommée au profit d'une esthétique du corps héroïque. Le choix que fait Achille, fils de la divine Thétis et du mortel Pélée, relève de la même conception : mieux vaut une vie brève et la mort glorieuse au combat qu'une vie longue et obscure. Ce modèle épique est repris dans les discours officiels prononcés chaque année à Athènes en l'honneur des morts à la guerre. L'orateur chargé de louer les mérites des citoyens tombés face à l'ennemi en défendant leur patrie évite toute référence individuelle et contemporaine. Pour dire la vaillance des défunts, il les compare aux grands héros du temps passé. L'oraison funèbre récupère de la sorte, au profit de la collectivité athénienne, les valeurs héroïques, individualistes et aristocratiques de l'épopée homérique. Chaque citoyen est ainsi un Achille en puissance. « Mourir pour la patrie est un si digne sort qu'on briguerait en foule une si belle mort... » Homère, Périclès, Hugo : même combat.

En principe, chaque citoyen avait une part dans la conduite de l'État. Il s'en faut toutefois que la cité et l'individu aient entretenu dans tous les cas des rapports directs et sans intermédiaires. En fait, le citoyen participait, dans chaque cité, à des groupes plus restreints, dont le rôle était à la fois religieux et politique et qui servaient de relais entre l'État et les particuliers. Au-delà de la famille, au sens étroit du terme, il y avait les clans traditionnels, à caractère nobiliaire, qui se rattachaient à un ancêtre plus ou moins mythique et qui trouvaient leur cohésion dans des cultes communs. Certes, à Athènes au moins, l'évolution qui aboutit à la cité classique s'était faite essentiellement contre l'autorité autrefois toute-puissante des chefs de clan : c'est ainsi qu'on doit interpréter la législation de Dracon sur le meurtre. Les diverses lois somptuaires qui proscrivirent tout luxe excessif dans les funérailles avaient pareillement pour objet d'empêcher les familles nobles de rivaliser dans l'étalage de leurs ressources à l'occasion de chaque deuil. Toutefois, l'appartenance à un *génos* illustre resta dans l'Athènes de l'époque classique un titre de gloire et d'orgueil.

Tous les citoyens n'appartenaient pas, loin de là, à un *génos*. Mais tous étaient groupés dans des associations à caractère religieux et civique, que nous connaissons fort mal : « compagnonnages » ou hétairies, que l'on rencontre en Crète, à Théra, à Cyrène, et qu'il ne faut pas confondre avec les associations politiques de ce nom qui jouèrent un rôle à Athènes lors de la guerre du Péloponnèse. « Fraternités » ou phratries, qui sont plus généralement répandues, veillent à Athènes sur le droit de cité. Toutefois, la Constitution athénienne de Clisthène, sans retirer aux phratries leurs privilèges, avait créé, à côté de ces associations, une subdivision de la cité à base territoriale, les dèmes, quartiers urbains ou cantons ruraux, qui devinrent l'élément fondamental de l'organisation civique. Dès lors, l'appartenance à la cité se définit officiellement par l'inscription sur les livres d'un dème, qui jouèrent le rôle d'état civil. Cette formalité a lieu lorsque le jeune homme atteint ses dix-huit ans et elle est sanctionnée par un vote des citoyens qui composent le dème, les démotes : après avoir été inscrit, le jeune Athénien devient éphèbe. Son nom officiel est désormais composé de son nom propre, suivi du nom de son père au génitif et d'un adjectif (le démotique) qui indique son dème, certifiant ainsi sa qualité de citoyen : Périclès, fils de Xanthippe, du dème de Cholargos; Démosthène, fils de Démosthène, du dème de Péanie.

Au-dessus de la répartition en phratries ou en dèmes, la plupart des cités grecques ont conservé la vieille répartition de l'ensemble des citoyens en tribus. La tribu *(phylé)* a une origine ethnique ou gentilice. Elle représente souvent l'ancienne division du peuple grec avant son arrivée devant le bassin égéen.

Non seulement les membres de la tribu sont unis par la célébration de cultes communs, comme celui du héros éponyme, mais surtout la répartition des charges publiques, politiques, judiciaires, militaires ou fiscales, se fait dans le cadre de la tribu. À Athènes, la grande majorité des magistratures est collégiale, et chaque collège compte un nombre de magistrats égal à celui des tribus (dix depuis Clisthène), ou qui en est un multiple. Même règle pour la constitution des tribunaux. Le recrutement de l'armée, depuis un temps immémorial, reposait aussi sur cette division du corps civique, maintenue dans les unités d'infanterie ou de cavalerie : c'est ainsi que l'escadron fourni par chaque tribu s'appelle lui-même une tribu, *phylé*, commandée par un phylarque. La solidité d'une armée grecque dans l'action (réserve faite pour l'emploi des mercenaires) apparaissait comme liée au maintien des cadres civiques dans les formations militaires. Dans le domaine fiscal, c'est par tribu qu'est organisée la répartition de la plupart des charges directes qui pèsent sur les particuliers et que l'on appelle des liturgies : ces dépenses publiques dont les citoyens riches font les frais à tour de rôle engagent d'ailleurs le prestige des tribus lorsqu'il s'agit d'un concours qui les met en compétition en la personne de leurs gymnasiarques ou de leurs chorèges.

LA DÉFUNTE ET SA FAMILLE
(stèle funéraire attique, vers 350 av. J.-C.)
Le monument dressé sur la tombe met en scène la défunte, assise, tendant la main à un homme barbu debout devant elle; une autre femme à l'arrière-plan et une enfant derrière son siège complètent ce groupe familial, qui conserve l'image vivante de ceux qui ne sont plus.

Le partage du pouvoir

Ainsi, le citoyen se trouve constamment rappelé à la solidarité avec les membres de son groupe. En ce sens, l'enclos des héros éponymes, sur l'Agora, où les patrons des dix tribus se dressaient côte à côte en effigie, était comme le symbole de l'État athénien : c'est là qu'on affichait les convocations officielles. Enfin, quand la cité honorait par des funérailles solennelles ceux qui avaient péri dans les combats, chaque tribu rassemblait les restes des siens dans un seul cercueil en bois de cyprès, et c'est dans l'ordre des tribus qu'on faisait graver sur le marbre les noms des morts pour la patrie.

L'exercice du pouvoir est partagé entre l'assemblée des citoyens, le ou les conseils et les magistrats. Ces trois éléments fondamentaux du système politique grec reparaissent dans la plupart des cités, avec des prérogatives variables, quel que soit le régime politique, aristocratie, oligarchie, démocratie. Ce sont les modalités de recrutement de ces corps et les principes régissant leur participation au gouvernement qui déterminent le caractère de ce régime dans un État déterminé.

L'assemblée *(ekklêsia)* groupe en principe tous les citoyens jouissant de leurs droits politiques. Comme elle ne peut se réunir que rarement, un conseil restreint a pour rôle de suivre les affaires : il porte habituellement le nom de *boulê*. Quand il est composé des anciens de la cité (gérontes), on l'appelle la gérousie. Il peut même arriver que *boulê* et gérousie coexistent. Quant aux magistrats, ils assurent l'administration des divers services publics et ils font exécuter les décisions de l'assemblée et du conseil. Ils sont souvent, nous l'avons vu, constitués en collège sur la base de la représentation des tribus. En théorie, ce système combine une forme de gouvernement direct (décisions prises par l'assemblée) avec un embryon de gouvernement semi-représentatif (action du conseil), les magistrats étant soumis au contrôle constant du conseil et intermittent de l'assemblée. Le monde grec classique n'a guère connu le système proprement représentatif, où des mandataires délégués par le peuple ont tout pouvoir pour agir en son nom sans être soumis à la reddition des comptes : seuls de rares États fédéraux, comme la Confédération béotienne, ont pu pratiquer un système de ce genre. Mais, dans la plupart des cités, la réalité du pouvoir appartient soit à un ou plusieurs conseils restreints (le régime a alors un caractère aristocratique ou oligarchique), soit à l'assemblée plus ou moins efficacement guidée par la *boulê* (c'est le cas des régimes démocratiques comme celui d'Athènes).

Bien que les théoriciens, à la suite d'Aristote, aient cherché à classer de leur mieux les différentes Constitutions des cités grecques, aucune d'elles ne pouvait représenter l'un de ces régimes à l'état pur.

UNE CIVILISATION DE LA PAROLE

Le voyageur moderne découvre en Grèce d'admirables paysages, des ruines imposantes, des pierres silencieuses. Son regard est sollicité encore davantage dans les musées, où statues, vases peints, reliefs et bijoux témoignent d'une riche production faite pour le plaisir des yeux. Tous ces documents muets pourraient faire oublier que la civilisation grecque était aussi sonore que visuelle. De fait, le monde grec ancien était celui de l'oralité, de la parole et du chant. L'épopée se chantait avec un accompagnement musical. La place de la musique et du chant était grande également au théâtre, spectacle total. À l'assemblée et dans les tribunaux, la parole occupe tout le terrain, et les hommes politiques sont avant tout des orateurs. L'apprentissage de l'éloquence n'est pas un vain exercice rhétorique, c'est la condition même de la pratique du pouvoir dans une démocratie directe où tout citoyen peut prendre publiquement la parole, sans être représenté par un élu. Devant une assemblée de près de six mille membres, il faut pouvoir se faire entendre et savoir manœuvrer la foule. D'où l'importance de ces maîtres de la parole, ces techniciens du *logos* que sont les sophistes, tant dénigrés par Platon, ennemi déclaré de la démocratie athénienne.

Disons seulement que les régimes aristocratiques réservaient aux représentants des familles nobles l'accès aux divers conseils et préféraient que les membres de ces conseils fussent nommés à vie : tel était le conseil de l'Aréopage, à Athènes, avant la réforme de Solon. Le rôle de l'assemblée du peuple est alors réduit à l'approbation plus ou moins spontanée des décisions prises par les conseillers. Les régimes oligarchiques ne diffèrent des précédents que par la méthode employée pour choisir la minorité qui, à l'intérieur du corps civique, se réserve l'essentiel du pouvoir : ce n'est plus l'origine sociale qui compte, mais la richesse, ce qui autorise un certain renouvellement des élites. Des conditions de cens sont fixées pour accéder au conseil et aux magistratures et même pour faire partie de l'assemblée. Suivant que le problème social se trouvait posé ou non avec acuité, l'oligarchie prenait un caractère violent ou modéré, et les mesures restreignant le nombre des citoyens privilégiés étaient plus ou moins rigoureuses.

LE BOULEUTÊRION D'ÉPHÈSE *(Asie Mineure, IIe s. av. J.-C.) Le bâtiment tire son nom du conseil* (boulê) *qui y tenait ses réunions. Il donne sur la place du marché, l'agora. Les cités indépendantes accordaient beaucoup d'importance à ce type de construction, marque de leur autonomie.*

MACHINE À TIRER AU SORT *(IIIe s. av. J.-C.)* *Découverte lors des fouilles de l'Agora d'Athènes, cette pierre (dont la partie supérieure est brisée) servait à tirer au sort les noms des jurés ou des magistrats, inscrits sur des lamelles de bronze et insérés dans les fentes de la stèle. Le principe du tirage au sort garantissait une égalité absolue entre les citoyens et évitait toute corruption dans la répartition des charges.*

La démocratie antique

La démocratie véritable peut avoir et possède en effet d'ordinaire des institutions assez analogues à celles des régimes aristocratiques ou oligarchiques, mais ces institutions fonctionnent dans un esprit très différent. L'*ekklêsia* se réunit régulièrement, tous les citoyens y ont accès et disposent d'une entière liberté de parole ; elle contrôle étroitement l'action des magistrats et du conseil ; elle décide de toutes les affaires importantes par des décrets votés à main levée après discussion publique ; elle pratique donc le gouvernement direct, guidée par les avis des orateurs qui orientent sa politique. Dans l'État athénien, les réunions de l'assemblée ont lieu, à l'époque classique, quatre fois par prytanie. On appelle prytanie la période de trente-cinq ou trente-six jours pendant laquelle les cinquante bouleutes (ou membres du conseil) d'une même tribu servent de commission permanente à la *boulê* et portent le titre de prytanes : comme il y a dix tribus, l'année légale se divise en dix prytanies. Ainsi l'*ekklêsia* est convoquée tous les neuf ou dix jours, sous réserve des fêtes ou du mauvais temps qui peuvent perturber ce rythme. Une telle fréquence explique et la part prépondérante prise par l'assemblée dans la gestion des affaires et la faible proportion des citoyens qui pouvaient se libérer pour assister à des séances aussi nombreuses. On voit par là combien la « démocratie » antique est une fiction : en dépit d'expédients comme le *misthos ekklêsiastikos*, jeton de présence institué au IVe siècle pour attirer les citoyens à l'assemblée en les dédommageant du travail perdu, malgré l'intervention des agents de police (des archers scythes) qui rabattaient les passants vers la Pnyx avec une corde enduite de vermillon, et bien qu'en théorie un citoyen ne puisse avoir mieux à faire que de s'occuper du gouvernement de l'État, ce dernier n'en est pas moins livré à une minorité d'oisifs urbains qu'attirent le souci de l'intérêt public, le prestige d'un orateur ou l'appât d'une indemnité.

Si peu représentative qu'elle soit en fait de l'ensemble du corps civique, cette minorité n'en est pas moins jalouse des prérogatives que la Constitution démocratique accorde au peuple ; c'est dans le peuple que résident toute souveraineté comme toute justice.

Pour faciliter l'exercice de la volonté populaire, Clisthène ou un de ses successeurs avait imaginé une institution qui fut employée pour la première fois en 487, l'ostracisme : chaque année, à la sixième prytanie, l'*ekklêsia* décidait s'il y avait lieu ou non de faire jouer cette mesure. En cas de réponse positive, on procédait à un vote pour lequel on employait en guise de bulletins des tessons de poterie *(ostraka)*, d'où le terme même d'ostracisme. Chaque votant inscrivait sur son tesson le nom d'un homme politique qu'il souhaitait proscrire. Celui que la majorité avait désigné était banni d'Athènes pour dix ans, laissant ainsi le champ libre à ses adversaires. Au cours du Ve siècle, l'ostracisme fut appliqué à plusieurs chefs politiques, parmi lesquels Thucydide, fils de Mélésias, dont l'exil en 443 laissa Périclès gouverner Athènes à sa guise. L'ostracisme tomba en désuétude après 417, lorsqu'il devint évident que les intrigues des partis en faussaient le jeu régulier.

Le rôle des tribunaux démocratiques n'était pas moins considérable que celui de l'assemblée : maître de son vote au tribunal, le peuple devient par le fait même maître de toute la vie politique dans la cité.

Le danger du système était évidemment dans la versatilité et la crédulité d'une foule que des orateurs habiles pouvaient manœuvrer à leur guise. Une politique cohérente et suivie ne pouvait guère obtenir l'adhésion d'une telle assemblée que si cette politique s'incarnait dans un homme apte à capter la bienveillance de la multitude et à la conserver : le mérite exceptionnel de Périclès fut précisément d'y parvenir pendant près de trente ans, durant lesquels il porta la puissance et la prospérité d'Athènes à leur apogée. Mais ce miracle ne se renouvela pas et l'on vit par la suite le plus riche des États grecs connaître la défaite et la servitude faute d'avoir su adopter et maintenir une ligne politique déterminée. L'histoire de son conflit avec Philippe illustre cruellement l'incapacité de la démocratie athénienne, telle qu'elle avait pris forme au IVe siècle, à faire face à un grave danger extérieur. Et pourtant, à n'en juger que par la supériorité des moyens dont elle disposait, dans la lutte contre Philippe comme dans la guerre du Péloponnèse, Athènes eût logiquement dû l'emporter si le mécanisme de ses institutions ne l'avait condamnée à l'impuissance.

DEHORS, THÉMISTOCLE !
(fragment de coupe attique, vers 471 av. J.-C.)
Sur ce fond de coupe brisée, un Athénien a gravé le nom de Thémistocle, fils de Néoklès, afin d'obtenir son bannissement pour dix ans, ce qui eut effectivement lieu en 471. On a retrouvé des centaines de tessons (ostraka) *de ce type utilisés lors de la procédure de l'ostracisme.*

LA DÉMOCRATIE

La démocratie athénienne est loin d'être parfaite : la majorité de la population est exclue de la vie politique, en particulier les femmes et les esclaves. Et l'égalité de droit devant la loi est souvent limitée par l'inégalité sociale et économique. Il n'en reste pas moins que c'est la première fois dans l'histoire qu'une communauté décide de partager le pouvoir – *kratos* – entre tous ceux qui composent le corps civique – le *demos,* le peuple. Tout citoyen peut en principe prendre la parole à l'Assemblée, sur la colline de la Pnyx, et participer par son vote à toutes les décisions importantes engageant la cité. C'est pour beaucoup le lieu et l'occasion d'acquérir la *techné politiké* : la capacité de porter un jugement politique. Ceux qui sont tirés au sort siègent au conseil, où l'on élabore les décrets, contrôle les finances et la politique étrangère, et examine les comptes des magistrats à leur sortie de charge. Toujours par tirage au sort, chacun peut être amené à siéger dans les tribunaux populaires, qui ont souvent à connaître de procès politiques. Même s'il existait une classe politique, composée de ceux qui avaient le loisir et le goût de se consacrer aux affaires publiques, le pouvoir du peuple devait être réel, à en juger par la violence des attaques des adversaires de la démocratie, qui, de façon contradictoire, dénoncent tantôt l'apathie de l'Assemblée, tantôt son agitation désordonnée et ses conflits. Des historiens contemporains font remarquer avec justesse que les antagonismes entre intérêts opposés sont une manifestation du libre jeu des institutions et rappellent que, une fois la décision prise, la minorité s'inclinait devant la majorité. D'autres cités grecques ont adopté le régime démocratique. Mais l'initiative revient à Athènes, où ce système politique a fonctionné pendant près de deux siècles, ceux de l'apogée de sa puissance et de son rayonnement.

Conscients des inconvénients de la démocratie, nombre d'orateurs et de philosophes, à Athènes même, se plaisaient à opposer à la faiblesse ou à la légèreté de leur propre peuple le sérieux et le civisme éprouvés des Spartiates.

L'oligarchie spartiate

L'organisation politique de Sparte est fondée sur la domination totale et exclusive d'une caste guerrière, les Spartiates proprement dits, sur les périèques et les hilotes. Ces privilégiés s'appellent eux-mêmes les « égaux » : seuls citoyens, ils tirent leur subsistance des meilleures terres de Laconie et de Messénie, que les hilotes cultivent pour eux. Chaque Spartiate perçoit les revenus du lot de terres, ou *cléros*, qui lui est affecté. Formé dès l'enfance à une rigoureuse discipline collective, le citoyen reste soumis, après sa majorité, à des obligations strictes : il vit en commun avec sa classe d'âge jusqu'à trente ans, n'ayant droit qu'à une vie conjugale restreinte au minimum. Après trente ans, il dispose d'une liberté plus grande : mais il lui faut encore prendre un repas par jour avec les hommes de son unité militaire et participer comme auparavant, jusqu'à soixante ans révolus, à l'entraînement intensif de l'armée.

Deux rois héréditaires, appartenant aux deux familles des Agides et des Eurypontides, disposent en principe du pouvoir exécutif. Mais leur autorité ne s'exerce librement que dans le domaine militaire, où l'armée en opérations est d'ordinaire placée sous le commandement d'un des deux rois. Pour les décisions politiques capitales, un conseil de vingt-huit vieillards, la gérousie, partage les responsabilités du pouvoir et sert de Haute Cour de justice. Les gérontes qui le composent ont plus de soixante ans et sont désignés à vie par les citoyens réunis en assemblée : le volume des acclamations qui saluent chaque candidat permet à un jury de décider quels sont les élus. L'assemblée des Spartiates, ou *apella*, qui désigne les magistrats selon cette procédure rudimentaire, se réunit régulièrement pour entendre les rapports qui lui sont faits par les autorités de l'État et pour approuver les décisions qu'elles proposent : l'*apella* ne discute pas, elle manifeste son accord avec ses chefs, qui peuvent ainsi se prévaloir de l'appui moral donné par l'ensemble des citoyens.

LE MIRAGE SPARTIATE

Selon Thucydide, si l'on devait juger l'importance de Sparte et d'Athènes à l'aune de leurs monuments, on conclurait que Sparte n'a jamais existé, tant cette ville est austère. C'est du reste ce que les archéologues… et les touristes peuvent constater. On connaît l'Acropole d'Athènes, mais où est passée Lacédémone ? La littérature laissée par Sparte est très pauvre, à peine quelques poèmes d'Alcman, et il n'y a pas d'historien spartiate. Ce que nous savons de cette cité nous vient toujours d'ailleurs, des descriptions d'autres auteurs, et cette image s'apparente à un mirage. Sparte, la cité des égaux, des *homoioi*, passe, aux yeux de ses partisans, pour avoir trouvé le meilleur système politique, celui où l'intérêt commun prime toujours sur le point de vue individuel, où la discipline et l'endurance sont considérées comme les vertus majeures, où les devoirs militaires orientent toute l'activité des hommes, qui sont soldats avant d'être pères de famille. De fait, la classe de ces citoyens spartiates qui exerce le pouvoir constitue un groupe privilégié, restreint, qui a réduit à la dépendance l'ensemble de la population laborieuse. En ce sens, Sparte est l'antithèse d'Athènes. On ne s'étonnera donc pas que ce soient les antidémocrates athéniens, comme Platon et Xénophon, qui idéalisent cette cité et en fassent un modèle d'ordre et d'austérité, où l'on rejette toute forme de luxe, jusqu'à n'admettre qu'une monnaie de fer. Dans cette perspective, les lois que Lycurgue, le législateur mythique, donne à Sparte, et qu'il aurait reçues d'Apollon à Delphes, ont une valeur à la fois divine et exemplaire. Ce modèle égalitaire a fasciné certains révolutionnaires français de 1789. Partisan d'une égalité absolue, Robespierre défend l'image idéalisée de Sparte, qui « brille comme un éclair dans des ténèbres immenses », tandis que d'autres préfèrent Athènes, plus libérale et démocratique.

C'est dans l'application que l'originalité de Lacédémone apparaît. L'*apella,* en pratique, ne peut mettre en échec la volonté des magistrats. Tout est prévu pour assurer l'exercice d'une autorité ferme, qui était primitivement entre les mains des deux rois et que, depuis Lycurgue, la gérousie partage avec eux. En outre, une magistrature collégiale et annuelle, les éphores, joue un rôle décisif dans l'État. Les cinq éphores ou « surveillants », élus par l'*apella* et choisis dans son sein, ont à surveiller au nom du peuple tout entier à la fois l'action des rois, qui ont juré devant eux de gouverner selon les lois, et la docilité des citoyens à la tradition dans les mœurs privées ou publiques. Responsables de la sécurité de l'État, ils ont tout pouvoir pour l'assurer par des décisions sans recours : instructions aux magistrats, blâmes, sanctions diverses. Tout tremble et plie devant eux, qui ne rendent de comptes à personne, sauf à leurs successeurs : au reste, ils semblent avoir longtemps agi, quelle qu'ait été leur rigueur impitoyable, en conformité avec les aspirations profondes de leurs concitoyens.

Cette société fermée, orgueilleuse, étroite, résolument conservatrice, voulut se préserver à tout prix des contagions du dehors. Elle refusa, à partir du milieu du VIe siècle, toutes les séductions de l'art et de l'architecture. Tendue par sa volonté de survivre pareille à elle-même, elle proscrivit le commerce et jusqu'à l'emploi de la monnaie d'argent. Elle borna son ambition à maintenir sous son autorité la Messénie, grenier qui nourrissait sa caste militaire, à dominer le Péloponnèse au prix d'opérations toujours recommencées contre Argos ou les cités d'Arcadie, enfin à briser par la force toute tentative d'hégémonie en Grèce propre, qu'il s'agisse de l'invasion perse, de l'impérialisme athénien ou de la politique d'Épaminondas, contre qui elle s'épuisa. Ces desseins furent longtemps couronnés de succès : mais ils n'entraînaient avec eux ni rayonnement économique ni prestige culturel. En outre, par une lente et insinuante dégradation, la base même de l'État spartiate ne cessa de se corrompre et de se restreindre : le principe d'égalité entre les citoyens, fondé sur la possession par chacun d'eux d'un lot de terres d'égale valeur, souffrit de nombreuses atteintes. Les victoires mêmes de Sparte avaient entraîné un afflux de richesses extraordinaire. Le désir grandissant d'accroître les fortunes particulières finit par provoquer la concentration de la propriété foncière entre des mains de moins en moins nombreuses, au détriment de l'égalité prescrite par la loi. Un grand nombre de Spartiates, incapables de verser les cotisations destinées aux repas en commun, tombèrent de la caste des égaux dans celle des inférieurs. Le nombre des citoyens de plein exercice décroît sans cesse au cours du Ve et du IVe siècle. Cette constante déperdition de substance du corps civique apparaissait déjà aux observateurs de l'Antiquité comme la maladie mortelle dont Sparte était atteinte, l'oliganthropie ou manque d'hommes. À elle seule, cette carence eût interdit toute politique d'envergure, même si la traditionnelle étroitesse de vues du gouvernement lacédémonien avait permis d'en concevoir une.

TORSE DE GUERRIER SPARTIATE *(vers 480 av. J.-C.)* *Cette statue a souvent été interprétée comme représentant Léonidas, le chef du bataillon spartiate qui résista aux Perses aux Thermopyles. Le bélier qui orne la joue du casque évoque le meneur du troupeau.*

Une juridiction pléthorique

LOI CONTRE LA TYRANNIE *(stèle attique, 336 av. J.-C.) Après la défaite de Chéronée (338 av. J.-C.), les Athéniens votèrent une loi contre toute tentative de pouvoir absolu. Au-dessus du texte gravé, Athéna couronne une personnification de Demos, le peuple.*

Oligarchiques ou démocratiques, les régimes politiques qu'ont connus les cités grecques étaient conçus pour des communautés restreintes et ne permettaient guère la poursuite de vastes desseins ni la formation de grands États. En revanche, ces régimes, à travers leur diversité extrême, ont, pour la première fois, défini clairement les rapports entre l'État et le citoyen, posant ainsi les bases mêmes de tous les systèmes politiques modernes. Ces rapports sont fondés sur la loi. Toute cité policée, quel que soit son régime, vise à réaliser l'idéal d'une vie commune réglée par de bonnes lois : cet idéal s'appelle *eunomia*, l'harmonie dans la loi, le bon ordre inspiré par la sagesse. Ces principes s'expriment dans les cultes civiques et dans les lois ou *nomoi*, et celles-ci participent de la vénération religieuse qu'on éprouve pour ceux-là. Les lois ont pour objet de soustraire les rapports humains à la violence et à l'arbitraire. Elles doivent faire régner dans l'État la Concorde, *Homônoia*, et la Justice, *Diké*, pourvu que chaque citoyen se soumette à leur empire.

La variété de ces lois est extrême : la distinction du droit public et du droit privé n'est guère sensible dans la Grèce archaïque et classique. Tout acte du citoyen peut intéresser la cité qui, en la personne de ses législateurs, intervient dans les domaines les plus divers. Elle se préoccupe moins d'ailleurs d'édicter des principes que de prévoir des mesures pratiques pour résoudre un problème précis. Aussi la cohérence de ces mesures n'est-elle pas toujours parfaite. En règle générale, toute loi nouvelle était transcrite sur une stèle. Ainsi la législation restait aisément accessible au public. Et pourtant, les Grecs classiques, moins juristes que n'ont été les Romains par la suite, n'ont pas cherché à unifier systématiquement l'ensemble de ces textes disparates : le particularisme juridique des cités rendait moins nécessaire l'unification du droit à laquelle la Constitution d'un grand État eût pu naturellement conduire.

Parmi ces mesures juridiques, la plupart concernent le statut des personnes et des biens, consacrant ainsi la position privilégiée des citoyens de plein exercice par rapport aux femmes, qui sont toujours mineures, aux citoyens ou habitants de statut inférieur (comme à Sparte), aux étrangers et aux esclaves. Elles précisent les droits et les obligations des individus par rapport à la collectivité civique. Elles fixent les sanctions pénales et la procédure pour régler les litiges entre particuliers comme pour châtier les crimes contre l'État. Mais, outre ces dispositions d'ordre civil, politique ou judiciaire, la cité légifère aussi dans le domaine économique. Elle tient pour une de ses prérogatives essentielles de battre monnaie : l'émission de monnaies particulières à chaque cité atteste son indépendance, et les types originaux qu'elle adopte lui servent d'emblèmes : de là l'extrême variété de la numismatique grecque.

C'est aussi la cité qui règle la métrologie sous tous ses aspects. Elle fixe le calendrier, qui change de ville à ville, et dont les principaux points de repère sont les solennités religieuses que célèbre la collectivité. Les noms des mois sont d'ordinaire empruntés au nom des dieux ou des principales fêtes. En dépit d'une attention extrême aux phénomènes astronomiques, les Grecs n'ont jamais réussi à résoudre la difficulté qu'offre le décalage entre calendrier lunaire et calendrier solaire : les artifices pour établir entre les deux une concordance sans cesse remise en cause connurent peu de succès. Les choses se compliquaient encore quand un calendrier administratif, comme celui des prytanies à Athènes, venait se superposer au calendrier astronomique et religieux.

Poids et mesures

Grande complexité aussi dans les poids et mesures, que les autorités civiques s'attachent à définir pour la commodité des échanges et la loyauté des marchés. Les Grecs avaient imaginé divers systèmes métriques, combinant d'ordinaire les rapports décimaux et les rapports sexagésimaux, ces derniers empruntés à la métrologie orientale : ainsi le stade, mesure courante des grandes distances, vaut 600 pieds. Mais la valeur du pied varie entre 0,27 et 0,35 mètre, et donc celle du stade entre 162 et 210 mètres. Une autre unité, la coudée, est fréquemment employée comme mesure de longueur : elle vaut 1,5 pied. Quant au pied lui-même, il se divise en 16 « doigts », ou dactyles. On voit la difficulté des calculs avec un tel système, auquel il faut encore ajouter des mesures d'origine étrangère, comme la parasange perse, qui vaut 30 stades (un peu plus de 6 kilomètres). Les mesures de poids et de capacité n'étaient pas moins compliquées ni moins variables de ville à ville. Toutefois, les exigences du commerce donnèrent à certains systèmes, comme le système éginétique et plus tard le système attique, une prépondérance de fait qui joua surtout dans le domaine monétaire : qu'il s'agisse de simples unités de compte (comme le talent ou la mine) ou de monnaies réelles (comme la drachme ou l'obole), les noms des unités monétaires étaient ceux des unités pondérales correspondantes.

Relief métrologique
(Grèce de l'Est, vers 460 av. J.-C.)
Le pied et la brassée sont des unités de mesure dont ce relief officiel garantit la dimension exacte. Comme le montre cette figure aux bras écartés, « l'homme est la mesure de toute chose ».

Pour contrôler toutes ces mesures, la cité employait des fonctionnaires spécialisés, comme les métronomes, vérificateurs des poids et mesures à Athènes. Quelques textes mentionnent des agoranomes, surveillants du marché, des sitophylaques, commissaires aux grains, ou des épimélètes (inspecteurs) du port commercial. Ailleurs, des documents isolés ou fragmentaires laissent entrevoir tout un système de taxes ou de mesures protectionnistes : c'est le cas à Thasos pour le commerce des vins.

Le commerce est essentiellement maritime. Les navires de fret dont disposaient les marins grecs étaient, vu l'absence de routes carrossables, le seul moyen de transport utilisable. Encore leur tonnage était-il fort réduit : leur charge, en général, variait de 80 à 250 tonnes métriques. En outre, la saison propice à la navigation ne s'ouvrait guère qu'en avril, pour s'achever fin octobre. La voile carrée des vaisseaux de charge, qui, à la différence des trières, n'utilisaient pas l'aviron, ne permettait guère les manœuvres. Il n'y eut pas de phares avant les débuts de l'époque hellénistique, et les cartes marines, excessivement sommaires, rendaient moins de services que les portulans ou périples dont les pilotes pouvaient disposer.

Les céréales destinées aux grandes cités venaient de l'Égypte, de la Cyrénaïque ou de la Russie méridionale : on évalue les importations annuelles d'Athènes, pour le IVe siècle, à 500 000 hectolitres. Le bois et le marbre, les lingots de cuivre ou de plomb représentaient les autres marchandises pondéreuses.

Mais il y avait en outre les marchandises de haute valeur vénale, produits élaborés de l'agriculture ou de l'artisanat helléniques : vins de qualité, comme ceux de Chalcidique, de Thasos ou de Chio ; huile d'Attique ; parfums ; tissus de Milet, de Samos ou d'Orient ; vases d'argile peinte de Corinthe ou d'Athènes, et souvent exportés avec leur contenu ; bronzes de Corinthe ; *silphion* de Cyrénaïque ; argent monnayé ou en lingots ; ivoire ; orfèvrerie. Sous un faible volume, ces cargaisons étaient d'un grand prix. Elles permettaient aux armateurs et aux banquiers de réaliser des fortunes et elles portaient au loin le renom des ouvriers grecs.

De tels échanges étaient suffisants pour entretenir la prospérité d'un certain nombre de négociants et de marins ; ils faisaient de quelques cités privilégiées, Athènes, Corinthe, Tarente, Syracuse, Cyrène ou Naucratis, le siège de transactions importantes pour l'époque. Mais la plupart des cités grecques n'y participaient guère et se bornaient à un commerce local, fondé sur les produits du cru et conforme à l'idéal d'autarcie qui inspirait les législateurs. En fait, la tradition paysanne est plus forte chez les Grecs que la tentation maritime : s'ils aiment voir la mer, c'est surtout depuis la côte, et les marins intrépides leur ont toujours inspiré moins d'admiration que les hoplites.

LA PESÉE DU *SILPHION* *(coupe laconienne, vers 560 av. J.-C.) Le roi Arcésilas est assis sur le pont d'un navire dont la voile et le mât sont visibles en haut de l'image. Devant lui, des ouvriers chargent de ballots les plateaux d'une grande balance. Le* silphion *est une plante médicinale qui faisait la renommée de Cyrène, en Libye.*

Le cadre étroit de la cité

Ce cadre étroit de la cité, dans lequel l'homme grec vit, travaille, exerce ses droits civiques et rend un culte à ses dieux, cette entité politique aux dimensions restreintes, pour laquelle il est appelé à combattre et à mourir, convenait à merveille à ses exigences et à ses goûts. Avant que le génie d'un Philippe et d'un Alexandre, sans pour autant faire disparaître la vieille notion de la cité, ait imposé au monde hellénique une conception différente de l'État, les Grecs n'ont pas cherché à élargir leurs vues ni à rassembler plusieurs cités sous une forme organique et durable. Les rares tentatives qu'ils ont faites dans ce sens ont été passagères ou inefficaces.

Certes la religion représentait un principe d'unité : elle permit de former quelques groupes régionaux ayant pour centre un grand sanctuaire.

Le plus illustre de ces groupements religieux est l'Amphictyonie de Delphes. Cette organisation a en réalité deux centres cultuels, mais d'inégale renommée, le sanctuaire de Delphes et celui des Thermopyles, que l'on appelait tout simplement les Pyles, ou « portes ». S'y rassemblent les délégués de douze peuples, pour la plupart installés en Grèce centrale, Thessaliens, Phocidiens, Béotiens, Locriens, d'autres encore, auxquels se joignent les Doriens et les Ioniens, seuls à représenter le reste du monde grec. Chaque peuple envoie deux délégués, ou hiéromnémons, au conseil amphictyonique, ce qui permet à Athènes de disposer régulièrement d'une des deux voix ioniennes tandis que Sparte n'est représentée par une des deux voix doriennes que de loin en loin. L'Amphictyonie ne saurait prétendre à représenter tout l'hellénisme ! Son rôle est d'administrer par l'intermédiaire des hiéromnémons les affaires financières de l'Apollon delphien, d'organiser les Jeux et les fêtes traditionnelles du sanctuaire, enfin de préserver les intérêts du dieu contre toute entreprise. C'est ce dernier devoir qui conduisit l'Amphictyonie à proclamer les différentes guerres sacrées. Les cités amphictyoniques ne sont guère liées que par une solidarité morale assez lâche, dont le serment juré par elles formulait les obligations : elles s'enga-

La terrasse des Lions, à Délos
Au cœur des Cyclades, la petite île de Délos – où Leto mit au monde Apollon et Artémis – est l'un des plus importants sanctuaires panhelléniques. Après les guerres médiques, elle est le siège de la ligue organisée par les Athéniens contre la menace perse.

geaient à ne pas se détruire mutuellement de fond en comble, en cas de guerre, et à châtier qui outragerait le dieu de Delphes. Aucun lien politique solide n'existait entre elles, et l'Amphictyonie fut l'instrument d'ambitions particulières plutôt qu'un principe d'unité entre les États grecs.

Il y eut toutefois dans certaines régions un effort pour constituer des fédérations locales dotées d'institutions politiques permanentes établissant une solidarité effective entre les cités voisines. Ces tentatives, dont la durée et le succès furent variables, montrent que l'on ressentait un certain besoin d'unité, mais aucune d'elles n'aboutit à la formation d'un véritable État.

Il en fut de même, à plus forte raison, lorsque l'un ou l'autre des principaux États voulut rassembler sous son hégémonie une alliance centralisée. Tel fut le cas pour la ligue péloponnésienne, qui consacrait la prépondérance militaire de Sparte dans le Péloponnèse : il ne s'agissait guère que d'une alliance offensive et défensive qui laissait aux cités participantes, chacune liée à Sparte par un traité spécial et un serment, son entière autonomie interne. Bien plus audacieuse apparaît la ligue de Délos, organisée par les Athéniens après les guerres médiques. L'institution du tribut, le transfert de la caisse fédérale à Athènes même, l'installation de clérouquies sur le territoire des alliés, la surveillance exercée chez eux par des fonctionnaires athéniens *(episkopoi)*, les mesures économiques destinées à favoriser le commerce attique, autant de traits qui firent bientôt de la ligue un empire et qui rendirent le joug d'Athènes insupportable aux cités sujettes. Les défections et les révoltes de ses alliés furent pour beaucoup dans l'échec que connut en définitive l'impérialisme conçu par Périclès. La seconde Confédération maritime de Délos, instaurée en 377, chercha à éviter ces inconvénients, mais n'empêcha pas une guerre entre Athènes et ses alliés en 357-355. La poigne du Macédonien Philippe fut nécessaire pour donner à la ligue de Corinthe un véritable caractère fédéral.

Devant cette répugnance tenace à s'unir au-delà du cadre étroit de la cité, on peut légitimement se demander ce qui, aux yeux des Grecs eux-mêmes, leur permettait néanmoins de proclamer qu'ils appartenaient à un même peuple. Car cette solidarité, en dépit de toutes les rivalités intestines, s'imposait à eux comme une évidence lors des grandes fêtes religieuses panhelléniques ou quand un danger venu du dehors menaçait l'existence même du monde grec : on le vit bien contre la Perse, contre les Étrusques et contre les Carthaginois. Ce sentiment de solidarité était fondé sur la communauté de langue et de religion, sur la tradition légendaire et sur les œuvres qui en assuraient la transmission, à savoir les créations des écrivains et des artistes. Plus que d'autres peuples, le peuple grec a eu besoin de sa littérature et de son art pour prendre conscience de lui-même. La prodigieuse richesse de l'une comme de l'autre reflète, avec les dons exceptionnels qui furent accordés aux Hellènes, l'attention passionnée qu'ils portèrent, comme mus par une nécessité vitale, aux ouvrages de la main et de l'esprit.

LES GRECS AU MIROIR DE L'AUTRE

Si, avant Alexandre, la Grèce n'a jamais formé de pays politiquement uni, les Grecs ont eu un très fort sens de leur identité commune à travers leur langue et leur religion : ils se comprennent, malgré la diversité de leurs dialectes, ils honorent les mêmes dieux et croient aux mêmes mythes. C'est aussi par la confrontation avec leurs voisins, les Barbares, ceux qui parlent une langue dont ils ne saisissent que les borborygmes – *bar, bar* –, que les Grecs se définissent. L'enquête d'Hérodote – père de l'Histoire et premier ethnographe du monde ancien, qui décrit longuement les mœurs des Égyptiens, des Mèdes et des Scythes pour mieux expliquer la nature et la logique du conflit qui oppose Grecs et Perses – est autant révélatrice du monde qu'il décrit que de la façon dont les Grecs se pensent : les étrangetés qu'il relève dessinent en négatif la norme grecque. Ainsi, les Égyptiens l'étonnent, « car ils ont en général des lois contraires à celles du reste du monde. Chez eux, les femmes vont au marché et font le commerce, les hommes gardent la maison et tissent... Pour uriner, les femmes restent debout, les hommes s'accroupissent... Ils pétrissent la pâte avec les pieds, mais l'argile avec les mains, et c'est avec les mains qu'ils ramassent le fumier ». Sur le même mode, Hérodote décrit, à travers l'expérience qu'en ont les Perses, l'espace nomade des Scythes, des cavaliers qui échappent toujours à leurs poursuivants, insaisissables parce qu'ils n'ont pas de ville à défendre. Ce monde sans cités est impensable pour les Grecs, qui se définissent par rapport à une communauté urbaine fixe, et, avec Aristote, considèrent l'homme comme « un animal politique ». Ainsi le regard porté sur les autres fonctionne-t-il comme un miroir inversé, révélateur d'une identité qui oppose non seulement l'homme à l'animal, le masculin au féminin, mais aussi le Grec au Barbare.

CHAPITRE 8

Penseurs et poètes

Une littérature d'une richesse inouïe

Nous connaissons le nom d'environ deux mille écrivains grecs anciens. Cette littérature, dans sa très grande majorité, a disparu dans les trois grandes épreuves que furent pour l'héritage de l'Antiquité l'incendie de la bibliothèque d'Alexandrie, la substitution du codex en parchemin au *volumen* en papyrus, et enfin la crise de l'Empire byzantin à l'époque de l'iconoclasme, soit aux VIIe et VIIIe siècles de notre ère. Pourtant, ce qui en subsiste représente encore une masse énorme d'ouvrages de toutes sortes, où les lettres de l'Occident n'ont pas fini de trouver des modèles. Les plus grands parmi ces écrivains ou penseurs remontent à l'époque archaïque et classique, dont la richesse fut sans égale.

Cette littérature, dès ses premiers monuments conservés, est une littérature écrite. On admet aujourd'hui que *l'Iliade* et *l'Odyssée* n'ont pu voir le jour, sous la forme approximative où nous les connaissons, sans le secours de l'écriture alphabétique. Il faut nous représenter le poète transcrivant son œuvre sur ces parchemins en peau de mouton ou de chèvre que les Grecs appelaient diphthères. Ils ont gardé ce nom par la suite pour désigner les rouleaux de papyrus. À ce qu'il semble, c'est seulement vers le milieu du VIIe siècle, près d'un siècle après *l'Iliade*, que l'usage du papyrus se répandit dans le monde grec, quand le premier pharaon saïte, Psammétique, eut ouvert au commerce hellénique l'accès du Delta. Désormais, c'est sur les « volumes » de papyrus que les Grecs devaient lire les ouvrages de leurs écrivains. La longue bande de papyrus, composée de fibres de cette plante collées côte à côte, sur deux épaisseurs, l'une avec les fibres horizontales (recto), l'autre avec les fibres verticales (verso), s'enroulait sur deux tiges de bois formant manche, fixées chacune à une extrémité de la bande. Le texte, écrit en majuscules, sans séparation entre les mots ni signes de ponctuation, était disposé en colonnes parallèles, transversalement à la longueur du rouleau. Chaque rouleau (en grec *tomos*) pouvait contenir une soixantaine de colonnes de texte, de trente lignes environ chacune. On déroulait la largeur d'une colonne, puis, pour passer à la suivante, on enroulait la première sur le manche tenu dans la main gauche, on déroulait la deuxième colonne du reste du rouleau tenu dans la main droite. Ce n'est qu'à l'époque romaine que le système du codex avec des pages écrites sur les deux faces et réunies en cahiers, puis ces cahiers en livres, se substituera à celui du *volumen* (nom latin par lequel on désigne d'ordinaire le rouleau de papyrus).

L'écriture sur papyrus était certainement un gros progrès par rapport aux *diphthères* du haut archaïsme. L'emploi du volumen présente néanmoins certains inconvénients : chaque rouleau est encombrant et la constitution de grandes bibliothèques en fut retardée. Par ailleurs, la manipulation d'un volumen n'est pas commode quand il s'agit de

TERRE CUITE BÉOTIENNE *(scribe thébain, vers 500 av. J.-C.) Malgré la piètre opinion qu'en avaient les Athéniens, les Béotiens savaient lire et écrire. Témoin ce petit bonhomme assis, gravant avec son stylet des caractères sur une tablette.*

rechercher une citation. Il n'est pas non plus très facile de prendre des notes puisqu'on tient le volumen avec les deux mains. Ces considérations pratiques expliquent en partie pourquoi, dans la Grèce antique, on attachait tant d'importance à l'éducation de la mémoire.

Il faut aussi considérer que la lecture, chez les Grecs, était en règle générale une lecture à haute voix. La plupart des œuvres littéraires ont été conçues chez eux pour être entendues : elles sont destinées à la récitation psalmodiée, au chant choral, à la représentation dramatique ou à la lecture publique devant un cercle d'auditeurs. Bien des caractères de la littérature grecque s'expliquent par là : la part si importante faite à la poésie, puis à l'éloquence; la forme volontiers didactique que revêtent les ouvrages en prose, comme s'il s'agissait de conférences ou de leçons; le souci de marquer très fortement les transitions par des indications verbales, là où nos langues modernes se contentent de signes de ponctuation; enfin le grand succès qu'a rencontré le genre du dialogue, création originale du génie grec. Servis par une langue extraordinairement riche, tant dans le domaine du vocabulaire que dans celui de la syntaxe, ayant à leur disposition les ressources de plusieurs dialectes pour varier les effets littéraires et les tons, appuyés sur une tradition qui les soutenait sans les asservir, les écrivains et les penseurs de ce temps ont créé ou développé les principaux genres littéraires. Nous allons les passer en revue successivement.

Le genre épique

L'épopée homérique apparaît soudain dans l'histoire sous sa forme achevée et les deux chefs-d'œuvre d'Homère ont d'emblée fourni des modèles dont ses émules ont toujours désespéré d'approcher. Cette perfection même suppose que *l'Iliade* et *l'Odyssée* ont été préparées par maints essais poétiques antérieurs, entièrement tombés dans l'oubli. Dans la guerre de Troie, la colère d'Achille n'était qu'un épisode; le retour d'Ulysse ne rapportait les aventures que d'un seul héros après la prise de la ville. Une longue tradition épique, essentiellement orale, avait dû se constituer peu à peu, grâce aux chanteurs ou aèdes, semblables au Démodocos que *l'Odyssée* nous montre à la cour d'Alcinoüs, le roi des Phéaciens.

LE CHANT ÉPIQUE

Lorsque nous lisons en silence *l'Iliade* et *l'Odyssée*, nous sommes bien loin de ce qu'était l'épopée vivante. Le texte nous le laisse entrevoir à travers la réaction d'Ulysse, qui, chez les Phéaciens, vient d'écouter Démodocos : « Il n'est rien de plus beau que d'écouter un aède, quand il vaut celui-ci, tel que sa voix l'égale aux Immortels… voir dans les manoirs en longues files siéger les convives pour écouter l'aède, quand aux tables le pain et les viandes abondent et qu'allant au cratère l'échanson vient offrir et verser dans les coupes : voilà, selon mon gré, la plus belle des vies. » Le poète, l'aède, est un chanteur, et l'épopée est une performance exécutée devant un public. Avant de commencer, le poète prélude sur sa lyre en invoquant la Muse inspiratrice, qui lui dicte le fil de son chant en le mettant en communication avec le monde des héros disparus, en lui révélant l'enchaînement des événements et leur cause réelle : le rôle des dieux. Le poète, certes, est un professionnel qui connaît les récits traditionnels, possède les techniques de son art – mémorisation, chant, composition formulaire, accompagnement musical –, mais son inspiration est religieuse, et chaque exécution est un acte rituel, une improvisation dont le résultat est chaque fois différent. Les avis sont partagés sur le rôle de l'écriture dans la composition de *l'Iliade* et de *l'Odyssée,* car nous n'avons qu'une faible idée des capacités d'une culture entièrement orale. Ce qui est sûr, c'est que le texte des deux poèmes épiques est fixé au VIe siècle, lorsque le tyran Pisistrate décide de le faire transcrire. La diffusion de ces œuvres n'en demeure pas moins orale. Elles sont récitées aux grandes fêtes religieuses, ou en des conférences publiques par les rapsodes, et les enfants les apprennent par cœur à l'école. Même si le livre existe déjà, le temps de la lecture muette est encore à venir.

Autour de *l'Iliade* se développèrent les poèmes du cycle troyen, appelé couramment le Cycle par excellence : ils rapportent les épisodes antérieurs à la colère d'Achille. La *Chrestomathie*, ou résumé scolaire, composée par un certain Proclos, soit au IIe, soit au Ve siècle de notre ère (on hésite encore sur la date), et partiellement conservée, fournit à leur sujet des indications assez précises : les *Chants cypriens* évoquaient les événements antérieurs à *l'Iliade*, depuis les noces de Thétis et de Pélée et le jugement de Pâris jusqu'à l'enlèvement d'Hélène et aux premiers épisodes du siège de Troie. L'*Éthiopide*, composée peut-être à la fin du VIIe siècle par Arctinos de Milet, se rattachait directement à *l'Iliade* : on y voyait le roi des Éthiopiens, Memnon, fils de l'Aurore et de Tithon, un frère de Priam, venir au secours de son oncle ; il succombait sous les coups d'Achille, qui tuait aussi la reine des Amazones, Penthésilée, une autre alliée des Troyens ; Achille lui-même périssait à son tour, frappé d'une flèche par l'archer Pâris, aidé d'Apollon. Une autre épopée d'Arctinos, intitulée *la Destruction d'Ilion (Ilioupersis)*, rapportait la prise de la ville. Parallèlement à *l'Odyssée*, Hagias de Trézène avait composé une épopée, les *Retours (Nostoi)*, narrant les aventures des chefs achéens autres qu'Ulysse après la guerre de Troie. Quant à Ulysse lui-même, sa destinée tragique était le sujet de *la Télégonie*, due à Eugammon, qui vivait vers 570-560 : après son retour à Ithaque, Ulysse repartait en expédition dans les montagnes d'Épire, puis, de nouveau rentré dans son île, il y trouvait la mort de la main même d'un fils, Télégonos, qu'il avait eu de Circé, la magicienne, et qui, à la recherche de son père, le tuait d'un coup de lance sans l'avoir reconnu.

La Muse au beau visage

(cratère attique, vers 570 av. J.-C.) Dans le cortège des dieux qui viennent saluer Pélée, jeune époux de la déesse Thétis, les Muses figurent en bonne place, près du char de Zeus. Calliope, visage de face, joue de la syrinx, à côté d'Ourania, Muse du ciel.

À côté du cycle troyen, il y avait un cycle thébain, consacré à la légende d'Œdipe et de ses descendants. Cinéthon de Lacédémone passait pour l'auteur d'une *Œdipodie*, à laquelle faisait suite une *Thébaïde*, parfois rapportée à Homère lui-même, qui racontait le siège infructueux de Thèbes par les Sept Chefs et le duel fratricide d'Étéocle et de Polynice.

Comme celle d'Homère, l'œuvre d'Hésiode eut des imitateurs. *La Théogonie* s'achève par la promesse de chanter les mortelles qui, amantes des dieux, ont donné naissance à d'illustres lignées. Nombre de poèmes, que l'Antiquité attribuait volontiers à Hésiode lui-même, ce que les Modernes mettent en doute, ont chanté ces amours illustres : ils étaient rassemblés dans le *Catalogue des femmes*, qu'on appelait aussi les *Éhées*. Beaucoup d'auteurs postérieurs, à commencer par Pindare, ont puisé dans ce riche fonds légendaire. Et, par l'intermédiaire de Virgile, les littératures d'Occident ont toutes hérité d'Homère leur conception de l'épopée.

Le genre lyrique

L'âge archaïque s'est illustré aussi dans les lettres par la floraison du lyrisme, ou poésie chantée, sous une double forme : le chant choral et la monodie (chant en solo). Ces chants étaient accompagnés à la lyre, instrument à sept cordes, muni d'une caisse de résonance formée primitivement par la carapace d'une tortue : on en attribuait l'invention à Hermès. La cithare est une lyre munie d'une caisse en bois, plus ample. On employait aussi la flûte *(aulos)*, sorte de flageolet, généralement double, dont les deux tuyaux étaient réunis à l'embouchure. Les rythmes poétiques que nous analysons grâce aux données fournies par les métriciens anciens ne prenaient toute leur valeur qu'en fonction de la musique d'accompagnement, aujourd'hui perdue.

ALCÉE ET SAPPHO *(cratère attique, vers 470 av. J.-C.) Deux inscriptions identifient ces musiciens : Alcée et Sappho, les deux poètes de Lesbos. De telles références à des personnages historiques sont exceptionnelles dans l'imagerie des vases, ce qui confirme l'importance que ces poètes lyriques avaient aux yeux des banqueteurs athéniens.*

Cette poésie lyrique était fort variée : hymnes liturgiques comme les *nomes*, chants sacrés comme les péans ou les dithyrambes, chants pour les processions, chœurs pour les danses, élégies guerrières, chants de victoire (ou épinicies) aux Jeux, chansons d'amour, lamentations funèbres, refrains à boire, exhortations civiques.

La plupart de ces écrivains ne survivent que par des fragments mutilés. Au VIIe siècle, Terpandre, originaire de Lesbos, s'illustra par sa virtuosité à la lyre à sept cordes. Le Lydien Alcman de Sardes écrivit des hymnes pleins de noblesse et de grâce pour les fêtes de Sparte, tandis que Tyrtée encourageait les hoplites lacédémoniens de ses martiales élégies. L'Ionien Mimnerne de Colophon, habile joueur de flûte, chanta l'amour et les plaisirs de la vie. Archiloque de Paros, dans ses élégies et ses autres poèmes lyriques, se laisse aller à la violence de ses passions.

À la charnière du VIIe et du VIe siècle, Solon, le législateur d'Athènes, adressa à ses compatriotes des élégies d'une haute inspiration civique. Son contemporain Stésichore d'Himère, en Sicile, développait dans des hymnes les légendes mythologiques. Ayant mal parlé d'Hélène dans un de ses poèmes, il fut frappé de cécité et ne recouvra la vue qu'après avoir réparé ses torts, dans un nouveau poème, ou palinodie, où il réfutait ses assertions précédentes. À la même génération appartiennent enfin les deux lyriques de Lesbos, Alcée et Sappho. Tandis que le premier mêle à ses chants d'amour ou de table des préoccupations politiques, comme les invectives qu'il adresse au tyran Pittacos de Mytilène, Sappho n'évoque dans ses vers brûlants que la passion que lui inspirent ses jeunes compagnes.

Plus tard, dans le cours du VIe siècle, les poèmes érotiques et bacchiques d'Anacréon restèrent le modèle du lyrisme gracieux. Simonide de Céos donna, avant Pindare, sa forme achevée à l'ode triomphale, en même temps qu'il passait pour un maître dans l'art de composer les épigrammes, ces courts poèmes destinés à être gravés sur des monuments funéraires ou commémoratifs.

De tous ces poètes, le seul que nous puissions vraiment juger sur pièces est Pindare, qui vécut dans la première moitié du Ve siècle. Les quatre livres des *Épinicies* qui subsistent illustrent assez la puissance de son génie. Pindare a fixé pour l'éternité quelques formules éclatantes comme : « L'homme est le rêve d'une ombre » ou : « N'aspire pas, ô mon âme, à l'immortalité, mais épuise le champ du possible ! »

Après de tels sommets, le genre lyrique ne pouvait guère que décroître. À la fin du Ve siècle, Timothéos de Milet, dans un poème appelé les *Perses*, fit revivre en le modernisant le *nome* autrefois illustré par Terpandre, tandis que Philoxénos de Cythère composait des dithyrambes. Au IVe siècle, Antimachos de Colophon, qui écrivit une épopée intitulée *la Thébaïde*, employa le mètre élégiaque pour chanter dans un long poème, *Lydé*, des histoires d'amours malheureuses. Une poétesse rhodienne, Erinna, fit revivre à sa façon les accents de Sappho dans un poème en hexamètres, *la Quenouille*. Comme pour l'épopée, le génie hellénique archaïque et classique a fixé les lois du lyrisme sous ses aspects les plus divers.

JOUEUSE DE CITHARE *(lécythe attique, vers 450 av. J.-C.) Cette femme assise, le plectre dans la main gauche, joue non pas de la lyre, mais de la cithare. Cet instrument, ici à caisse arrondie, est plus lourd et plus technique que la simple lyre des banqueteurs.*

Naissance de la tragédie

Chronologiquement, la tragédie et la comédie sont nées sensiblement plus tard que les autres genres poétiques. C'est à Athènes, sous Pisistrate, qu'elles sont sorties, l'une du dithyrambe, l'autre des chants phalliques, dans le cadre du culte de Dionysos. On comprend pourquoi les plus brillants poètes tragiques ont été des Athéniens.

Les trois grands poètes attiques du Ve siècle représentent à nos yeux toute la tragédie grecque : Eschyle, l'aîné des trois, dans la première moitié du siècle, Euripide, le plus jeune, dans la seconde moitié, Sophocle, qui vécut quatre-vingt-dix ans, couvrant le siècle presque entier. À travers leurs œuvres, nous voyons évoluer peu à peu la conception de la tragédie. Le rôle du chœur, d'abord très important, diminue progressivement, en même temps que la place d'abord prépondérante donnée à l'élément lyrique. Le dialogue se développe et s'anime. Eschyle introduit un deuxième acteur dans le drame, puis, à l'imitation de Sophocle, son cadet, un troisième. Chacun de ces acteurs, moyennant un changement de costume et de masque, peut jouer des personnages successifs. Chez Euripide, les interventions du chœur servent surtout pour séparer les principaux moments de la tragédie, en occupant l'*orchestra* durant ce qui cor-

LE MOMENT HISTORIQUE DE LA TRAGÉDIE

La tragédie naît à Athènes, s'y développe et décline au cours du Ve siècle. L'utilisation par les tragiques d'un vocabulaire juridique incite à mettre les contradictions et les conflits qui font la matière de la tragédie en relation avec l'élaboration du droit dans la cité. C'est manifeste dans *l'Orestie* d'Eschyle, dont le dénouement coïncide avec l'instauration du tribunal de l'Aréopage, chargé de juger des crimes de sang. Mais c'est également lisible dans l'*Antigone* de Sophocle, où le terme *nomos,* qui signifie loi, prend des significations opposées selon les protagonistes. De façon générale, la tragédie met en scène deux formes de justice *(diké)* qui s'affrontent, et entre lesquelles le héros est déchiré. Les débats sur la responsabilité humaine que les auteurs tragiques portent sur scène, en les faisant assumer par des personnages de fiction, sont contemporains des tâtonnements de la pensée juridique, qui cherche à s'organiser en système cohérent. De façon générale, la tragédie est vivante tant que les anciennes représentations religieuses sont encore assez présentes pour entrer en conflit avec les nouveaux modes de pensée. Quand les valeurs héroïques sont définitivement reléguées dans un passé lointain, le débat n'a plus de sens, et le ressort tragique est brisé.

FRONT DE SCÈNE *(maquette en terre cuite, IIIe s. av. J.-C.) Le mur de scène est utilisé comme décor. Il représente en général un palais surmonté d'une galerie, où apparaissent parfois les dieux, dont les interventions ont pour but de faciliter le dénouement de l'action.*

ACTEUR COMIQUE *(terre cuite attique, vers 350 av. J.-C.) Outre le masque caricatural, les acteurs comiques portent un costume rembourré qui exagère leur ventre et leur postérieur. Ils sont affublés d'un long phallus qui pend lamentablement et qu'ils entortillent sous leur bedaine.*

respondait à nos entractes. En revanche, la progression dramatique, les coups de théâtre, la peinture évolutive des sentiments des personnages, les duels oratoires entre protagonistes accaparent l'intérêt du poète et du public.

La tragédie moderne doit aux tragiques grecs l'angoissant problème du Destin. Chez Eschyle comme chez Sophocle et chez Euripide, ce qui se joue au théâtre, c'est le sort de l'homme, tel que des puissances surnaturelles en décident. Eschyle, animé par une foi religieuse nourrie aux sources traditionnelles du sacré, montre les mortels soumis à la *Némésis*, à la vengeance des dieux jaloux qui châtient toute démesure, toute violation de la loi rituelle. Sophocle se plaît à nous intéresser aux victimes d'une cruelle destinée, dont les retours imprévus viennent décevoir les calculs et la présomption des hommes : de cette impuissance dérisoire naît le poignant pathétique d'*Œdipe roi*. Mais une haute conception de la loi morale, comme dans *Antigone*, grandit à nos yeux ces victimes prédestinées quand elles se sacrifient à un idéal. Euripide, le plus complexe des trois poètes, multiplie les péripéties dramatiques pour susciter notre compassion aux malheurs de ses personnages en butte à tous les coups du Destin. Plusieurs de ses tragédies s'achèvent par le même couplet significatif : « Ce qui nous vient d'en haut prend des formes diverses. Diverse et décevante est l'action des dieux. Ce que l'on prévoyait ne s'est pas accompli. La volonté divine a des voies imprévues. Telle est la leçon de la pièce. » Ainsi ballottés par des forces qui les dépassent, les pauvres humains souffrent de maux sans nombre, dont ils sont parfois responsables et que leur grandeur d'âme sait parfois surmonter. La matière n'a pas fini de susciter notre admiration et notre sympathie.

La comédie « ancienne »

Plus éloignée de nos conceptions modernes est la comédie grecque classique. Dès la fin du VIe siècle, le Sicilien Épicharme avait composé en dialecte dorien des comédies que nous connaissons mal, mais que les Anciens prisaient fort, en raison de la vérité d'observation qui s'y faisait jour. L'influence de ces premiers essais, combinée en Attique avec les chants fort libres et les lazzi qui accompagnaient les processions dionysiaques, fit naître la comédie dite ancienne, qui eut bientôt sa place à côté de la tragédie dans les concours organisés lors des fêtes de Dionysos. On comptait environ quarante auteurs de comédies « anciennes », ce qui montre bien le succès de ce genre littéraire typiquement athénien durant le Ve siècle. Cratinos, qui commença à produire vers 455, Eupolis et Aristophane, au cours du dernier quart du siècle, en furent les plus illustres représentants.

CHŒUR COMIQUE
(amphore attique, vers 540 av. J.-C.)
Un siècle avant les comédies d'Aristophane, et avant même l'existence du théâtre, les images témoignent de l'existence de performances chorales : des hommes déguisés en chevaux et montés par des cavaliers sont conduits par un musicien.

La comédie ancienne est toujours une œuvre de circonstance et de combat, qui se soucie fort peu de la vraisemblance et cherche surtout à faire rire par des inventions bouffonnes et des allusions incessantes à l'actualité. Le thème en est d'ordinaire une entreprise fantastique ou grotesque, conduite par l'acteur principal en présence d'un chœur de personnages pittoresquement déguisés, hommes, animaux ou abstractions personnifiées. Plusieurs épisodes montrent comment le héros parvient à ses fins en dépit des obstacles. Puis, après un intermède où le chœur s'adresse au public, sans aucun rapport avec l'intrigue, pour lui exprimer les sentiments de l'auteur sur tel ou tel sujet d'actualité, une nouvelle série de sketches fait apparaître les conséquences de la situation ainsi créée jusqu'à la procession finale où le chœur quitte le théâtre en célébrant Dionysos. La variété des tons est extrême chez Aristophane, et l'aisance avec laquelle il passe du plus grossier au plus délicat confond le lecteur moderne. Mais nulle œuvre ne nous met plus directement en contact avec le peuple d'Athènes à l'époque de Socrate, nulle ne nous donne au même degré l'impression d'être à la fois un témoignage sur l'auteur et sur son temps.

Les dernières pièces d'Aristophane, écrites au début du IVe siècle, sont sensiblement différentes des premières : avec *l'Assemblée des femmes* ou *Ploutos*, le poète s'oriente vers une nouvelle forme de comédie, la comédie « moyenne ». Le rôle du chœur y est réduit, la satire des individus fait place à la satire sociale, l'invention bouffonne à l'emploi parodique du mythe. Les successeurs d'Aristophane, comme Antiphanès ou Alexis de Thourioï, semblent avoir été des écrivains féconds, mais nous ne savons presque rien d'eux, et la comédie grecque, comme la tragédie, n'enfanta plus de chefs-d'œuvre au IVe siècle avant l'apparition de Ménandre, qui appartient déjà à l'époque hellénistique.

Les historiens

Les premiers prosateurs sont sensiblement postérieurs aux premiers poètes. L'emploi de la simple prose, dépouillée de tous les ornements du style poétique, traduit le souci primordial de rechercher la vérité. Cette recherche se dit en grec *historia* : elle s'applique d'abord aux événements humains et au cadre naturel où ils se déroulent. D'où le nom même de l'histoire, dont, dans les premiers temps, on ne sépara pas la géographie. Les Grecs tenaient Homère pour le premier des historiens et, de fait, au début, on ne distinguait pas entre l'histoire et l'épopée.

Hécatée de Milet, à la fin du VIe siècle, rompit avec cette tradition en rédigeant en prose ionienne des *Généalogies*, ou recueil de légendes interprétées à la lumière d'un rationalisme naïf, et surtout une description d'ensemble de la terre habitée, intitulée la *Périégèse*, ou *Voyage autour du monde*, dont Hérodote s'est beaucoup servi. Il eut plusieurs imitateurs au Ve siècle, mais aucun n'atteignit au renom d'Hérodote d'Halicarnasse, le premier prosateur dont nous ayons conservé l'œuvre intégrale, celui que Cicéron appelait à juste titre le « père de l'Histoire ».

Avec Hérodote, en effet, ce genre littéraire apparaît désormais. Il s'agit d'exposer les recherches de l'historien pour sauver de l'oubli les grandes actions des hommes. Hérodote y parvient à merveille grâce à sa vaste information, fondée à la fois sur des lectures étendues et sur une enquête personnelle approfondie, grâce à la sympathie allègre que lui inspirent les peuples et les hommes, sans préjugé de race ni de civilisation, grâce à la vivacité d'une intelligence qui se défie des fables tout en révérant les lois morales et les dieux. Ce premier échantillon de la prose grecque garde une merveilleuse fraîcheur, comme si vraiment, pour reprendre les termes d'un érudit byzantin, le « rossignol d'Halicarnasse [avait su] parer son beau style de toutes les fleurs du langage ionien ».

Hérodote était un contemporain de Périclès, qu'il connut d'ailleurs à Athènes. L'Athénien Thucydide appartient à la génération suivante, celle qui vit se dérouler la guerre du Péloponnèse. Après en avoir été un des acteurs, car il fut stratège à Thasos et sous les murs d'Amphipolis quand la ville fut prise par Brasidas, il se trouva écarté des affaires à la suite de cet échec. Mais il suivit les péripéties du conflit avec une attention sans relâche et s'en fit le narrateur fidèle : peu de digressions, peu d'anecdotes. Un récit chronologique rigoureux, rythmé par les saisons, faute d'un calendrier civil bien établi. Une précision sans complaisance dans l'énoncé des faits, vus par l'œil froid du tacticien ou du stratège, sans aucune recherche du pittoresque ou de l'agrément. Au service de cette intelligence lucide, un style travaillé et subtil, habile à suggérer beaucoup en peu de mots : ce premier monument de la prose attique montre quel admirable outil intellectuel le dialecte propre d'Athènes allait être désormais.

HÉRODOTE *(IIe s. av. J.-C.)*
Athènes a rendu hommage à l'historien des guerres médiques en lui consacrant un buste, probablement destiné à orner une bibliothèque. Sans doute imaginaire, ce portrait illustre la gloire de celui qui est traditionnellement considéré comme le « père de l'Histoire ».

L'HISTOIRE, « UN ACQUIS POUR TOUJOURS »

Très tôt, l'écriture a servi non seulement à enregistrer des biens et des marchandises, mais aussi à dresser des généalogies, à noter des événements majeurs, comme les victoires des souverains. Les chroniques sumériennes sont ainsi les plus anciennes (IVe millénaire) qui nous soient parvenues. Quand Solon l'Athénien se rend en Égypte, les prêtres lui montrent des chroniques qui remontent à la nuit des temps et où les Grecs font figure de tout petits enfants, sans grand passé. De telles archives et généalogies ont existé en Grèce également. Toutefois, avec Hérodote s'opère un saut qualitatif considérable : l'enquête (tel est le sens du mot *historia)* procède de manière rationnelle et systématique, évaluant la nature des témoignages et les hiérarchisant. Hérodote distingue ce qu'il a vu de ce qui lui a été rapporté. Il essaie de garder la mémoire de ce qui est advenu entre Grecs et Barbares, et d'en expliquer la logique. Ensuite, Thucydide, renonçant aux récits encore trop mythiques de son prédécesseur, cherche à écrire l'histoire du passé le plus récent, la guerre du Péloponnèse, dont il comprend vite l'importance pour l'histoire des Grecs, et qui ne lui paraît connaissable que parce qu'il en a été le témoin direct. En écrivant cette histoire, il veut faire de son récit « un acquis pour toujours ».

En reprenant le récit des événements à la date de 411, au point où Thucydide l'avait laissé, pour conduire sa narration par la suite jusqu'en 362 et à la bataille de Mantinée, l'Athénien Xénophon, un des disciples de Socrate, s'affirmait dans ses *Helléniques* le continuateur de Thucydide. Pourtant ni dans cet ouvrage d'ailleurs utile, ni dans *l'Anabase* consacrée à l'expédition des Dix Mille à laquelle il avait pris part, ni dans le roman historique sur l'éducation du roi perse Cyrus connu sous le nom de *la Cyropédie*, ce brillant polygraphe ne soutient la comparaison avec ses devanciers. Certes, il est aimable, clair, vivant, assez bien informé, mais l'histoire qu'il nous propose manque de densité et de profondeur.

Philosophes et savants

Parallèlement à l'histoire, on voit apparaître en Ionie, à partir du début du VIe siècle, l'enquête scientifique et la philosophie. Thalès de Milet et Pythagore de Samos illustrent, l'un au début, l'autre dans la seconde moitié du VIe siècle, les premières spéculations de la mathématique et de l'astronomie, liées chez Pythagore à une forme d'ascèse mystique dont l'influence fut durable. Parménide d'Élée, qui devait former dans sa ville natale son disciple Zénon, et Empédocle d'Agrigente, vers le même temps, emploient la forme poétique pour exposer leurs conceptions ontologiques. Leur contemporain Héraclite d'Ephèse, qui écrit en prose, proclame que tout est perpétuel conflit, mouvement et devenir.

PAPYRUS ASTRONOMIQUE GREC *(Égypte, vers 165 av. J.-C.) Cette figure – extraite d'un traité d'astronomie, essentiellement calendaire, placé sous l'autorité du grand mathématicien Eudoxe de Cnide (406-355) – indique la position des planètes par rapport au zodiaque.*

Anaxagore de Clazomènes, qui fut l'ami de Périclès, tient pour principe essentiel du monde l'Esprit qui ordonna le Chaos primitif. Il appliquait la critique rationaliste à la divinité des astres, ou même à certaines formes de divination : ce goût du libre examen lui valut d'être exilé d'Athènes, à la suite d'une accusation d'impiété. Démocrite d'Abdère, un peu plus jeune qu'Anaxagore, inventa la notion d'atome, dans laquelle il trouvait l'explication de toutes choses. Hippocrate de Cos, d'une famille de médecins qui pratiquait le culte d'Asclépios, appliqua à son art les principes d'une observation rationnelle : il fonda par ses travaux la médecine clinique en même temps qu'il fixait les devoirs des médecins dans le célèbre serment qui reste encore aujourd'hui leur règle d'or. En même temps, Athènes accueillait avec enthousiasme, quitte à leur intenter ensuite un procès d'impiété, l'enseignement des sophistes, qui venaient y donner contre argent comptant des leçons d'éloquence et de dialectique. À travers les dialogues de Platon, nous apprécions la virtuosité d'un Gorgias de Léontini ou d'un Protagoras d'Abdère, habiles à susciter le doute en maniant des idées contradictoires.

L'influence que Socrate exerça fut si décisive qu'on appelle aujourd'hui tous les philosophes antérieurs des présocratiques. Socrate mit l'étude de l'âme humaine au centre de ses préoccupations et proposa à chacun de s'efforcer d'abord de se connaître soi-même, conformément à l'interprétation qu'il donnait d'une célèbre maxime delphique. À partir d'humbles exemples pris dans la vie quotidienne, son intelligence rompue aux habiletés verbales de la sophistique savait progresser d'une démarche lente, mais sûre, dans la connaissance de la vérité et de la vertu.

Si Socrate n'a rien écrit, son disciple Platon fut d'une admirable fécondité, et il est significatif que, dans le grand naufrage des lettres antiques, son œuvre abondante ait tout entière survécu. Ses nombreux dialogues, sans compter les apocryphes, ont été classés chronologiquement par les Modernes. Cette répartition permet de suivre approximativement l'itinéraire spirituel du philosophe depuis le *Lachès* jusqu'aux *Lois*. Les premiers dialogues, fidèles à la méthode de Socrate, nous rendent, semble-t-il, une juste image de son enseignement. Puis la personnalité de Platon s'affirme, et ce sont ses propres thèses qu'il expose par la bouche de son maître, qui reste l'interlocuteur principal de ses dialogues. Aux préoccupations surtout morales s'ajoutent désormais des recherches plus ambitieuses : comprendre le système de l'univers par la théorie des Idées ; saisir la nature de l'âme immortelle et ses relations avec le corps ; formuler les lois qui doivent régir la cité idéale, car, pour Platon, métaphysique et psychologie aboutissent à la politique, qui doit traduire en action la justesse de la pensée. La langue de Platon reste un modèle inégalé de prose attique : jamais sans doute un outil verbal plus raffiné n'a été mis au service de la pensée humaine.

Le rayonnement de Platon s'exerça à la fois par ses ouvrages et par son enseignement, qu'il dispensa à partir de 387 dans le gymnase consacré au héros Académos, près d'Athènes : de là le nom d'Académie qui fut donné à cette école. D'autres disciples de Socrate s'engagèrent dans des directions différentes : l'Athénien Antisthène, auteur de nombreux dialogues ou traités perdus, fonda l'école cynique, dont le nom est tiré du quartier d'Athènes où il enseignait, tandis que le Cyrénéen Aristippe, théoricien du plaisir, frayait la voie à ce qui sera l'épicurisme. Quant aux élèves de Platon lui-même, ils furent tous éclipsés par l'écrasante personnalité d'Aristote, législateur de la pensée occidentale.

LA SCIENCE GRECQUE

Si l'on définit la science comme un système de comportement permettant à l'homme de maîtriser son environnement, il va de soi qu'aucune société n'a pu se passer d'un tel outil. Mais si on la considère comme un système de connaissance, et en particulier la recherche d'une explication systématique des phénomènes naturels, alors, dans le monde occidental, c'est en Grèce qu'elle est apparue. Les Grecs n'ont pas de terme équivalant à notre mot science. Ils disent « enquête sur la nature », « théorie » « connaissance » ou « philosophie ». Ainsi, c'est un philosophe, Thalès de Milet, l'un des Sept Sages, qui le premier entreprit une recherche des causes. Bien qu'elles doivent beaucoup à des croyances plus anciennes, sa réflexion et celle de ses compatriotes Anaximandre et Anaximène constituent une réelle rupture avec le passé. Une étape analogue est franchie en médecine avec les textes hippocratiques, qui enrichissent la pratique thérapeutique traditionnelle d'une minutieuse description clinique et proposent des causes naturelles. Les Milésiens rejetaient l'idée d'une intervention divine en météorologie et en astronomie. Les médecins font de même pour l'épilepsie, dans le traité sur *la Maladie sacrée,* niant qu'elle soit plus sacrée ou divine que les autres.

Rhéteurs et sophistes

Si l'entreprise platonicienne s'achève en politique, comme le fera aussi celle d'Aristote, c'est qu'aux yeux d'un Grec tout aboutit à la cité. Comme on ne peut agir sur ses concitoyens que par la parole, il n'est pas surprenant que les Grecs aient les premiers fondé l'éloquence en codifiant la rhétorique. Parmi tous les genres littéraires, celui-ci, étroitement lié à l'évolution de la démocratie politique et judiciaire, ne se développa qu'avec elle et apparut le dernier en date dans l'histoire des lettres classiques.

Née en Sicile au début du Ve siècle, la sophistique était la science du raisonnement, orientée vers des fins utilitaires : elle devint vite la pratique du raisonnement spécieux, fortifié de toutes les ressources verbales propres à entraîner la persuasion.

Le rhéteur Isocrate, qui mourut presque centenaire en 338, fut de tous ces orateurs celui qui réfléchit le plus sur son art. La faiblesse de sa voix et la délicatesse de sa santé lui interdisant de parler lui-même, il se consacra à l'enseignement de la rhétorique, balançant auprès des jeunes Athéniens l'attrait qu'exerçait sur eux l'Académie de Platon. Dans les

L'ÉCOLE D'ATHÈNES
(fresque de Raphaël au Vatican, 1510)
Au centre de la pléiade d'auteurs antiques qui ont fait la gloire d'Athènes, Raphaël a placé Platon et Aristote : le premier, en philosophe idéaliste, montre du doigt le ciel ; le second, bras pointé vers le sol, s'attache à comprendre le monde tel qu'il est.

discours d'apparat qu'il publia sans les prononcer, comme le *Panégyrique* (ainsi nommé parce qu'il était destiné à la panégyrie ou rassemblement des Grecs à l'occasion des jeux Olympiques de 380), l'éloge qu'il fit de sa patrie, Athènes, eut un tel succès que le titre même du discours prit par la suite le sens d'éloge que nous lui donnons aujourd'hui.

On ne saurait rêver opposition plus complète que celle d'Isocrate et de Démosthène. L'un est un homme de cabinet, l'autre est un homme d'action. L'un cisèle à loisir des périodes raffinées, l'autre se laisse emporter par une éloquence pleine de flamme. L'un crut longtemps que le roi de Macédoine sauverait l'hellénisme de la décadence, l'autre s'opposa à la politique de Philippe avec une farouche énergie. L'Histoire donna raison au professeur contre le politique : et pourtant on dit qu'Isocrate mourut du choc moral que lui donna la nouvelle de Chéronée, tandis que Démosthène, ferme devant la défaite, recevait l'honneur insigne de prononcer l'éloge funèbre des soldats morts dans la bataille.

Auprès de cette éloquence directe et parfois foudroyante, les œuvres des autres orateurs politiques contemporains pâlissent : Eschine, le grand rival de Démosthène, Hypéride et Lycurgue sont à l'occasion habiles, diserts, vifs ou même passionnés. Aucun ne nous touche, à beaucoup près, comme le fait Démosthène. Il est bon que nous achevions par lui cette brève revue des lettres grecques au temps où leur grandeur était liée à l'autonomie de la cité : au moment où cette autonomie va disparaître, cet homme en combattant pour elle lui permit de jeter ses derniers feux.

Le banquet entre hommes

Pour les Grecs, consommer de la viande ne peut se faire sans que les dieux en aient leur part. Le repas carné est presque toujours lié à un sacrifice en l'honneur d'une divinité : les os et les graisses sont brûlés sur l'autel tandis que les hommes se répartissent la viande. Ce partage, inauguré dans le mythe par Prométhée, fonde à la fois la condition des hommes – devenus mortels parce qu'ils mangent de la viande, alors que les dieux se contentent de la fumée – et la hiérarchie entre dieux et hommes.

Le banquet grec ne se réduit pas à sa fonction alimentaire; c'est un moment de convivialité, une fête. La distribution des parts de viande, en général égalitaire, reflète concrètement l'ordre de la communauté. L'organisation de banquets, publics et festifs, caractérise les cités classiques et hellénistiques : de nombreuses inscriptions remercient les bienfaiteurs qui ont offert de tels banquets à leurs concitoyens.

Tout autre est la pratique du symposion, où l'on boit ensemble (*syn* en grec). Ce moment est distinct du repas alimentaire : après avoir mangé, on enlève la table et l'on passe à la boisson, ou bien on se rend en cortège chez un hôte pour y boire, comme on le voit avec l'arrivée d'Alcibiade dans le *Banquet,* de Platon. Les buveurs sont allongés sur des lits dans des salles relativement petites : on compte en général de six à douze lits. L'espace est donc réduit, plus intime, et le symposion a plus souvent, en particulier à l'époque archaïque, un caractère élitaire. Il est réservé aux hommes, et les seules femmes qui y accèdent sont des hétaïres – des compagnes de plaisir. Dionysos et Éros sont ainsi les deux divinités tutélaires du symposion.

Les Grecs évitent de boire le vin pur, car ils le considèrent comme dangereux. L'expérience grecque du vin vise à atteindre un point d'équilibre entre sobriété et excès, à contrôler l'usage de ce qui est considéré comme un *pharmakon,* au double sens du terme : poison et remède. Il s'agit d'une drogue dont il faut domestiquer la force en la coupant d'eau. Une telle pratique implique l'emploi d'une vaisselle spécifique : un cratère à large embouchure pour mélanger vin et eau (les proportions varient selon le goût et les intentions des buveurs), des amphores pour transporter le vin, des hydries pour l'eau, des cruches pour verser et des vases à boire (coupes ou *skyphoi*) pour chaque convive. Beaucoup de ces vases à boire représentent, en l'idéalisant, ce moment de convivialité qu'est le symposion.

SOUS LE SIGNE DU VIN
Certaines cités sont célèbres pour la qualité du vin qu'elles produisent. Naxos, l'une des Cyclades, fait partie du nombre. Les monnaies évoquent Dionysos, qui rencontra Ariane sur cette île, et un satyre buveur, le canthare à la main, près d'un pied de vigne.

LE PARTAGE DES VIANDES *La viande consommée lors des repas de fête provient d'un sacrifice offert aux dieux. C'est l'occasion d'un partage qui indique la hiérarchie – ou l'égalité – des convives. Le moment de la découpe, avec un large couteau, n'est pas souvent représenté sur les vases.*

UN MOMENT DE CONVIVIALITÉ *L'activité privée du symposion est rarement représentée sur les monuments publics. Quelques temples évoquent ce moment de convivialité qui suit le sacrifice. Ainsi, le décor sculpté du temple d'Assos, en Asie Mineure, réunit une série de buveurs allongés sur le sol, près d'un cratère.*

SOUS LA TONNELLE *Allongés sur le sol, les convives sont disposés en cercle ; une vigne qui court au-dessus d'eux leur fournit de l'ombre… à l'intérieur de cette coupe à boire dont le centre est décoré d'une Gorgone protectrice.*

DANS LA TOMBE *L'espace du symposion est limité à une pièce autour de laquelle sont disposés quelques lits. L'intérieur de la tombe dite du Plongeur, à Paestum, est décoré d'une série de lits, comme pour rappeler au défunt les plaisirs de son existence passée.*

AUTOUR DU CRATÈRE *Parce que le vin doit être coupé d'eau, le cratère, qui sert au mélange, est un vase essentiel du symposion. Placé au milieu des buveurs, il peut signifier à lui seul la pratique du banquet, comme sur ce petit vase à boire où l'on voit deux serviteurs en action.*

LA POÉSIE DE BANQUET

On ne se contente pas de boire au symposion, on y discute et on y chante. L'essentiel de la poésie archaïque a été composée pour ce moment. On s'accompagne à l'aulos (un instrument à vent dont le tuyau est pourvu d'une anche, comme le hautbois) et surtout à la lyre : aussi cette poésie est-elle dite lyrique. Les buveurs chantent à tour de rôle, partageant un savoir poétique qui leur permet de reprendre un thème donné ou d'enchaîner sur un motif proche. Cette mémoire collective est caractéristique de la culture archaïque ; par elle se diffusent non seulement les poèmes amoureux ou l'éloge des athlètes vainqueurs, mais aussi les récits mythologiques dont le symposion assure la transmission par le chant poétique comme par les images qui décorent les vases. Anacréon, Pindare, Alcée et Sappho comptent parmi les plus célèbres de ces poètes.

CHAPITRE 9

Un art à la mesure de l'homme

Une trompeuse limpidité

ATHÉNA MÉDITATIVE *(bas-relief attique, vers 460 av. J.-C.) Les yeux baissés vers la borne marquant le départ et l'arrivée de la piste du stade, Athéna semble méditer sur les péripéties de la course à venir et en prévoir la tactique.*

Les chefs-d'œuvre de l'art réunis dans les musées permettent un contact direct avec le génie hellénique. Le moindre vase mycénien, la plus humble statuette géométrique, une monnaie d'argent, une intaille s'enlèvent à prix d'or sur les marchés de Londres, de Bâle ou de New York. Que dire alors des pièces majeures, marbres ou bronzes archaïques et classiques, vases à figures rouges peints par un artisan connu ? Leur valeur est aujourd'hui sans prix. Un tel engouement montre combien l'art grec parle encore à notre goût et à notre sensibilité. Mais il ne faut pas croire pour autant qu'il nous apporte sur la civilisation dont il est issu un témoignage aisé à déchiffrer. La pure jouissance que l'œuvre grecque procure à notre œil formé à la comprendre par des siècles de tradition classique ne nous fait pas pénétrer le message intelligible dont elle est d'ordinaire chargée. Il convient donc d'abord de saisir l'intention profonde de l'artiste, sans quoi nous risquons d'interpréter son œuvre à contresens. Deux exemples suffiront.

Le célèbre bas-relief de l'*Athéna mélancolique*, qui date du milieu du Ve siècle, a fait couler beaucoup d'encre depuis sa découverte sur l'Acropole d'Athènes en 1888. La déesse, casque en tête, appuyée sur sa lance, est penchée en avant, vers un petit pilier rectangulaire qu'elle considère avec une attention quelque peu mélancolique. On a supposé qu'Athéna lisait une stèle inscrite, compte des responsables du trésor sacré ou liste de soldats morts au champ d'honneur ; d'autres l'ont considéré comme une borne du sanctuaire de la déesse, qui marquerait ainsi de sa lance la limite assignée à son terrain sacré. Toutes ces explications étaient erronées, comme on l'a montré récemment. De nombreuses peintures de vases contemporaines du bas-relief permettent en effet d'interpréter sans risque d'erreur le pilier en question comme la borne ou *terma* qui, sur un stade, marque la ligne de départ et la ligne d'arrivée pour la course de vitesse. C'est ce *terma* qui retient l'attention d'Athéna, en l'honneur de qui on célébrait les jeux Panathénaïques et qui, selon la légende, avait elle-même pratiqué la course à pied. La déesse n'est donc aucunement mélancolique, et le monument n'est pas autre chose qu'un ex-voto où un vainqueur à la course du stade avait fait représenter la divine patronne de ces jeux devant le *terma,* symbole de l'épreuve dans laquelle il avait triomphé.

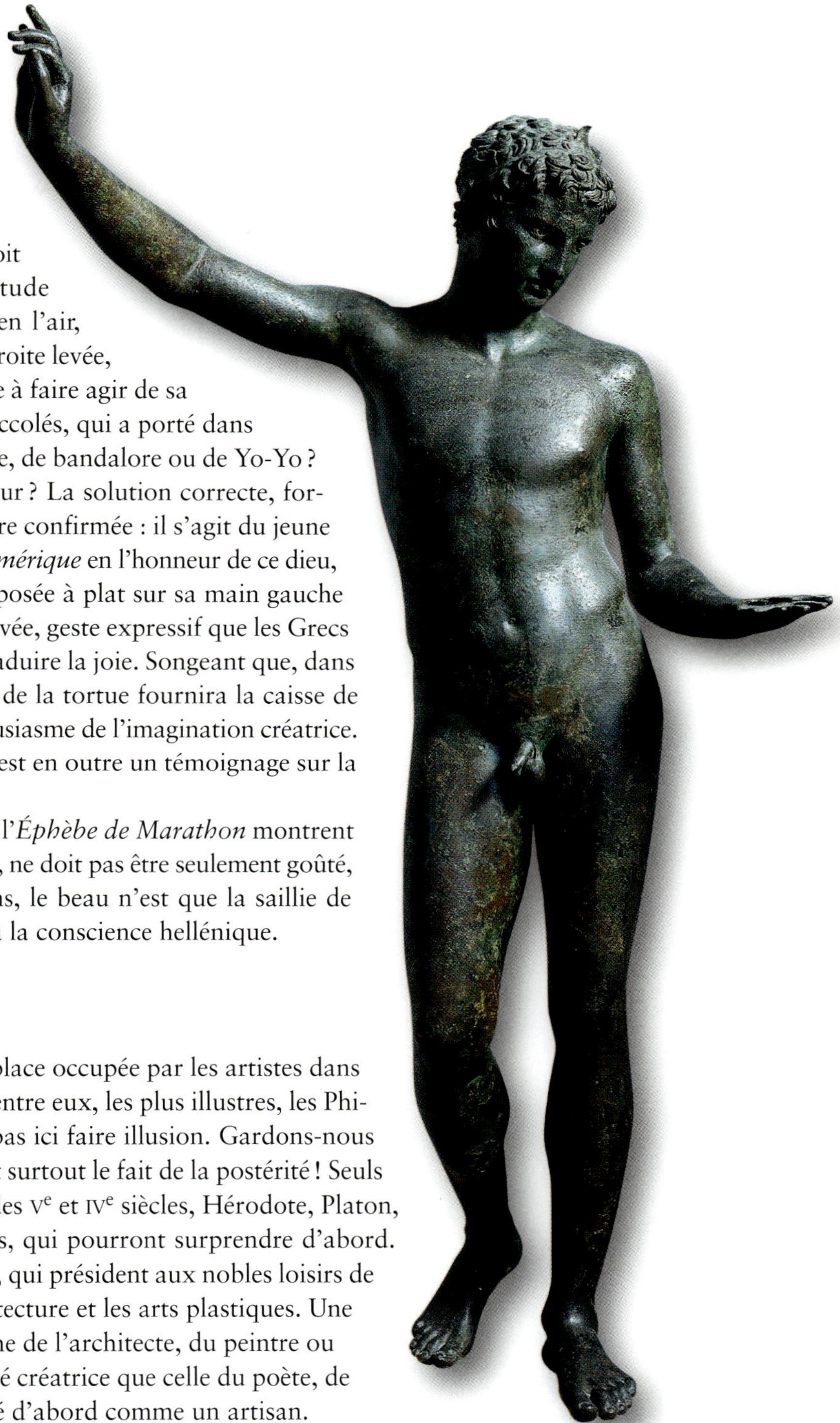

Autre exemple non moins frappant. La fameuse statue de bronze du musée d'Athènes qu'on appelle l'*Éphèbe de Marathon* n'a guère cessé d'exciter l'admiration des connaisseurs, depuis que des pêcheurs la rapportèrent dans leur filet, sur la côte nord-est de l'Attique, quelques années après la Première Guerre mondiale. On y voit un adolescent, très jeune encore, dans une attitude instable, la main gauche étendue à plat, paume en l'air, supportant un objet aujourd'hui disparu, la main droite levée, pouce et index joints. Est-ce un garçon qui s'amuse à faire agir de sa main droite le fil de ce jouet fait de deux disques accolés, qui a porté dans les temps modernes les noms éphémères d'émigrette, de bandalore ou de Yo-Yo ? Est-ce un cueilleur de fruits ou un échanson verseur ? La solution correcte, formulée peu de temps après la découverte, vient d'être confirmée : il s'agit du jeune Hermès qui, conformément au texte de l'*Hymne homérique* en l'honneur de ce dieu, vient de trouver sur son chemin une tortue ; il l'a posée à plat sur sa main gauche et fait claquer en l'air les doigts de la main droite levée, geste expressif que les Grecs modernes emploient encore spontanément pour traduire la joie. Songeant que, dans un instant, il va inventer la lyre, dont la carapace de la tortue fournira la caisse de résonance, le jeune dieu se laisse aller au naïf enthousiasme de l'imagination créatrice. L'œuvre ne se borne plus à charmer nos yeux, elle est en outre un témoignage sur la pensée religieuse de son temps.

L'exemple de l'*Athéna mélancolique* et celui de l'*Éphèbe de Marathon* montrent bien que l'art grec, à l'époque archaïque et classique, ne doit pas être seulement goûté, mais compris. Stendhal l'a dit : « Chez les Anciens, le beau n'est que la saillie de l'utile. » L'art pour l'art est une théorie étrangère à la conscience hellénique.

L'artiste n'est qu'un artisan

On en trouve confirmation lorsqu'on examine la place occupée par les artistes dans la société grecque. La célébrité de quelques-uns d'entre eux, les plus illustres, les Phidias, les Ictinos, les Zeuxis, les Praxitèle, ne doit pas ici faire illusion. Gardons-nous d'attribuer aux contemporains un jugement qui est surtout le fait de la postérité ! Seuls les rares témoignages que fournissent les auteurs des Vᵉ et IVᵉ siècles, Hérodote, Platon, Xénophon, permettent quelques conclusions sûres, qui pourront surprendre d'abord.

Dans le chœur des neuf Muses, filles d'Apollon, qui président aux nobles loisirs de l'esprit, il n'en est aucune qui ait en charge l'architecture et les arts plastiques. Une telle absence signifie qu'aux yeux des Grecs la tâche de l'architecte, du peintre ou du sculpteur ne relève pas du même genre d'activité créatrice que celle du poète, de l'astronome ou du musicien. L'artiste est considéré d'abord comme un artisan.

De cela nous avons un autre témoignage. À l'époque romaine, les riches amateurs s'entouraient volontiers des portraits des grands philosophes, des poètes ou des orateurs. On en décorait les bibliothèques et les jardins. Aussi copia-t-on en grand nombre les effigies réelles ou supposées d'Homère ou de Platon, de Socrate ou d'Euripide, de Démosthène ou d'Épicure, telles que les sculpteurs grecs du IVᵉ siècle ou de l'époque hellénistique les avaient autrefois fixées. Or dans cet ensemble très riche ne figure ni un peintre ni un sculpteur. En fait, nous ignorons tout du visage des grands artistes grecs. L'admiration très vive qu'on éprouvait pour leurs ouvrages ne s'étendait pas à leur personne.

L'ÉPHÈBE DE MARATHON *(bronze, vers 330 av. J.-C.) Le geste du jeune Hermès reste aujourd'hui énigmatique : peut-être joue-t-il non pas avec une tortue, mais avec l'enfant Dionysos, comme l'Hermès d'Olympie.*

DÉDALE, L'ARTISAN MYTHIFIÉ

Admiré pour ses œuvres, l'artisan n'est pas valorisé en tant qu'individu. Cela est cependant contrebalancé par la figure mythique de Dédale. À croire que sa légende est l'œuvre des artisans eux-mêmes. Car la tradition en fait un véritable héros, aux aventures multiples, dont la gloire a été à nos yeux injustement éclipsée par celle de son fils, Icare le maladroit. Pour les Athéniens, Dédale est d'abord l'inventeur de la statue, le premier à avoir révélé la figure des dieux. Ce qui lui vaut d'être apparenté à la famille royale : les noms de ses ascendants se réfèrent à l'habileté (*Palamaon* : Manuel) et à l'intelligence pratique (*Métion*, l'Homme à la *mêtis*). Son talent est tel et ses statues si vivantes qu'il faut les lier pour les empêcher de s'enfuir ! Mais l'artisan mythique est nécessairement un polytechnicien : inventeur, architecte, aviateur même et ingénieur. À Athènes, il invente les instruments nécessaires au travail du bois : la hachette, le foret, le fil à plomb et la colle. Jaloux de son élève et neveu, qui, lui, a inventé le tour, le compas et la scie, Dédale le précipite de l'Acropole et doit s'enfuir. Il se réfugie en Crète, où il rend bien des services au roi Minos… et à sa femme Pasiphaé, pour qui il fabrique une vache artificielle, où la reine s'introduit pour s'unir à un taureau dont elle est éprise. Ainsi naît le Minotaure. Afin de cacher le monstre, Dédale construit pour Minos le Labyrinthe… où l'artisan sera enfermé quand le roi apprendra qu'il a donné à Thésée, son cousin, le fil d'Ariane pour atteindre le Minotaure afin de le tuer. Dédale s'évade par les airs avec Icare, qui, oublieux des instructions de son père, fait une chute mortelle. Arrivé en Sicile, Dédale se met au service du roi et réalise des travaux hydrauliques et des fortifications. Mais Minos le retrouve, et Dédale est alors contraint de l'ébouillanter dans son bain – en inversant les robinets. L'artisan a triomphé du roi.

Cette attitude s'accorde avec la hiérarchie des valeurs sociales telle que la concevaient les Grecs. L'artiste est à leurs yeux essentiellement un ouvrier ou, comme on dit en grec, un *banausos*. Quand Socrate, dans Platon, parle de Phidias, il lui applique le terme de *dêmiourgos*, qui signifie artisan, « homme de métier », et, quand il fait allusion aux peintres ou aux sculpteurs, c'est pour les comparer aux hommes habiles dans les divers travaux manuels ou dans les techniques. On voit par là combien les artistes étaient loin d'occuper le premier rang dans la société grecque. Pourtant, leur rang modeste, loin de nuire à la qualité de leur art, a plutôt contribué à la servir. Si l'art est essentiellement une technique, l'artiste doit se montrer savant en son métier : sa condition sociale le préserve ainsi des tentations de l'ébauche ou du primitivisme dont nous ne voyons que trop aujourd'hui les dangers.

L'ATELIER DU POTIER *(cratère attique, vers 430 av. J.-C.) Un artisan, à gauche, décore un vase à boire du même type que celui qui porte cette image. Les peintres ont parfois représenté ainsi leur propre activité, comme un clin d'œil aux buveurs.*

À cette primauté du métier on doit attribuer l'extraordinaire qualité moyenne des œuvres grecques dites de « bonne époque ». De là vient aussi la qualité des grands ensembles de sculpture décorative que nous ont légués les Grecs : frise et fronton du trésor de Siphnos, métopes du trésor des Athéniens à Delphes, métopes et frontons du temple de Zeus à Olympie, métopes, frise et frontons du Parthénon, frise de Bassæ-Phigalie, décor du mausolée d'Halicarnasse. Il est bien clair que des ensembles aussi importants sont des œuvres collectives, dues à toute une armée d'exécutants : les sculptures du Parthénon furent achevées en l'espace de quinze ans, de 447 à 432, pendant lesquels on sculpta les 92 métopes, les 160 mètres de la frise (avec 360 personnages) et les 40 statues colossales des frontons. On imagine quels problèmes d'organisation un tel travail dut poser au maître d'œuvre, Phidias lui-même. Ce sont des centaines d'ouvriers qui travaillaient sur le chantier de l'Acropole, marbriers et maçons, peintres et orfèvres, chacun avec ses apprentis ou ses esclaves. Et pourtant tous ces exécutants, d'âges et de talents sans doute fort inégaux, ont su se plier à une discipline commune pour que, dans la frise du moins, subsiste une extraordinaire impression d'unité. Une telle réussite n'était possible que si chaque artiste abandonnait au bénéfice de l'œuvre commune toute recherche d'originalité.

Même succès éclatant au temple de Zeus à Olympie, vingt ans plus tôt, où l'artiste inconnu qui conçut métopes et frontons sut imposer à son équipe la cohésion nécessaire pour mener à bien l'entreprise. Plus curieux encore est, au milieu du IVe siècle, le cas du mausolée d'Halicarnasse, pour lequel on avait réuni quatre sculpteurs illustres, Scopas, Léocharès, Timothéos et Bryaxis. Chacun était venu avec son atelier pour participer à la décoration du grand tombeau monumental. Or, depuis plus d'un siècle, la sagacité des archéologues s'essaie vainement à attribuer les fragments retrouvés dans les ruines du monument à l'un ou à l'autre des quatre chefs de l'entreprise : tant ces artistes pourtant célèbres ont su plier leur propre génie aux exigences de la collaboration nécessaire !

Des documents permettent d'apprécier le soin que les artistes grecs apportaient à leur ouvrage. Nous possédons partiellement les comptes des dépenses engagées pour les sculpteurs de la frise de l'Érechthéion, sur l'Acropole d'Athènes, à la fin du Ve siècle. Pour l'un des groupes conservés, composé de deux figures en très haut relief, un jeune homme accroupi et un homme debout, l'artiste a reçu une somme de 120 drachmes, soit, à une drachme par jour, qui est le salaire moyen de l'ouvrier hautement qualifié, quatre mois de salaire : or le groupe a une hauteur de 0,58 mètre seulement, et le marbre était fourni à l'ouvrier. On mesure ainsi la lenteur et la minutie du travail. Même conscience attentive dans l'exécution des grands bronzes : l'examen détaillé de l'*Aurige* de Delphes a révélé l'importance extrême des retouches apportées à la statue après la fonte, pour faire disparaître par martelage les défauts superficiels dus aux bulles d'air ou aux scories.

Le rythme et la symétrie

En architecture, on retrouve ce souci de rigoureuse perfection : les colonnes d'un édifice dorique n'étaient cannelées qu'après mise en place des tambours. Ainsi obtenait-on une exacte correspondance entre les fines arêtes de pierre du haut en bas de la colonne. Lorsqu'un mur était particulièrement soigné, il subissait aussi un ravalement du haut en bas, après mise en place des assises. Chaque bloc était relié aux autres par des crampons de métal, et les faces de joint s'adaptaient sans le moindre jeu, grâce aux cadres soigneusement préparés au ciseau sur tout le pourtour de chacune d'elles.

Les graveurs poussèrent à la perfection l'art de graver en creux, soit dans la pierre dure pour les intailles, soit dans le métal pour les coins monétaires. Ces chefs-d'œuvre minuscules peuvent être agrandis cent fois par la photographie sans perdre ni la justesse de leurs proportions ni l'accent de leur modelé !

Des travaux récents ont permis de mieux comprendre la complexité d'une technique à laquelle l'art grec des VIe et Ve siècles doit nombre de ses produits les plus séduisants : le fameux « vernis » noir qui donne aux vases attiques leur exceptionnelle qualité. Il ne s'agit pas d'un vernis : la mince pellicule noire est obtenue au moyen d'une simple solution d'argile dans de l'eau. Cette solution colloïdale est préparée à partir d'une argile extrêmement pure et on la laisse évaporer jusqu'à ce qu'elle ait la consistance d'une sorte de gelée liquide, de couleur brun sombre, qu'on étend au pinceau sur la terre glaise du pot avant cuisson. C'est au cours de la cuisson que cet enduit deviendra noir par une série d'opérations successives.

GUERRIER DE RIACE, CÔTÉ FACE… *(« Bronze A », 1,98 m, vers 460 av. J.-C.) Majestueuse dans sa nudité héroïque, cette statue tenait une lance et un bouclier.*

C'est dans la statuaire d'or et d'ivoire, dite chryséléphantine, que se marquait le mieux le goût des Grecs pour la haute virtuosité technique. Élaborée au cours de l'archaïsme, cette forme d'art atteignit à son apogée avec les colosses de Phidias : le Zeus d'Olympie et l'Athéna Parthénos de l'Acropole. Ces immenses statues atteignaient 12 mètres de haut. La carcasse en était creuse et maintenue par une armature en charpente. Dans le dallage du Parthénon, on voit encore le logement du madrier central qui soutenait l'armature de l'Athéna Parthénos. Le corps même de la statue était en bois, reposant sur cette charpente et sculpté déjà dans le détail. On y appliquait ensuite l'ivoire et l'or, l'ivoire en plaques minces, collées à chaud pour les parties nues, l'or en feuilles, décorées au repoussé et clouées ensuite sur le bois, pour les vêtements, la chevelure et les accessoires. Des incrustations en pierres précieuses ou semi-précieuses venaient rehausser l'éclat des yeux ou enrichir certains détails de la parure. Une fois la statue achevée, il fallait l'entretenir avec un soin extrême pour empêcher les assemblages de jouer, les matériaux divers de se détacher ou de se ternir, les rats et les termites d'attaquer la charpente. On arrosait le sol d'eau ou d'huile pour éviter que le bois ne se dessèche. Les prouesses techniques suscitaient l'admiration du public dans tous les domaines : jamais les peintres grecs n'ont été plus prisés que pour des effets illusionnistes ou de trompe-l'œil qui prouvaient l'habileté de leur pinceau. On vantait, par exemple, la figure allégorique de l'Ivresse (Méthé), que Pausias, au IVe siècle, avait représentée sous la forme d'une femme dont le visage transparaissait à travers le grand verre dans lequel elle buvait : le rendu de cette transparence ravissait les connaisseurs. Ainsi l'artiste grec nous apparaît avant tout comme un homme de métier, formé par une longue pratique aux traditions d'atelier. Loin de prétendre innover, il est fier d'avoir eu un maître et se plaît à le rappeler : la fidélité au passé traduit l'insertion solide de l'artiste dans la société.

Cette société lui demande d'abord de répondre à ses besoins dans le domaine du sacré. L'artiste avait pour tâche de donner une forme concrète à l'image mentale que ses concitoyens se faisaient de la divinité. Il fut ainsi conduit à étudier le modèle humain, puisque les dieux sont semblables aux hommes, et à lui conférer cette beauté parfaite qui seule paraissait convenable pour les dieux. Recherche naturaliste et idéalisation sont donc dans l'art grec deux tendances complémentaires, et non pas antagonistes : la beauté réside dans des rapports mathématiques, rationnels ou irrationnels, dont notre intelligence peut retrouver la loi. D'où l'importance des notions de rythme ou de symétrie, dont le contenu véritable aujourd'hui nous échappe, faute de définition précise ; mais les textes nous sont garants que ces notions servirent de critères esthétiques.

La beauté au service de l'hellénisme

À ces préoccupations se rattachent les tentatives pour définir un système de proportions idéales s'appliquant à la figure humaine. Ainsi fit le sculpteur Polyclète, lorsqu'il rédigea son ouvrage appelé le *Canon*, c'est-à-dire la Règle, et qu'il l'illustra en exécutant une statue conforme à ce système, statue qui était peut-être le fameux *Doryphore* (porteur de lance), dont il subsiste des copies. En représentant des athlètes nus, le sculpteur était naturellement amené à exalter la forme humaine dans sa perfection ; la beauté virile, où se conjuguent la vigueur physique et la maîtrise de soi.

… ET CÔTÉ PILE *Trouvées en mer au large de la Calabre, en 1972, les statues A et B de Riace comptent parmi les rares originaux grecs en bronze qui nous soient parvenus.*

Est-ce à dire que cette perfection formelle ait entièrement satisfait les Grecs? Tout en l'admirant, ils n'en méconnaissaient pas les limites : le rhéteur latin Quintilien écrit au Ier siècle de notre ère : « Si Polyclète sut donner à la forme humaine une beauté surnaturelle, il ne paraît pas pour autant avoir complètement rendu la majesté divine. » Ce jugement prend tout son sens quand on le rapproche de celui que Quintilien porte sur Phidias, qui « a en quelque sorte enrichi la religion traditionnelle ». À partir du modèle humain que l'un et l'autre de ces deux artistes ont pris comme point de départ, l'un parvient à une rigoureuse perfection formelle, l'autre hausse l'homme au-dessus de sa condition en lui donnant l'appréhension directe d'une grandeur surnaturelle. Le simulacre anthropomorphe traduit ainsi tantôt l'idéal humaniste, tantôt la transcendance divine. Toute la richesse de l'hellénisme est là.

Au service d'un individu ou d'une cité qui reste à la mesure de l'homme, l'artisan grec acquiert et fortifie le sentiment de sa propre individualité. Dès les origines, la légende s'attacha au nom prestigieux de Dédale, ancêtre et patron des sculpteurs, dont Socrate se vantait plaisamment de descendre. Un autre artiste légendaire, Épeios, passait pour le constructeur du cheval de Troie. À partir de ces illustres ancêtres, la lignée des sculpteurs est ininterrompue. C'est en Grèce que les sculpteurs prirent l'habitude de signer leurs ouvrages : leurs signatures conservées sont si nombreuses qu'on les a rassemblées dans des recueils spéciaux, devenus une source essentielle pour l'histoire de l'art. L'usage s'étendit des sculpteurs aux potiers : dans le cours du VIe siècle, les céramistes attiques se mirent à signer leurs plus beaux vases, tantôt comme peintres, tantôt comme potiers. Là encore, les documents sont si nombreux qu'ils fournissent aux archéologues une base solide pour leurs classements chronologiques et stylistiques.

Le Doryphore, *ou porteur de lance (copie romaine, Ier s.) Les statues de Polyclète, aux admirables proportions, ont été très appréciées des Romains, qui les ont fréquemment copiées.*

Est-ce à dire que nous parvenions à distinguer aisément ces talents dans tous les domaines? Malheureusement, il n'en est rien. Ainsi, pour la sculpture, les œuvres qui subsistent sont généralement anonymes, et les signatures retrouvées figurent d'ordinaire sur des socles vides, tandis que les textes littéraires nous ont transmis quelques indications sur les grands maîtres. En revanche, le hasard nous a rendu plusieurs intailles et monnaies signées : elles prouvent que, comme les potiers, les graveurs étaient fiers de leur virtuosité technique et tenaient parfois à garder la paternité de leurs ouvrages.

La notoriété à laquelle parvenaient certains artistes leur valait des commandes qui dépassaient largement le cadre de leur cité d'origine ou même le cadre régional. Les tyrans de Syracuse font exécuter leurs offrandes par les artistes les plus divers. Les sanctuaires panhelléniques, Delphes ou Olympie, attiraient les sculpteurs de toute origine en quête de travaux fructueux et jouaient le rôle d'expositions permanentes d'œuvres d'art. Les objets d'art mineur, bronzes, orfèvrerie, terres cuites, vases, tapisseries, circulaient d'un bout à l'autre du monde grec, favorisant la diffusion des styles et leurs réactions réciproques. En définitive, plus que le goût propre de telle ou telle cité, c'est l'intérêt généralement porté à l'art qui nous frappe. Certes, le rayonnement de certains centres, en particulier celui d'Athènes, a été déterminant pour la formation d'une esthétique commune. Mais il est remarquable que la diffusion de cette esthétique ait été si rapide et si efficace : dans le domaine de l'art comme dans celui des lettres, en dépit de ses divisions politiques, l'hellénisme avait tôt pris conscience de son unité.

Conclusion

Ulysse et Pénélope *(relief en terre cuite de Mélos, vers 460 av. J.-C.) Déguisé en vieux mendiant, Ulysse rentre à Ithaque pour y retrouver son palais et les siens. Pénélope, méfiante et aussi avisée que son époux, mettra du temps à le reconnaître, même quand Athéna aura rendu au héros vigueur et prestance.*

On voudrait que les pages qui précèdent aient au moins fait sentir la richesse et la complexité d'une civilisation dont les traits tendent d'ordinaire à se simplifier à l'excès dans notre souvenir. Pas plus que le monde grec ne se réduit à la seule cité d'Athènes, l'hellénisme ne saurait se réduire au siècle de Périclès, un « siècle » qui, à vrai dire, ne dura que trente ans. Des poètes mycéniens, prédécesseurs d'Homère, à Platon et à Démosthène, de Dédale, ancêtre mythique des sculpteurs, à Praxitèle et à Scopas, des potiers attiques du XIIIe siècle à ceux du « style de Kertch », la route est longue et variée : dix siècles d'efforts et d'épreuves, d'explorations et de batailles, de rivalité et d'émulation. Dix siècles pendant lesquels un petit peuple, à la fois un et divers, a su élaborer patiemment, en dépit des discordes intestines et des menaces de l'étranger, une culture originale, neuve, complète, où les principaux aspects de la condition humaine ont simultanément reçu leur place : la foi religieuse et la confiance en l'homme, le sens du mystère cosmique et la volonté de comprendre la nature, l'idée de hiérarchie et celle d'égalité, le respect du groupe social et l'intérêt porté à l'individu. Que ces exigences contradictoires aient suscité d'incessants conflits dans les esprits comme dans les États, cela n'est pas pour surprendre. Mais ces conflits mêmes ont été plus d'une fois générateurs de progrès.

Aux yeux des Grecs, en effet, la qualité majeure de l'homme n'est pas l'intelligence, mais le courage, dont le nom dans leur langue, *arétè*, comme *virtus* en latin, a pris le sens général de vertu. Leurs héros préférés sont Achille, le plus vaillant des hommes, et Ulysse, dont l'esprit fertile en ressources ne vaudrait rien sans son cœur intrépide. Dans la fiction comme dans la

LA MÊTIS

Si Athéna est née de la tête de Zeus, c'est que celui-ci avait avalé sa première femme, Mêtis, assimilant ainsi tout ce que représentait cette déesse : la *mêtis,* une forme d'intelligence rusée, en prise sur le réel, toujours en éveil, indispensable à l'exercice de la souveraineté. Sa fille Athéna possède au premier chef ces qualités, qu'elle exerce dans divers domaines exigeant vigilance, ingéniosité et inventivité technique : la guerre tactique, la conduite du char, le pilotage du navire, et plusieurs secteurs de l'artisanat – elle patronne potiers, menuisiers et charpentiers, tisserands et fileuses. Ulysse, son protégé, le *Polumêtis,* maître en ruses et en débrouillardise, excelle aux embuscades nocturnes et aux négociations diplomatiques. Par la parole, il l'emporte sur tous, préfigurant l'habileté du sophiste et du politique, et recourant avec plaisir aux mensonges pour se dissimuler. Ces dons de navigateur et son adresse manuelle de charpentier lui permettent de se sortir des pires situations et de récupérer à Ithaque le pouvoir royal. Ce type d'intelligence technique et souple a été gommé par d'autres formes de pensée que les Grecs ont inventées ou dans lesquelles ils ont excellé : la réflexion philosophique et l'esprit mathématique, par exemple. Ils n'ont cependant jamais cessé de pratiquer la *mêtis.*

vie, les Hellènes n'ont rien mis au-dessus de la fermeté d'âme : témoin le Prométhée d'Eschyle ou l'Antigone de Sophocle, Léonidas ou Phocion, Socrate ou Démosthène. C'est pourquoi la leçon de la Grèce est moins une leçon politique qu'une leçon morale. Leçon de modestie et de lucidité qui met l'homme à sa juste place : apte à beaucoup comprendre, mais sachant aussi ignorer ; aimant la vie, mais la sachant précaire ; usant de son intelligence avec délices, sans oublier que l'avenir appartient aux dieux. Ce Grec sait que rien ne s'obtient sans lutte. Mais, conscient de sa propre faiblesse, il ne méprise pas l'adversaire. Tandis que sur leurs reliefs triomphaux les monarques de l'Orient se font représenter écrasant sous leur char des foules accablées et tremblantes, l'art hellénique évoque les grands exploits de l'histoire ou de l'épopée sous l'aspect de combats égaux. L'ennemi n'y a pas toujours le dessous, et sa défaite, quand elle arrive, ne le prive pas du droit à la pitié. Ce n'est pas un hasard si les Troyens Priam, Hector et Andromaque sont les figures les plus émouvantes de *l'Iliade*. On racontait qu'Achille s'était épris d'amour pour la guerrière Penthésilée au moment même où, sur le champ de bataille, il lui portait un coup mortel. L'anecdote est pleine de sens : le plus vaillant n'est qu'un jouet aux mains de la Destinée.

Pour définir la pensée grecque, on emploie souvent le mot d'humanisme et l'on cite à bon droit le fameux chœur des vieillards thébains dans l'*Antigone* de Sophocle : « Que de merveilles au monde, mais nulle n'est plus merveilleuse que l'homme ! » Mais toute spéculation trop générale reste un peu vaine : le legs de la Grèce archaïque et classique s'apprécie mieux au contact direct des œuvres. Celles-ci sont assez riches et assez belles pour que chacun de nous, en les abordant par lui-même, y trouve, outre les traits éternels de l'homme, la part d'héritage qui lui convient.

Achille et Penthésilée *(coupe attique, vers 450 av. J.-C.) Au moment où Achille plonge son épée dans la gorge de l'Amazone Penthésilée, leurs regards se croisent. Meurtrier et victime comprennent, trop tard, que la haine qui les unissait était en réalité de l'amour.*

Pour en savoir plus...

Paul Demont et Anne Lebeau : *Introduction au théâtre grec antique,* Paris, Le Livre de Poche, coll. Références, 1996.

Marcel Detienne et Jean-Pierre Vernant : *Les Ruses de l'intelligence, la métis des Grecs,* Paris, Flammarion, coll. Champs, 1999.

Françoise Frontisi-Ducroux : *L'ABCédaire de la mythologie,* Paris, Flammarion, 1999.

François Hartog : *Le Miroir d'Hérodote,* Paris, Gallimard, coll. Folio, 2001.

François Lissarrague : *Un flot d'images. Une esthétique du banquet grec,* Paris, Adam Biro, 1987.

Nicole Loraux : *Les Enfants d'Athéna,* Paris, Éditions du Seuil, coll. Points, 1997.

Roland Martin : *L'Art grec,* Paris, Le Livre de Poche, coll. La Pochothèque, 1994.

Claude Mossé : *Histoire d'une démocratie : Athènes,* Paris, Éditions du Seuil, coll. Points, 1995.

Jean-Pierre Vernant : *Mythe et Pensée chez les Grecs,* Paris, La Découverte, 1996.

Jean-Pierre Vernant : *L'Univers, les Dieux, les Hommes,* Paris, Éditions du Seuil, 1999.

Jean-Pierre Vernant et Pierre Vidal-Naquet : *Mythe et Tragédie,* Paris, La Découverte, 2001, 2 vol.

Paul Veyne : *Les Grecs ont-ils cru à leurs mythes ?* Paris, Éditions du Seuil, coll. Points, 1992.

Index

L'index répertorie les noms de lieux, de personnes et de dieux, ainsi que des concepts et des thèmes.
Les chiffres suivis d'un astérisque (*) renvoient aux encadrés,
et les chiffres en *italique,* aux légendes des illustrations.

Crédits photographiques

Abréviations : h = haut, m = milieu, b = bas, g = gauche, d = droite.

Couverture: THE PICTURE DESK/Collection Dagli Orti / Musée Nationale Archéologique Athènes / Gianni Dagli Orti; (fond)THE PICTURE DESK/Collection Dagli Orti / Musée Archéologique Mitilene / Alfredo Dagli Orti. P. 6/7: G. DAGLI ORTI/Musée de l'Acropole, Athènes; 10h: G. DAGLI ORTI/Musée national archéologique, Athènes; 10b: G. DAGLI ORTI/Palais de Cnossos, Crète; 10/11: M. LANGROGNET; 11h: C. LENARS/Musée national archéologique, Athènes; 11bg: BRIDGEMAN-GIRAUDON/Ashmolean Museum, Oxford; 11bd: G. DAGLI ORTI/Musée national archéologique, Athènes; 12g: G. DAGLI ORTI/Musée archéologique, Argos; 12d: G. DAGLI ORTI/Musée archéologique, Érétrie; 12/13: G. DAGLI ORTI; 13g: Courtesy, Museum of Fine Arts, Boston – Reproduced with permission – © 2000 Museum of Fine Arts, Boston, tous droits réservés; 13hd: G. DAGLI ORTI/Musée national archéologique, Athènes; 13bd: AKG/E. Lessing/Musée du Louvre, Paris; 14/15: G. DAGLI ORTI/Gortyne, Crète; 14g: AKG/E. Lessing/Kunsthistorisches Museum, Vienne; 14d: G. DAGLI ORTI/Musée d'archéologie, Delphes; 15h: M. LANGROGNET/Musée de l'Acropole, Athènes; 15m: G. DAGLI ORTI/Musée, Olympie; 15b: G. DAGLI ORTI/Villa Giulia, Rome; 16/17: G. DAGLI ORTI; 16g: M. LANGROGNET; 16d: G. DAGLI ORTI/Musée de l'Acropole, Athènes; 17hg: M. LANGROGNET; 17hd: AKG/E. Lessing/Musée Pergamon, Berlin; 17b: BRIDGEMAN-GIRAUDON/National Museum of Scotland, Édimbourg; 18g: G. DAGLI ORTI/Musée archéologique, Thessalonique; 18d: O. HAUPT/Ny Carlsberg Glyptotek, Copenhague; 18/19: G. DAGLI ORTI; 19h: RMN/Arnaudet/Musée des Arts asiatiques-Guimet, Paris; 19m: G. DAGLI ORTI/Coll. Jean Vinchon; 19b: G. DAGLI ORTI/Musée national archéologique, Naples; 20: ARTEPHOT/A. Held/Musée national archéologique, Naples; 21: G. DAGLI ORTI/Musée provincial, Lecce; 23, 24: G. DAGLI ORTI/Musée national archéologique, Athènes; 25, 26: G. DAGLI ORTI; 27: G. DAGLI ORTI/Musée national archéologique, Athènes; 28: C. LENARS/Musée, Nauplie; 29: BRIDGEMAN-GIRAUDON/Musée national archéologique, Athènes; 30: BPK/J. Remmer/Glyptothek, Munich; 30/31: M. LANGROGNET; 31hg: AKG/W. Forman/Musées du Vatican, Rome; 31hd: BRIDGEMAN-GIRAUDON/Musée national archéologique, Naples; 31mg: G. DAGLI ORTI/*Le Monument de Lysicrates*, gravure d'A. Gasparini – 1842-1844/Musée de la ville, Athènes; 31md: G. DAGLI ORTI; 31bg: RMN/H. Lewandowski/Musée du Louvre, Paris; 31bd: IKONA/G. Leone, Ragusa/Musée éolien, Lipari; 32: G. DAGLI ORTI/Musée, Corinthe; 33: LEEMAGE/Bibliothèque nationale de France, Paris; 34: G. DAGLI ORTI/Musée national archéologique, Athènes; 35: PHOTONONSTOP/E. Quemere; 36: G. DAGLI ORTI/Musée du Capitole, Rome; 37: G. DAGLI ORTI/Musée du Louvre, Paris; 38: AKG/E. Lessing/Musée, Olympie; 38/39: G. DAGLI ORTI/Musée des Thermes, Rome; 39hg: BRIDGEMAN-GIRAUDON/British Museum, Londres; 39hd: AKG/E. Lessing/Kunsthistorisches Museum, Vienne; 39mg: SCALA/Museo Gregoriano Etrusco Vaticano, Rome; 39mm: G. DAGLI ORTI/Musée archéologique, Palerme; 39md: RMN/H. Lewandowski/Musée du Louvre, Paris; 39b: G. DAGLI ORTI/Musée des Thermes, Rome; 41: M. LANGROGNET; 42: G. DAGLI ORTI/Coll. Jean Vinchon; 43: Museo Civico Archeologico di Pithecusae, Lacco Ameno; 45: Photothèque WALLIS; 47: G. DAGLI ORTI/Musée national archéologique, Naples; 48: RMN/H. Lewandowski/Musée du Louvre, Paris; 49: BPK/J. Laurentius/Staatliche Museen, Antikensammlung, Berlin; 51: G. DAGLI ORTI; 52h: BRIDGEMAN-GIRAUDON/Musée Pergamon, Berlin; 52b: G. DAGLI ORTI/Coll. Jean Vinchon; 53: G. DAGLI ORTI/Musée national archéologique Naples; 54: G. DAGLI ORTI/Musée archéologique, Kavala; 55: G. DAGLI ORTI/Musée archéologique, Herakleion; 56h: AKG/E. Lessing/Musée archéologique, Éleusis; 56b: BRIDGEMAN-GIRAUDON/British Museum, Londres; 56/57: G. DAGLI ORTI/Musée du Louvre, Paris; 57hg: Courtesy Museum of Fine Arts, Boston – Reproduced with permission – © 2000 Museum of Fine Arts, Boston, tous droits réservés; 57hd: G. DAGLI ORTI/Musée du Louvre, Paris; 57mg: RMN/H. Lewandowski/Musée du Louvre, Paris; 57md: BPK/J. Laurentius/Staatliche Museen, Antikensammlung, Berlin; 57bg: G. DAGLI ORTI/Musée archéologique, Reggio di Calabria; 57bd: RMN/G. Blot/Musée du Louvre, Paris; 59: G. DAGLI ORTI/Musée national archéologique, Athènes; 61: RMN/H. Lewandowski/Musée du Louvre, Paris; 63: G. DAGLI ORTI/Musée national archéologique, Athènes; 65: G. DAGLI ORTI; 67: RMN/M. Chuzeville/Musée du Louvre, Paris; 69: G. DAGLI ORTI; 70: G. DAGLI ORTI/Musée archéologique, Selçuk; 71: G. DAGLI ORTI; 72: G. DAGLI ORTI/Coll. Jean Vinchon; 73: BRIDGEMAN-GIRAUDON/Musée Condé, Chantilly; 75, 77: G. DAGLI ORTI/Musée archéologique, Thessalonique; 78: G. DAGLI ORTI/Musée archéologique, Pella; 79: G. DAGLI ORTI/Glyptothek, Munich; 80: G. DAGLI ORTI/Musée, Olympie; 82h: RMN/H. Lewandowski/Musée du Louvre, Paris; 82b: G. DAGLI ORTI/Musée national archéologique, Athènes; 83: G. DAGLI ORTI/Musée de l'Acropole, Athènes; 84: BRIDGEMAN-GIRAUDON/British Museum, Londres; 86: G. DAGLI ORTI/Musée national archéologique, Naples; 87: AKG/E. Lessing/Musée du Louvre, Paris; 88: AKG/J. Hios; 89: AKG/E. Lessing/Musée du Louvre, Paris; 91: G. DAGLI ORTI/Musée de l'Acropole, Athènes; 92: BRIDGEMAN-GIRAUDON/British Museum, Londres; 94: RMN/H. Lewandowski/Musée du Louvre, Paris; 95: ARTEPHOT/A. Held/Musée du Louvre, Paris; 96: G. DAGLI ORTI/Musée archéologique, Salonique; 97: ARTEPHOT/Nimatallah; 98g, d, 99h: G. DAGLI ORTI/Musée national archéologique, Athènes; 99m: G. DAGLI ORTI; 99b: G. DAGLI ORTI/Musée archéologique, Herakleion; 100h: G. DAGLI ORTI/Musée du Louvre, Paris; 100b: BPK/Staatliche Museen, Antikensammlung, Berlin; 101h, m: G. DAGLI ORTI/Musée, Delphes; 101b: G. DAGLI ORTI/Musée du Louvre, Paris; 102hg: BRIDGEMAN-GIRAUDON/Musées du Vatican, Rome; 102bg: G. DAGLI ORTI/Musée, Châtillon-sur-Seine; 102d: G. DAGLI ORTI/Musée Whitaker, Mozia; 103h: G. DAGLI ORTI/Musée, Paestum; 103b: BPK/I. Geske-Heiden/Staatliche Museen, Antikensammlung, Berlin; 104g: G. DAGLI ORTI/Musée de la Céramique, Athènes; 104d: G. DAGLI ORTI/Musée national archéologique, Athènes; 105hg: RMN/M. Chuzeville/Musée du Louvre, Paris; 105bg: G. DAGLI ORTI/Musée du Louvre, Paris; 105d: AKG/E. Lessing/Musée archéologique, Reggio di Calabria; 106g: BRIDGEMAN-GIRAUDON/Fratelli Fabbri, Milan; 106d: G. DAGLI ORTI/Musée du Louvre, Paris; 107h: G. DAGLI ORTI/Musée archéologique, Pella; 107m: G. DAGLI ORTI/Musée archéologique, Thessalonique; 107b: BRIDGEMAN-GIRAUDON/Musée de l'Hermitage, Saint-Pétersbourg; 108: AKG/E. Lessing/Musée Pergamon, Berlin; 109: G. DAGLI ORTI; 111: AKG/E. Lessing/Glyptothek, Munich; 112: RMN/H. Lewandowski/Musée du Louvre, Paris; 113: G. DAGLI ORTI/Villa Giulia, Rome; 114: AKG/E. Lessing/Staatliche Museen, Antikensammlung, Berlin; 115: RMN/J. Schormans/Musée du Louvre, Paris; 116: BRIDGEMAN-GIRAUDON/Musée national archéologique, Naples; 117: ARTEPHOT/A. Held/Villa Giulia, Rome; 119: G. DAGLI ORTI; 120: SCALA/Musée archéologique, Florence; 122: RMN/H. Lewandowski/Musée du Louvre, Paris; 123: G. DAGLI ORTI; 124: M. LANGROGNET; 125: RMN/H. Lewandowski/Musée du Louvre, Paris; 126, 127: G. DAGLI ORTI/Musée national archéologique, Athènes; 128: AKG/E. Lessing/Château-Musée, Boulogne-sur-Mer; 130: G. DAGLI ORTI; 131: BRIDGEMAN-GIRAUDON/Staatliche Museen, Antikensammlung, Berlin; 134: G. DAGLI ORTI/Musée archéologique, Le Pirée; 135: G. DAGLI ORTI/Musée archéologique, Selçuk; 136: G. DAGLI ORTI/Musée de l'Acropole, Athènes; 138: G. DAGLI ORTI/Musée du Capitole, Rome; 139: BRIDGEMAN-GIRAUDON/Ashmolean Museum, Oxford; 140, 140/141: G. DAGLI ORTI/Musée de l'Acropole, Athènes; 141hg: RMN/M. Chuzeville/Musée du Louvre, Paris; 141hd: G. DAGLI ORTI/Coll. Jean Vinchon; 141mg: RMN/M. Chuzeville/Musée du Louvre, Paris; 141md: G. DAGLI ORTI/Musée de l'Acropole, Athènes; 141bg: G. DAGLI ORTI/Musée, Olympie; 141bd: AKG/E. Lessing/Kunsthistorisches Museum, Vienne; 143: AKG/E. Lessing; 144: BRIDGEMAN-GIRAUDON/British Museum, Londres; 145: BRIDGEMAN-GIRAUDON/Ashmolean Museum, Oxford; 146: M. LANGROGNET; 147, 148: BRIDGEMAN-GIRAUDON/ Ashmolean Museum, Oxford; 149: RMN/H. Lewandowski/Musée du Louvre, Paris; 150: BPK/Staatliche Museen, Antikensammlung, Berlin; 151: G. DAGLI ORTI/Musée national archéologique, Athènes; 153: RMN/H. Lewandowski/ Musée du Louvre, Paris; 155: AKG/E. Lessing; 156, 157: G. DAGLI ORTI/Musée de l'Agora, Athènes; 159: G. DAGLI ORTI/Musée archéologique, Sparte; 160: AKG/J. Hios/Musée de l'Agora, Athènes; 161: BRIDGEMAN-GIRAUDON/Ashmolean Museum, Oxford; 162: ARTEPHOT/A. Held/Bibliothèque nationale de France, Paris; 163: M. LANGROGNET; 165: G. DAGLI ORTI/Musée du Louvre, Paris; 167: G. DAGLI ORTI/ Musée archéologique, Florence; 168: BPK/Staatliche Antikensammlungen, Munich; 169, 170g: BRIDGEMAN-GIRAUDON/ Ashmolean Museum, Oxford; 170d: ARTEPHOT/A. Baguzzi/ Musée national archéologique, Naples; 171: BPK/J. Liepe/Staatliche Museen, Antikensammlung, Berlin; 172: G. DAGLI ORTI/Musée de l'Agora, Athènes; 173: RMN/H. Lewandowski/Musée du Louvre, Paris; 175: BRIDGEMAN-GIRAUDON/Musées du Vatican, Rome; 176: G. DAGLI ORTI/Coll. Jean Vinchon; 176/177: RMN/H. Lewandowski/Musée du Louvre, Paris; 177hg: BRIDGEMAN-GIRAUDON/Musée du Louvre, Paris; 177hd: RMN/H. Lewandowski/Musée du Louvre, Paris; 177mg: M. LANGROGNET; 177md: BRIDGEMAN-GIRAUDON/Ashmolean Museum, Oxford; 177bg: RMN/H. Lewandowski/Musée du Louvre, Paris; 177bd: BRIDGEMAN-GIRAUDON/Ashmolean Museum, Oxford; 178: G. DAGLI ORTI/Musée de l'Acropole, Athènes; 179: ARTEPHOT/ Nimatallah/Musée national archéologique, Athènes; 180: BRIDGEMAN-GIRAUDON/Ashmolean Museum, Oxford; 181, 182: AKG/E. Lessing/Musée archéologique, Reggio di Calabria; 183: G. DAGLI ORTI/Musée national archéologique, Naples; 184: G. DAGLI ORTI/Musée du Louvre, Paris; 185: Kopperman/Staatliche Antikensammlung und Glyptothek, Munich.

La Grèce, *berceau de l'Antiquité*

PUBLIÉ PAR SÉLECTION DU READER'S DIGEST

Photogravure : DRY, Montreuil-Station graphique, Ivry-sur-Seine

PREMIÈRE ÉDITION
deuxième tirage
Achevé d'imprimer : juillet 2010
Dépôt légal en France : février 2002
Dépôt légal en Belgique : D-2002-0621-15
Imprimé en Chine
Printed in China